조선교통사 제4권

일러두기

1. 서울의 지명은 을사늑약(1905) 이전까지 조선시대 수도인 한양으로 표기하고, 을사늑약 이후부터 일제강
   점기까지는 경성, 해방 이후는 서울로 표기하였다.
2. 국가명은 시대에 따라 조선, 한국으로 나누어 표기하였다. (단 문서 초록의 경우 조선시대이더라도 원문
   이 한국일 경우 한국으로 표기함)
3. '한일합병' 또는 '한일합병 조약'은 강제성을 나타내기 위하여 한국병합늑약, 한국병합조약 등의 표현이
   거론되고 있으나, 아직 표기가 통일되지 않아서 국어사전과 백과사전에 실린 '한일합병'을 그대로 사용하
   였다. 참고로 국권피탈과 경술국치는 1910년 전반을 가리키는 말로, 조약 자체보다 범위가 넓어서 배제하
   였다.

조선교통사 제4권

초판 1쇄 인쇄일	2020년 7월 13일
초판 1쇄 발행일	2020년 7월 20일
지은이	센코카이(鮮交会)
기획·편찬	한국철도문화재단, 한국철도협회
옮긴이	최영수, 배은선, 송상헌
감수	이용상
펴낸이	최길주
펴낸곳	도서출판 BG북갤러리
등록일자	2003년 11월 5일(제318-2003-000130호)
주소	서울시 영등포구 국회대로72길 6, 405호(여의도동, 아크로폴리스)
전화	02)761-7005(代)
팩스	02)761-7995
홈페이지	http://www.bookgallery.co.kr
E-mail	cgjpower@hanmail.net

ⓒ 한국철도문화재단·한국철도협회, 2020

ISBN 978-89-6495-174-3 94300
　　　978-89-6495-122-4 (세트)

* 저자와 협의에 의해 인지는 생략합니다.
* 잘못된 책은 바꾸어 드립니다.
* 책값은 뒤표지에 있습니다.

이 도서의 국립중앙도서관 출판시도서목록(CIP)은 e-CIP홈페이지(http://www.nl.go.kr/ecip)
와 국가자료공동목록시스템(http://www.nl.go.kr/kolisnet)에서 이용하실 수 있습니다.
(CIP제어번호 : CIP2020028633)

조선교통사

朝/鮮/交/通/史

센코카이(鮮交会) 지음
한국철도문화재단
한국철도협회 공동 기획·편찬

제4권

BG 북갤러리

발간사 I

  일본과 한국은 지리적으로 가까운 위치에 있어 고대로부터 인문, 문화의 교류도 빈번한, 가까운 나라였다는 것은 역사적으로도 잘 알려져 왔다.

  조선반도는 1900년 경성과 인천 간의 철도가 개통되었다. 그 후 45년간 선각자들이 산야를 측량하고 터널을 파고 교량을 통해 철도를 개통하여 전국에 증기기관차를 달리게 하였다. 철도교통은 민간의 손에서 시작하였지만 시대의 요청에 따라 군용선의 건설로부터 이후 조선반도의 자원개발, 경제발전을 위해 한반도의 지역적 교류에 크게 기여했다. 그러나 태평양전쟁 발발 이후 수송력 증강을 위한 사명으로 그 운영이 수차례 변화하는 경험을 했다. 또한 조선총독부 철도국은 1943년 이후 그동안의 철도사업 이외에 해사, 해운, 항만, 세관 등을 추가하여 교통행정의 일원화를 도모하는 교통국으로 조직이 변화하였다.

  이러한 경영에 참여하였던 많은 직원들이 40년이 지난 지금에 당시의 상황을 자세하게 기록하고 내용을 집대성하는 교통사의 간행을 여망해 왔다.

  여기에 각지에 산재해 있는 자료와 실제로 수십 년 전의 기억을 더듬어 하나의 책으로 만들어 낸 것으로, 회원일동의 기쁨이다.

  이 교통사는 과거, 1899년부터 1945년까지 46년간의 조선철도교통의 귀중한 업적을 그대로 기술한 것이다.

  금년 재단법인 선교회 설립 20년을 맞이하여 기념사업으로 편찬한 《조선교통사》를 각 방면에서 많이 읽어주기를 희망하며 《조선교통사》의 간행에 있어 감사의 인사를 드린다.

1986년 4월 1일

재단법인 센코카이(鮮交会) 이사장 야마토 요이치(大和与一)

발간사 II

불과 130여 년 전 조선시대에는 대부분의 사람들이 태어나서 죽을 때까지 자기가 태어난 곳을 벗어나지 못했다고 한다. 2020년 현재, 우리 국민들은 고속철도를 통해 전국 어디든 반나절이면 갈 수 있게 되었고, 철도를 통해 한반도를 넘어 유라시아로 도약하는 대륙철도 시대를 꿈꾸고 있다.

상전벽해의 발전을 이뤄낸 한국 철도의 역사를 담은 《조선교통사》 한국어판은 철도가 우리가 살아가는 지금의 세상을 만드는 데 어떻게 이바지를 했고, 사회·경제 등 거의 모든 방면에서 이뤄낸 발전과 변화를 어떻게 촉진했는지를 보여주는 귀중한 역사서이다. 특히 이번 《조선교통사》 제4권은 철도 근현대사를 집대성하는 대대적인 여정의 마지막 종착지로 그 의미가 더욱 깊다.

"과거는 미래를 비춰주는 거울이다."라는 말처럼 철도 역사를 살펴보는 과정을 통해 우리는 과거를 발판삼아 바람직한 철도의 미래를 만들어 나갈 수 있다. 그런 의미에서 철도 역사를 체계적으로 이해하는 데 든든한 토대가 되어줄 《조선교통사》 한국어판은 오랜 시간이 지나도록 의미가 퇴색되지 않고 그 가치를 다할 것이다.

그동안 《조선교통사》 편찬이 성공적으로 마무리될 수 있도록 애써주신 한국철도문화재단 김동건 이사장님, 우송대 이용상 교수님 그리고 도움을 주신 많은 관계자 분들께 깊은 감사와 경의(敬意)의 말씀을 전한다.

《조선교통사》 한국어판 편찬 완료를 계기로 대한민국 철도가 국민의 행복과 경제발전을 선도하기를 기대한다. 또한 정치·경제·사회·문화 각 영역에서 소통의 아이콘으로 자리 잡기를 바란다. 대륙으로 뻗어나갈 우리 철도는 동북아 평화공존과 번영의 핵심이 될 수 있을 것이다.

이 책을 통해 독자 여러분께서 철도에 대해 폭넓게 이해하고, 세계로 뻗어나가는 대한민국 철도를 함께 꿈꾸게 되기를 희망하며, 독자 여러분의 앞날에 무한한 영광과 행복이 충만하기를 기원한다.

2020년 6월
한국철도협회 회장 김상균

발간사 III

 근대화를 견인한 철도는 해방 이후 우리나라의 산업화와 경제 성장의 주요 동력이 되었다. 최근에는 동서를 횡단하는 원주~강릉까지의 고속철도가 운행되고 제4차 국가철도망계획 수립이 진행 중으로 이를 통해 전국이 철도로 연결될 것이다.

 또한 2018년의 남북철도 공동조사를 기반으로 남북철도 연결의 본격적인 논의를 시작하였다. 언젠가 북한과 연결되고 대륙으로 우리나라 철도가 달리는 날이 올 것을 기대하고 있다.

 철도는 환경과 에너지 면에서 우수하며, 사회·경제적 그리고 문화적인 측면에서도 그 역할이 커지고 있다.

 그동안 우리나라 철도 발전에서 미흡했던 점은 철도를 문화적인 측면에서 바라보고 이를 체계적으로 정리, 발전시키는 일이었다.

 이에 한국 철도문화의 발굴과 보급을 위해 한국철도문화재단은 2008년 12월 10일 당시 국토해양부 재단법인으로 설립되었다. 그동안 한국철도문화재단은 국토교통부와 한국철도시설공단, 한국철도공사와 함께 '한국철도문학상'을 제정하여 7회에 걸쳐 시행하였고, 또한 정기적인 철도문화 세미나, 철도서적 편찬 작업 등을 꾸준히 진행해 왔다. 2019년 10월에는 우리나라의 철도를 새롭게 정리한 《신 한국철도사》를 국토교통부의 의뢰로 출간하였다.

 이 책은 우리 문화재단의 출판 사업으로 추진되었다. 문화재단은 철도사 정리의 일환으로 초기 철도사에서 가장 중요한 자료를 포함하고 있는 《조선교통사》 번역작업을 추진해 왔다. 이에 따라 2012년에 《조선교통사》 제1권이 출간되었고, 제2권이 2017년 6월에 출간되었다. 《조선교통사》 제3권은 2018년 9월에 발간되고, 이제 마지막으로 《조선교통사》 제4권이 부록 자료편과 함께 발간되었다.

이 《조선교통사》 출간 사업을 통해 좀 더 체계적으로 철도 역사가 정리되어 연구의 깊이가 더해지기를 기대한다. 아울러 기본적인 사료가 널리 읽혀지고 인용되어 철도 연구의 시계열적 · 공간적인 범위가 더욱 확대될 것을 기원해 본다.

향후 철도는 역사와 문화를 통해 새롭게 조명되고, 세계 각국의 역사와 사람 속에서 살아있는 공통의 언어로 자리매김할 것이다.

이 번역서의 출간에 도움을 주신 한국철도협회 회장이신 김상균 한국철도시설공단 이사장께 감사의 인사를 전한다.

2020년 6월
한국철도문화재단 이사장 김동건

제4권 서문

《조선교통사》제1권은 2012년 5월에, 《조선교통사》제2은 5년 후인 2017년 6월에 출간되었다. 《조선교통사》제3권은 2018년 9월, 1년이 조금 지난 후에 세상에 빛을 보게 되었다. 마지막편인《조선교통사》제4권은 이제 2년이 지나서 2020년 7월에 완성되게 되었다.

처음《조선교통사》를 손에 넣고 읽기 시작한 것이 2004년이었고 이를 번역하겠다고 마음먹고 시작한 것이 2005년이었으니 그간 15년의 시간이 흘렀다.

《조선교통사》는 일제강점기 철도를 사실 위주로 정리한 가장 권위 있는 저서로 평가되고 있으며 총 15편이다.

철도 경영, 조직, 건설·개량 및 보선, 건축, 차량, 공장, 전기, 통신, 운전, 영업, 경리 및 자재, 육운행정 그리고 해운행정, 항공행정, 항만시설, 종전(終戰)처리로 구성되어 있다.

《조선교통사》제1권에서는 1편에서 3편까지 경영, 조직과 건설을 다루고 있다.

《조선교통사》제2은 4편에서 8편까지로 개량, 보선, 건축, 차량, 공장, 전기, 통신, 운전의 내용을 포함한다.

《조선교통사》제3권은 8편의 마지막 부분인 차량, 9편의 영업, 10편의 경리 및 자재의 내용이 들어 있다.

《조선교통사》제4권은 11편 육운행정에서 사설철도부문과 자동차교통 그리고 기타 철도 부문으로 궤도와 전용철도를 포함하고 있다. 12편에서 15편은 철도와 직접적인 관련성이 없어서 본 번역에서 제외하였다. 향후 관련 분야에서 번역이 기대된다.

마지막 부분은 부록 '자료편'으로 통계와 관련 자료가 수록되어 있다.

《조선교통사》제4권은 육운행정으로 시작되는데, 당시 국철과 함께 많은 역할을 수행한 사설철도의 부설과 변화, 특징 그리고 영업성적 등이 자세하게 기록되어 있다.

자동차 부문에는 여객자동차와 화물자동차의 법규와 현황, 지역별 회사 등이 소개되어 있다. 궤도회사의 경우는 당시 큰 도시인 경성과 평양, 부산의 전기궤도와 경유로 움직인 함평궤도, 인력으로 움직인 제주도 순환궤도 등의 내용이 함께 언급되고 있다.

'자료편'은 연표와 통계, 지정공사 시행자와 별첨 자료로 나누어져 있다.

연표는 1872년부터 해방 이전까지의 철도, 해사, 항공에 대한 과정을 기록하고 있다. 통계 부문에서는 공무, 영업, 공작, 전기, 경리, 운전, 육운으로 나누어서 치밀하고 자세하게 표로 정리하였다. 철도수송량과 철도를 구성하고 이해하는 분야별 지표와 수치를 기록하고 있어 철도를 이해하는 데 매우 유익한 자료이다. 특히 사설철도 분야에서는 회사별 수송량과 영업성적, 보조금 등이 약 50쪽에 걸쳐 자세하게 기록되어 연구 자료로도 큰 의미를 가지고 있다.

이 책의 출간에서 번역자는 가능한 한 원문에 충실하려고 했지만 기술적인 용어들은 이해하기 쉽게 현재의 철도용어로 표현하였다.

이번 작업을 하면서도 계속적으로 머리에서 떠나지 않는 것은 당시 한반도 철도의 성격과 그 영향력이었다. 향후 좀 더 깊은 연구를 통해 일본 본토와 중국 철도, 타이완, 사할린 철도와 어떤 공통점이 있었고 차이점이 무엇이었는가를 규명할 때 우리 철도의 성격이 더욱 분명해질 것으로 기대된다. 당시의 자료를 바탕으로 해방 이후 우리 철도는 어떠한 변화가 있었는가가 궁극적인 과제이다.

《조선교통사》 제4권의 출간에 많은 분들의 도움이 있었다. 출간은 조선교통사 편찬을 총괄하는 한국철도문화재단과 한국철도협회가 맡아 주었다. 관계자 여러분들의 지원이 아니었으면 이 책이 완성되지 못했을 것이다.

《조선교통사》의 출간에 있어 고마운 분들이 많다. 처음에 자료를 소개해 주신 간사 이대학의 아베 세이지 교수님, 철도 역사의 중요성을 가르쳐 주신 하라다 가쓰마사 선생님, 철도정책과 역사의 관련성을 가르쳐 주신 사이토 다카히코 선생님께 머리 숙여 감사의 인사를 드린다. 초기에 한국철도기술연구원 남은경 책임연구원과 이종득 교수님도 이 작업을 많이 도와주셨다. 특히 한국철도시설공단의 김상균 이사장님, 한국철도문화재단의 김동건 이사장님은 출간에 격려와 지원을 주셨다. 번역은《조선교통사》제1, 2, 3권의 연속선상에서 최영수 선생님, 배은선 선생님, 송상헌 선생님이 수고해 주셨다. 다시 한 번 노고에 감사를 드린다.

또한 《조선교통사》 원본을 출판하신 삼신사 아라마키(荒牧三惠) 선생님께도 이 지면을 통해 감사인사를 드린다. 출판 허락과 함께 자료 지원도 해 주셨다.

이 책의 출간을 통해 한국철도사의 연구 깊이와 영역이 더욱 깊고 넓어져서 많은 연구자들이 배출되었으면 하는 마음 간절하다.

늘 학자로서의 자세를 강조해 주시고 응원해 주신 하늘에 계신 아버지께 사랑과 존경의 마음을 드린다.

2020년 6월
토요일 한적한 연구실에서 **이용상**

《조선교통사》 제1, 2, 3, 4권 전체 목차

제11편
육운행정

[제1부 사설철도 부문]

[제2부 자동차 교통사업 부문]

제11편
육운행정

제1부 사설철도 부문

제1장
총설

제1절 연혁

조선의 철도 성립은 사설철도에서 시작된 것이라고도 할 수 있다.

1892년 무렵부터 조선의 철도부설 기운이 싹트고 청·일, 러·일 두 전쟁이 조선을 중심으로 하는 정세 그리고 세계열강들이 아시아에 미치는 세

사설철도 최초의 기관차(1912년 5월 영국제·기압 150파운드·20마력·중량 5톤·부산진~동래 간에 사용된 것)

력 등 복잡한 국제정세 속에서 일본 정부는 경인철도, 경부철도의 부설권을 한국 정부로부터 받아냈다.

한국 정부시대의 철도사업은 주로 내무대신 소관이었으며, 일부를 지방장관에게 위임하고 있었다. 경부선과 경인선 양 철도는 한국의 국내 철도규칙, 경

부철도 합동조약, 성인철도 부설 허가에 관한 문서, 일본제국법령(외국에서 부설하는 철도회사에 관한 칙령(1900년 9월 14일 법률 제87호)) 및 부속법령에 준거한 것이다.

일본 정부는 1906년 경부철도매수법을 제정하여, 경부철도(주) 및 경인철도를 국가가 매수하여 통감부 철도관리국 소관으로 하고, 군사용 철도였던 경의선, 마산선 양 철도도 아울러 이러한 관리 하에 두게 하여 경영을 통일하였다. 한일합방(日韓倂合) 이후에는 1910년 10월 조선총독부 설치로 이곳의 소관이 되어 철도국이 관리하게 되어 조선에서 철도 보급 발전의 기반이 확립되기에 이르렀다.

국유철도에 대한 사설철도의 구분은 1910년 10월 조선총독부가 설치된 이래 명확해졌는데, 시대적으로 이 시기를 구분으로 사설철도의 영역에 대한 기술을 하고자 한다.

제2절 사설철도에 대한 감독법규

1910년 10월 조선총독부 설치로 조선에 대한 일본의 통치가 시작되고, 데라우치 총독(寺內總督)은 새로운 체제 확립을 하였다. 1911년 철도국에 사설철도의 감독단속에 관한 조사를 하도록 명하고, 참사(參事)인 시가 노부미쓰(志賀信光)는 오로지 이 조사에 전념하도록 하는 동시에 기사(技師)인 니타 도메지로(新田留次郞)를 해외로 파견, 구미 각 국가의 철도제도법규 등을 시찰조사한 후에 일본 사설철도관계 법령을 위주로, 조선의 특수사정들을 고려하고 외국의 실례를 참작(參酌)하여 법령 발표 준비를 하도록 하였다.

일본에서는 이미 1906년 3월 철도국유법이 공포되어, 국내의 근간이 되는 철도노선들은 모두 국유국영 방침이 표명되었고, 한편 1900년 3월 사설철도법 그리고 1910년 4월 경편철도법이 공포되어 사설철도에 대한 국가의 행정

기반이 확립되었다.

조선총독은 이미 1911년 이후 준비를 마치고, 1912년 6월 15일 제령 제25호 조선경편철도령 및 부속법규를 제정 공포하였다. 부속법규는 같은 날 총독부령 제117호 조선경편철도령시행법규, 동 제118조 철도운수규칙, 동 제119호 경편철도 및 궤도의 건설운수 기지사무에 관한 건, 동 제120호 전용 경편철도 및 궤도에 관한 건, 경편철도에 적용되는 철도영업법(제령 제24호)이다.

제령 제24호 발췌

제2조 경편철도 영업에 관해서는 철도영업법 제1조, 제2조, 제4조 및 제14조, 제16조, 제17조, 제23조 내지 제25조, 제27조, 제28조, 제30조 내지 제32조, 제35조, 제36조, 제38조 내지 제41조 내지 제43조의 규정에 의한다.

이상 조선경편철도령 및 그 부속 명령은 당시 일본 국내에서 실시되고 있던 경편철도관계법령을 근거로 한 내용이다. 또한 경편철도 및 궤도의 영업에 관한 제령은 일본에서 이루어지는 철도영업법을 그 내용으로 하고, 철도운수규정도 대체적으로 당시의 철도운수규정을 근거로 제정된 것이었다.

조선경편철도령(1912년 6월 제령 제25호)

제1조 본령은 일반운송 용도로 하는 관영 및 사설 경편철도에 준용한다.

제2조 사설 경편철도를 부설하고자 하는 자는 조선총독의 허가를 받아야 한다.

제3조 전 조항의 허가를 받으려는 자는 지정하는 기간 내에 공사시행의 인가를 받아야 한다.

제4조 국유 또는 공유 도로 또는 교량을 놓거나 또는 변경할 때에는 그 부분은 무상으로 국가 또는 공공단체의 소유로 돌린다.

제5조 행정관청 또는 행정관청의 허가를 받는 자는, 경편철도를 횡단 또는 이에 접속하는 도로, 교량, 도랑(溝渠), 운하, 수도(水道), 철도, 경편철도 및 궤도를 설치할 때에는 경편철도는 이것을 거부할 수 있다.

전항의 경우에 조선총독은 공익상 필요하다 여겨질 때에 횡단 또는 접속 장소에서의 설비를 공용으로 하고 또는 그것을 철거 혹은 변경하도록 할 수 있다.

제6조 전조의 경우에 경편철도 설비의 공용철거 및 변경에 필요한 비용 부담에 따르는 협의조정을 할 때에는 신청으로 조선총독이 이를 재정(裁定)한다.

제7조 국가 또는 공동단체에서 공익을 위해 사설 경편철도 및 그 영업상 필요한 물건의 전부 또는 일부를 매수하고자 할 때에는 경편철도는 그것을 거부할 수 있다.

제8조 경편철도의 업무를 영위하는 주식회사에서는 주식금의 제1회 불입금액을 주식금의 10분의 1까지로 내리도록 할 수 있으며, 단, 겸업으로 경편철도를 부설하는 경우에는 이를 적용하지 아니한다.

제9조 조선총독은 사설 경편철도의 설비 및 운수 및 보선(保線) 방법에 관한 공익상 필요한 명령을 행할 수 있다.

제10조 사설 경편철도에 속하는 중요한 물건을 양도하여 대부(貸付) 또는 담보로 하고자 할 때에는 조선총독의 인가를 얻어야 한다.

제11조 조선총독은 공익상 필요하다고 인정될 때에는 본령에 의거하여 허가 또는 인가에 조건을 붙일 수 있다.

제12조 경편철도가 법령 규정, 법령에 근거로 하는 명령 또는 허가 및 인가에 따르는 조건에 위반하고 기타 공익을 해하는 행위를 할 때 조선총독은 아래의 처분을 할 수 있다.

 1. 임원 및 사용인(使用人)을 해임하는 것
 2. 경편철도의 계산(計算)으로 타인이 운수하도록 하는 것
 3. 업무 정지를 명하는 것
 4. 허가 또는 인가의 전부 또는 일부를 취소하는 것
    전항의 규정에 의하여 해임된 자는 재임할 수 있다
제13조 아래의 경우에 있어서는 제2조의 허가는 그 효력을 잃는다.

1. 지정 기간 내에 공사시행 인가 신청을 하지 아니할 때

2. 지정 기간 내에 공사에 착수를 하지 아니할 때

제14조 부실한 신고를 하여 제2조 허가 또는 제3조 인가를 받았을 때 조선총독은 이를 취소할 수 있다.

제15조 아래 각 호에서 해당하는 자는 천엔 이하의 벌금에 처한다.

1. 본령에 의하여 허가 또는 인가를 받아야 하는 사항을 허가 또는 인가를 받지 않고 하거나 또는 허가 또는 인가 조건에 위반하는 자

2. 부실 신고를 하여 허가 또는 인가를 받은 자

3. 제5조 제1항의 규정 또는 제5조 제2항 또는 제9조의 규정에 의한 명령에 위반한 자

4. 제12조 제1항 제3호 또는 제4호의 처분에 위반하여 업무를 하고 또는 동 조 제2항의 규정에 위반하여 임원 또는 사용인을 재임한 자

제16조 조선총독은 경편철도에 관한 명령을 정하는 것으로 철도선박(船舶) 우편법에 따른다.

제17조 일반운송으로 사용하기 위해 공동도로상에 부설하는 궤도에 대해서는 본령을 준용한다.

부칙

본령은 공포일로부터 시행한다.

1912년 조선경편철도령이 시행된 이래 동령은 철도의 발전을 위하여 많은 공헌을 하였지만 시대변천에 따라 조선 산업문화도 발전하여, 시대적 요망에 부응할 수 없게 되었다. 일본에서도 새로운 정세에 대응하기 위해 이미 1919년에는 사설철도법 및 경편철도법을 폐지하고, 이 두 가지를 결합한 지방철도법을 제정하여 시행하고 있었다. 이러한 정세로 조선에서도 마침내 1920년 6월 조선사설철도령을 제정하고, 같은 해 11월부터 시행하였다. 동시에 종래 조선경편철도령을 폐지하였다. 새로운 법령의 내용은 대체적으로 일본의 지

방철도법에 의한 것이었다. 새로운 법령의 부속명령으로 조선사설철도령시행규칙이 있으며, 철도영업에 관한 법규로는 철도영업법을 내용으로 하는 철도영업에 관한 제령이 있다. 또한 부속명령에는 조선사설철도건설규정, 동 운전신호보안규정, 철도운수규정 및 철도계원직제가 있다. 조선사설철도령 및 동시행법칙 및 부속법령은 그 후 몇 번의 소 개정을 거쳐 종전까지 이르게 된다.

제3절 사설철도에 대한 일본의 지원

조선의 산업, 경제 발전에 철도의 보급과 발달은 불가결한 것이며, 또한 급선무로 여겨졌다. 정부는 국유철도 건설에 전심으로 노력하였는데 철도건설자금을 얻는 데 있어서 정부 재정의 제약으로 인해 소기의 목적을 달성하는 것이 쉽지 않은 상태였다. 그래서 이러한 어려움을 민간자금을 통해 사설철도를 도입하여 해결하게 되었다. 사설철도는 단순히 지방 철도로서의 역할뿐만 아니라, 국유철도의 대행적 또는 보완적인 역할을 하는 것으로 중요시 되어 강력하게 추진되었다.

그러나 민간자금에 의존함으로써 생기는 첫 번째 문제로, 조선 경제상황은 지극히 좋지 않아 민간에게서 철도투자를 기대하는 것은 매우 곤란하다는 것이다. 당연히 일본으로부터 투자를 하도록 하는 것 외에는 없는 실정이었다. 또한 일본의 사설철도 대부분은 그 지역 관계자들에 의해 기획되고 있으므로, 철도에서 직접 이익을 얻을 뿐만 아니라 유형무형의 간접적인 이익을 얻고 있는 것이 통상적인 것이었다. 그러나 조선에서는 아직 국민 생활수준이 윤택하지 않으므로 이러한 상황이 존재하지 않았다. 이상 두 가지의 사정으로 조선에서의 철도부설은 일본에 의존하게 되었는데, 조선 사정에 밝지 않은 일본에 거주하는 사람들이 투자를 불안하게 여기는 것은 당연한 것이었다. 또한 조선의 사설철도는 일본과 비교하여 통상적으로 장거리이며, 막대한 자금을 필요로 하는데다 건설에 많은 시일을 요하므로, 기업은 투자에 많은 우려를 나타냈다.

이상과 같이 조선에서의 사설철도 출범에는 불리한 조건이 많으므로, 적어도 투자에 따르는 불안함을 제거하고, 상당한 기업 이윤을 얻을 수 있는 보증이 없다면 많은 투자를 기대하는 것은 무리였다. 따라서 투자자에 기업 의욕을 불러일으키는 유리한 보조 제도를 설치하고, 사설철도의 보급 발달을 도모하게 되었다.

보조에는 대체적으로 다음과 같은 방법이 있다.

1. 철도건설에 대한 일정 자금을 급여 대부한다.
2. 자본 인수 자금을 빌려 준다.
3. 사채 또는 차입금의 이자를 보조(補給)한다.
4. 사채 또는 차입금의 이자 지불의 보증을 한다.
5. 자금모집에 대해서 적당한 보조를 한다.
6. 일정 배당의 보증을 한다.
7. 일정 이익을 보조(補給) 한다.

이것들은 모두 경우에 따라 각각 득실(得失)이 있다.

당시 일본에서는 이익금 부족액 보조주의 제도를 채용하고 있었는데, 조선에서는 앞에서 언급한 대로 특수한 사정이 있으므로 일본제도의 내용과는 조금 다른데, 대체로 가장 유리한 불입자본에 대한 이익부족액 보조 및 건설비에 충당하는 사채 및 차입금의 이자 보급 방법을 채용하도록 하여, 1914년 조선경편철도령의 공포 및 실시와 함께 총독부의 예산범위 내에서 일정한 조건을 근거로 보조금을 교부하게 되었다. 이 결과 1914년 9월 30일 '경편철도보조내규'를 제정하고, 이것으로 보조를 개시하도록 하였다.

경편철도보조내규(1914년 9월 30일)

제1조 경편철도에 대해서 그 결산기마다 아래의 비율로 보조(補給)한다. 단, 예산 성립을 조건으로 한다.

1. 영업 개시 전에는 불입자본금액에 대해 연 6푼(分)에 달하는 금액 및 사채 및 차입금의 이자

2. 영업 개시 후는 불입자본금액에 대한 순익금 연 6푼에 미달하는 금액

전항의 순익금은 영업 총수입에서 영업총지출(사채, 차입금의 이자 법정 적립금 이익금의 백분의 8, 배당준비 적립금의 백분의 2, 임원상여금익금의 백분의 10 이내를 포함한다)을 공제한 금액으로 한다.

제2조 사채를 발행하고 차입급을 형성하는 경우에는 그 금액 및 조건을 구비하고 허가를 얻어야 한다.

제3조 보조에 관한 신청은 사채의 주소를 관할하는 지방장관 및 경무부장을 경유해야 한다.

제4조 자본액 및 지출의 계산에서 부당하다고 인정되는 것이 있을 때에는 보조금액의 계산에서 이것을 공제할 수 있다.

제5조 본 내규에서 규정하는 것 이외 필요로 하는 경우에는 철도장관이 계산방법을 지정하여 계산서 및 그 부속통계서류 제출을 명할 수 있다.

제6조 경편철도의 관리자가 법령 또는 법령에 근거하여 발하는 명령, 허가, 인가 또는 보조에 따르는 조건에 위반하거나 공익을 해하는 행위를 할 때에는 그 보조를 정지 또는 폐지할 수 있다.

제7조 천재지변으로 멈출 수 있는 경우를 제외하고 지정한 기간 내에 영업을 개시할 때에는 그 기간 중 제1조 제1항 제1호의 보조금을 교부한다.

제8조 사기(詐欺)를 통하여 보조금을 얻었을 때에는 지정 이자를 부과하여 그것을 상환하도록 한다.

이 내용을 근거로, 개개의 철도회사에 대한 보조를 개시하는 경우에는 내규를 표시함과 동시에 경편철도보조명령서를 발행한다. 이상으로 최초로 보조를 받은 철도는 전북경편철도(주)였다. 그 보조명령서는 다음과 같다.

경편철도보조명령서

제1조 1915년 4월 1일부터 1916년 3월 31일까지의 기간, 이 회사 매 결산기에 불입금액에 대하여 연 6푼의 이익금을 배당할 때에는 정부의 예산 범위 내에서 그 부족 금액을 보조하고 법규 적립금 기타 제반 준비금을 적립하며, 또한 임원상여금을 지출하는 경우에는 총수입에서 총지출을 뺀 금액의 백분의 20을 한도로 하여 그것을 공제하고 전항의 부족 금액을 계산할 수 있으며, 이러한 경우에는 인가를 받아야 한다.

제2조 보조금 산출에 관한 불입 주식금의 계산은 주식금을 불입한 익월부터 월부로 그것을 계산한다(이하는 자료 부족으로 명확하지 않음).

이 회사에 대해서 1914년에 보조예산액 83,656엔이 계상(計上)되었는데, 실제 대부(貸付)된 보조금은 상반기 3,375엔, 하반기 3,565엔 56전으로 합계 6,940엔 56전이었다. 이로써 이 철도는 개업 후 업적이 계속 향상하여, 1916년 하반기 후에는 거의 보조를 필요로 하지 않았으며, 자력으로 연 6푼(分)~1할(割)을 배당하였다.

당초 철도보조는 전북경편철도(주) 외에 조선가스전기(주)의 부산진~동래 구간, 대구~광주 구간 및 남조선철도(주)의 광주~송정리 구간의 철도가 예정되어 있었는데, 부산진~동래 구간은 비 보조 철도가 되고, 대구~광주 구간은 철도가 건설되지 못하였으며, 면허의 효력을 잃었다. 그리고 광주~송정리 구간도 건설까지는 많은 우여곡절을 거쳐 1922년 7월 가까스로 개업을 하게 되었다.

이러한 보조에도 불구하고 일반 산업, 경제가 저조한 영향으로 철도건설의

진전은 지지부진한 정세가 되어 갔으나 1918년에는 종래의 보조율 연 6푼을 7
푼으로 올리고, 상황을 보면서 1919년 9월부터는 더욱 8푼으로 올려, 한층 유
리한 조건을 부각시켜 철도유치 강화책을 만들어 냈다. 이를 전후로 하여 세
계대전 후의 재계호황을 맞이하게 되면서 경제계에 자금이 흘러넘치게 되는
데, 일본 자본가들이 조선 사설철도에 눈을 돌리는 사람들이 많아지고, 철도
사업 발흥(勃興)의 기운을 맞이하게 되었다. 이에 보조제도도 종래의 1년 단기
보조명령서로 처리하는 것은 사업자에게 불안함을 주기도 하며, 사무 처리도
번잡하여 원활한 운영이 어려워졌다. 특히 장기에 걸쳐 확실하게 일정 보조금
을 필요로 하는 철도사업 육성책으로서 유감스러운 점이 많다 하여 법률을 제
정하여 이것을 개선하게 되었다.

　1921년 4월 1일 법률 제34로 조선사설철도보조법을 시행하고, 동시에 총독
부령 제53호로 동법 시행규칙을 공포하였다. 이후 사설철도에 대한 보조는 새
로운 법령에 따라 시행되었다. 동법은 조선에서 사설철도를 경영하는 주식회
사에 대해 회사설립등기일부터 불입 자본금에, 또한 철도건설비에 충당하는
사채 또는 차입금에 대한 소정의 보조금을 교부한다. 영업상 생긴 이익금에
대해서는 그 액수를 보조금에서 공제한다. 보조 기간은 회사설립등기일로부터
10년 동안으로 한다. 보조금의 연 총액은 최고 250만 엔으로 한다. 보조금의
사용 잔액은 순차적으로 다음해로 이월하여 사용할 수 있다. 이상이 주요 내
용이다. 또한 보조금의 연 총액을 법률로 규정하는 것은 이례적인 것인데, 일
반적으로는 보조사업의 예산이 허용되는 한에서 실시되는 것에 비교할 때 사
설철도보조금은 최고한도액을 법률로 정하고 있으므로, 투자가에게 있어서는
유리한 조건이라고 할 수 있다. 보조금 계산은 불입 자본금액에 대하여 연 8푼
이지만, 영업상 이익금은 공제된다. 사채, 차입금에 대해서도 이자는 연 8푼의
한도로 보증을 받으며, 그 실제 지불금액을 보조하는 것이다.

　이 법률은 그 후, 정세에 따라 수차례 개정되었다. 1923년 4월에 보조기간
10년이 충분하지 않아 15년으로 개정되었으며, 보조금 연총액의 250만 엔이

300만 엔으로 증액되었다. 1925년 4월에는 이것을 450만 엔으로 증액하고, 철도건설이 진행되어 보조대상이 확대되었는데, 1930년 5월에는 최고한도액을 500만 엔으로 개정하였다.

조선의 사설철도는 이처럼 상당한 우대의 보조를 통해 건설자금 조달에 큰 공헌을 하게 되었고, 사설철도 발전의 원동력이 되었다. 여기에서 그 증거를 숫자로 나타내 보면 다음과 같다.

연도	면허선 길이(km)	개업선 길이(km)
1918	327.9	100.5
1919	1,368.80	17
1920	474.6	62.5
1921	–	66.2
1922	–	86.7
1923	33.8	116.2
1924	–	104.4
1925	61.1	106.6
1926	53.1	37
1927	286.8	90.9
1928	–	91.9
1929	78	127.3
1930	19	270.9
1931	47	138.5
1932	15.2	35.1
1933	62.9	48.5

이 표를 보면, 1919년 중순부터 세계대전 후의 불황으로 보조법의 효과가 미미하였는데 1923년부터 회복되는 것을 엿볼 수 있다. 또한 1927년 전후로 저조한 것은 당시 재계(財界) 불황의 영향으로 보인다.

조선사설철도보조법(1921년 4월 1일, 법률 제34호)

개정(1923년 법률 제23호, 1925년 법률 제31호, 1930년 법률 제7호)

제1조 조선에서 철도를 경영하는 주식회사의 매 경영년도에 이익금이 철도 경영에 필요로 하는 불입 자본금액에 대한 연 8푼의 비율에 미달하는 때에 조선총독은 회사에 대해 설립발기일로부터 15년을 한도로 그 부족 금액을 보조할 수 있다. 단, 보조금은 철도 경영에 필요한 불입자본금액에 대하여 연 8푼에 해당하는 금액을 초과할 수 있다.

제2조 사채 또는 차입금에서 철도의 건설비에 충당하는 것은 사채의 등기 또는 차입금을 형성하는 것으로부터 15년을 한도로 연 8푼에 상당하는 금액을 한도로 하고 사채 또는 차입금의 이자를 보조할 수 있다. 단, 그 사채 또는 차입금으로 건설하는 철도에서 생기는 이익금이 있을 때에는 그것에 상당하는 금액을 공제한다.

제3조 조선총독은 필요하다고 인정할 때에는 회사가 경영하는 철도를 여러 구간으로 나누어 각 구역에 대하여 전 2조의 규정에 준하여 보조할 수 있다. 이 경우 회사가 자본 또는 불입 자본금액을 증가하고 한 구간 또는 여러 구간의 철도를 경영할 때에는 해당 구간의 철도에 대한 보조 기간은 자본증가 또는 불입 자본금액 변경의 등기일로부터 그것을 기산(起算)할 수 있다.

제4조 제3조의 규정에 의하여 이익금, 불입 자본금액, 사채 및 차입금은 조선총독이 정하는 바에 의하여 산출하는 금액에 의거한다.

제5조 보조금의 연 총액은 최고 500만 엔으로 한다.

제6조 보조금의 매년도 예산잔액은 돌아오는 익년으로 이월하여 사용할 수 있다.

제7조 보조를 받는 회사가 법령, 법령을 기준으로 하는 명령, 면허 또는 보조에 따르는 조건에 위반 또는 공익을 해하는 행위를 할 때에는 조선총독은 그 보조를 정지 또는 폐지할 수 있다.

제8조 보조를 받는 회사가 보조기간 중 아래의 각 호 중 하나에 해당할 때에는 조선총독이 정하는 바에 의하여 그 교부한 보조금을 변상하도록 한다.

1. 면허가 취소된 경우

2. 기간 내에 공사시설의 허가를 신청하지 않고 또는 공사에 착수하지 않으며, 또는 공사 시행의 허가를 얻지 못해 면허 효력을 잃었을 때

3. 합병 이외의 사유로 인해 영업 개시 전 해산된 경위

제9조 사기로 보조금을 받았을 때에는 법정 이자를 부가하여 그것을 변상하도록 한다.

제10조 전 2조의 규정에 의거하여 상환금은 국세체납 처분의 예에 따라 그 징수를 할 수 있다. 단, 선물 특권의 순위는 국세 다음으로 한다.

부칙

본 법은 공포일로부터 이를 시행한다.

사설철도보조법 비교표

일본 각 지방의 사설철도보조법을 비교해 보면 다음과 같다.

1933년 4월 1일 현재 기준

종류 \ 지방	법규 제정일 법류 시행일	보조 대상이 되는 철도	보조 시기	보조 기간	보조 표준자금	보조 방법	보조금 총액	구간별 보조	비고
일본 본토	1911년 3월 법률 제17호 1912년 1월 1일	지방철도 궤도	영업 개시일	10년	건설비	건설비의 5푼을 보조함. 단, 이익금의 1푼 초과액을 공제함.	해마다 소요액을 예산하여 계상함.	없음	
홋카이도	1920년 9월 법률 제56호 1920년 8월 7일	지방철도	영업 개시일	15년	건설비	건설비의 8푼을 보조함. 단, 이익금을 공제하여 결손의 경우는 1푼(分)을 증액 보조함.	해마다 소요액을 예산하여 계상함.	없음	

☞ 앞 표에 이어서

종류 / 지방	법규 제정일 / 법류 시행일	보조 대상이 되는 철도	보조 시기	보조 기간	보조 표준자금	보조 방법	보조금 총액	구간별 보조	비고
타이완	1922년 3월 법률 제24호 1922년 4월 1일	사설철도	영업 개시일	10년	건설비	건설비의 8푼을 보조함. 단, 이익금을 공제함.	80만 엔 예산잔액은 익년도로 이월하여 사용할 수 있음.	있음	
사할린	1921년 4월 법률 제40호 1921년 4월 1일	철도를 경영하는 주식회사	회사설립 등 기일	15년	불입 자본금 및 건설비에 충당하는 사채, 차입금 이자	불입 자본금의 8푼 및 사채, 차입금의 이자 상당액을 보조함, 단, 이익을 공제함.	예산의 잔액 120만 엔은 익년도로 이월하여 사용할 수 있음.	있음	
조선	1921년 4월 법률 제34호 1921년 4월 1일	철도를 경영하는 주식회사	회사설립 등 기일 회사설립 등 기일 회사설립 등 기일	15년	불입 자본금 및 건설비에 충당하는 사채, 차입금 이자	불입 자본금의 8푼 또는 사채, 차입금의 이자 상당액을 보조함. 단, 이익금을 공제함.	예산의 잔액 500만 엔으로 이월하여 사용할 수 있음.	있음	

주) 1. 일본 본토의 보조법은 1914년, 1917년, 1919년, 1921년, 1931년, 1933년에 개정되었다.
　　 1933년 개정에서는 종래 건설비의 2푼에 해당하는 금액의 이익금 유보를 인정했던 것을 1푼으로 감소시켰
　　 다.
　 2. 홋카이도의 보조법은 다른 지역과 달리 보조 대상에 궤도를 포함하고 있다. 1924년 및 1927년에 개정되었다.
　　 결손이 생기는 경우에는 1푼만을 증액 보조하는 것이 타 지역과 다르다.
　 3. 타이완의 보조법은 일본 본토 지방 철도보조법과 비슷하지만, 보조금액 연 총액에 제한이 있다.
　 4. 사할린의 보조법은 1928년, 1933년에 개정되었다. 조선의 보조법과 동시에 시행되었으며, 보조금 연 총액이
　　 서로 다를 뿐이다.
　 5. 조선 보조법은 1923년, 1925년 및 1930년에 개정되었다.

　1921년 4월 조선사설철도보조법이 실시된 이래 십 수 년이 경과되고, 그동안 사설철도는 정부 보조로 촉진되어 끊임없이 건설이 계획되고 전 조선에 보급되어 갔다. 철도개발이 미숙한 시대에 이를 촉진하기 위해 일반철도 투자를 유리하게 하고 기업정신이 유발되도록 보조법을 채용하였는데, 이제는 철도 투자에 대한 인식이 높아져 마침내 현행 보조법이 당시 실정에 맞지 않게 되었

다. 일본에서도 1933년 지방철도보조법의 대 개정이 이루어짐에 따라서 1934년 3월 조선사설철도보조법의 획기적인 개정이 이루어지게 된다. 개정 조항은 다음과 같다.

개정조항

제1조 조선총독은 조선에서 공중의 용도로 사용하기 위해 경영하는 사설철도에 대한 그 철도 영업 개시일로부터 15년을 한도로 보조금을 교부할 수 있다.

조선총독은 필요가 있다고 인정되는 때에는 다시 5년을 한도로 전항의 기간을 연장할 수 있다.

제2조 전조의 보조금은 아래의 각 호에 의하여 금액을 한도로 한다.

1. 전조 제1항의 기간 중에는 매 영업 연도의 건설비에 대한 연 6푼의 비율에 상당하는 금액, 단, 매 영업 연도에 이익금이 건설비에 대하여 연 1푼의 비율에 상당하는 금액을 초과할 때에는 그 초과금액은 보조금액에서 공제한다.

2. 전조 제2항의 기간 중에, 매 영업 연도의 건설비에 대한 연 5푼의 비율에 상당하는 금액, 단, 매 영업 연도의 이익금이 건설비에 대하여 연 1푼 5리의 비율에 상당하는 금액을 초과할 때에는 그 초과금액은 보조금액에서 공제한다.

제3조 조선총독은 필요가 있다고 인정될 때에는 경영자가 경영하는 철도를 여러 구간으로 나누거나 각 구간에 전 2조의 규정에 준하는 보조를 할 수 있다.

제4조 중 '제3조의 규정에 의한 이익금, 불입자본금액, 사채 및 차입금'을 전 '2조의 규정에 의한 건설비 및 이익금'으로 고침.

제7조 중 '보조를 받는 회사'를 '보조를 받는 철도의 관리자'로 바꿈.

제8조 삭제

제10조 중 '전 2조'를 '전 조'로 바꿈.

부칙

본 법은 1934년 4월 1일부터 시행하고 단, 본 법 시행을 할 때 실제 보조를 받는 철도에 대한 보조에서 회사설립등기일로부터 15년의 기간만료일(조선철도주식회사에 있어서는 1934년 12월 14일)을 포함하는 영업 연도의 말일까지는 개정규정에 구애되므로 종전의 예에 의한다.

본 법을 시행할 때 실제 보조를 받고 있는 철도에 대한 보조 기간은 그 철도의 건설비에 충당하는 자금에 대한 처음 보조하는 날을 제1조 제1항의 영업 개시일로 간주한다.

이 개정의 요지는,

1. 구법에서는 보조 대상을 주식회사 경영에 한하였으나, 이것을 철도 경영자로 바꾸어 제한을 없앴다.
2. 구법에서는 회사설립등기일 또는 사채등기일 또는 차입금을 형성한 날이 보조계산의 시기로 되어 있으나, 이것을 바꾸어 철도 개업일을 보조시기로 하였다.

   이것은, 철도는 개업하여 처음 일반 공중 교통기관으로서 공익상 공헌하는 것이라고 하는 것, 철도에 투자하는 일반 인식이 높게 변하였다는 것, 철도건설 공사 기간이 기술 진보 등에 의해 단축되었다는 것 등에 의한 것이다.
3. 보조기간은 기본적으로는 종래와 동일한 15년이지만, 필요에 따라서 다시 5년을 연장하는 것을 인정하도록 하였다.

   사설철도는 경영 실적으로 볼 때 15년 경과로는 도저히 자립할 만한 업적을 이룰 수 없다고 볼 수 있다. 실제 1934년부터 1935년에 걸쳐 보조기간이 도래하는 회사가 6회사 중 3사가 있다. 이러한 회사는 이익금 비율이 최고로 연 1푼 1리, 평균적으로는 연 3리 이하 정도에 지나지 않는 낮은 실적을 나타내고 있다. 조선의 산업·경제발전 상으로도 국유철도대행의 사명에서라도, 앞으로도 사설철도의 유지조성은 필요하므로 보조 연도를 연장하는 것은 적절한 조치로 보인다.
4. 종래의 보조율은 불입자본금에 대한 연 8푼, 건설비에 충당되는 사채, 차입금의 이자는

연 8푼 이내의 지불이자를 보조하는 것이었는데, 개정법에서는 자금의 구별은 묻지 않는다. 즉, 건설비에 대해서는 연 6푼으로 낮추고, 그 대신에 영업이익에 대해서는 회사에 연 1푼까지 유보를 인정하는 것으로 하였다. 또한 연장된 보조기간 5년 동안에는 건설비에 대한 연 5푼이 되면서 다시 낮아지는데, 영업이익에 대하여는 연 1푼 5리까지 회사에 유보를 인정하는 것이다.

보조율을 낮추는 조치는 일반 금융시장에서 금리 및 이윤은 점차 저하되는 추세이며, 당분간 이 정세는 지속되는 것으로 보이므로, 연 6푼을 적당한 것으로 하였다.

이상과 같이 종래 보조금 산정의 기초가 되는 이익금, 불입자본금액, 사채 및 차입금이 개정법에서는 건설비 및 이익금으로 되는데, 만일 사채 및 차입금의 이자가 연 6푼 이하인 경우에 그 차액은

경남철도 본사(천안)

회사의 수하(手下)에 남게 되어, 배당은 보조금의 연 6푼과 이익금 보유의 1푼 외에 이 차액이 더해지는 묘미를 발휘하는 경우도 있다고 할 수 있다. 보조기간이 연장 5년 중으로 들어가더라도 이 사정은 바뀌지 않는다고 할 수 있다. 예를 들어 다음에서 다루는 1933년 12월 1일 현재, '사설철도 각 회사 종류별 자금액'을 보면, 이 표에 따라서 사채, 차입금의 총액은 전자금의 48% 이상의 비율을 차지하고 있는 것을 알 수 있다. 이것을 각 회사별로 보면 조선철도 52%, 조선경남철도 57%, 금강산전기철도 43%, 남조선철도 29%, 조선경동철도 54%, 신흥철도 20%로 되어 있다. 대부분의 철도는 50%를 넘고 있다. 이것을 감안한다면 개정 보조법에서는 사채, 차입금의 이자가 보조회사의 배당에 큰 영향을 미치고 있다는 것을 수긍하게 된다.

<표 11-1> 각 회사 종류별 자금액(1933년 12월 1일 현재)

(단위 천엔)

회사명	자금종류	금액	비고
조선철도	불입금	17,650	무담보 동(同) 조치원~충주 간 철도재단 담보
	사채	10,000	
	동(同)	7,500	
	차입금	1,400	
	계	36,550	
조선경남철도	불입금	8,501	장호원~광천 간 철도재단 담보
	사채	6,500	
	차입금	4,590	
	계	19,591	
금강산전기철도	불입금	7,800	철원~금성 간 철도재단 담보
	사채	5,000	
	차입금	805	
	계	13,605	
남조선철도	불입금	7,720	광주~여수 간 철도재단 담보
	차입금	3,200	
	계	10,920	
조선경동철도	불입금	1,200	수원~여주 간 철도재단 담보
	차입금	1,430	
	계	2,630	
신흥철도	불입금	640	
	차입금	160	
	계	800	
합계		84,096	

주) 이 표에는 보조 외 자금은 포함되지 않음.

5. 구법에 의한 보조를 계속 받고 있는 회사에 대해서, 곧바로 개정법을 적용하게 되면 보조하는 데 변화가 생겨, 실제상 타당성을 결여할 우려가 있으므로 종래의 보조기간이 도래할 때까지는 종전의 보조를 인정하고, 또한 계산의 편의를 고려하여 회사 설립 등기일로부터 15년의 기간 종료일을 포함한 회사영업 연도의 말일까지는 구법에 의하여, 이후는 개정법에 의하여 보조를 받도록 하였다.

이 개정법도 1939년 3월에는 다시 개정하여, 같은 해 4월 1일부터 이것을 시행하였다.

개정 요점

1. 보조기간으로 연장할 수 있는 기간을 10년으로 연장하였다.

   이것은 구법에서 인정한 5년에서도 업적 부진으로 자립할 수 없는 철도가 존재하는 현상 때문에 어쩔 수 없이 조치를 취하였다.

2. 전 보조기간 중에 보조율 연 5푼으로 하고 이익금 유보율을 연 1푼으로 낮추었다.

   이것은 구법에서는 기본보조기간 중 보조율 연 6푼, 이익금 유보율 연 1푼으로 하고, 연장 보조기간 중 보조율 연 5푼, 이익금 유보율 연 1푼 5리로 정하고 있는데, 이것을 기간의 구별을 없애고, 전 보조기간을 통 털어 보조율 연 5푼, 이익금 유보율 연 1푼으로 변경한 것이다.

이 개정은 1937년 개정을 한 일본의 지방철도보조법의 영향 등에 의한 것으로 보인다.

3. 보조금 연 총액의 최고 500만 엔의 제한을 철폐하고, 예산 범위 내에서 필요한 보조금을 교부하도록 하였다.

이것은 보조대상 철도가 증가하고 보조연액 500만 엔으로는 대응할 수 없는 사정이 되어 이 제한을 없애고, 실제 보조금 지급에 지장이 없도록 하였다.

이 개정법은 그 후 1944년 2월에 다시 개정되어, 연장할 수 있는 보조기간을 15년으로 연장하여 같은 해 2월 15일부터 시행하도록 하였다. 이것은 지난 개정과 마찬가지로 현실에 보조기한이 임박해졌는데 아직 업적 부진으로 자립할 수 없는 철도를 구제하려는 조치였다. 이것은 조선에서 사설철도는 30년의 긴

기간 보조를 요한다는 특수한 사정을 말해주는 것이다.

이상으로 정부는 사설철도에 대한 보조에 대해서는, 직접 개개의 철도에 보조를 하는 한편 간접적인 보조의 방법도 함께 하였다. 대체로 철도사업은 엄청난 액수의 건설자금을 요하므로 불입자본만으로는 조달할 수 없는 경우가 많다. 이런 부족부분을 사채 또는 차입금에 의존하게 된다. 이 경우 철도 시설을 담보로 하는 것이 가능하다면 자금의 조달을 원활하게 할 수 있게 된다. 따라서 철도의 노선, 교량, 건물, 차량 등 일체의 물건을 가지고 철도재단을 설정하여, 담보물건으로 하는 제도가 철도재단제도이다. 정부는 이를 위해 이미 일본에서 시행되고 있는 철도저당법을 그대로 준용하여, 1919년 3월 조선재단저당령을 제정하고 그 부속명령으로 조선철도궤도저당취급규정을 제정하여 실시하였다. 철도 또는 궤도사업자가 이 제도를 이용하는 경우, 철도저당원부(原簿) 또는 궤도저당원부에 등록하여 철도를 담보로 하여 자금 조달에 편의를 도모하도록 하였다.

또한 별도로 1920년 11월에 담보부사채신탁법(擔保付社債信託法)을 조선에 실시하고 동시에 부속명령으로 그 시행규칙을 제정하여, 이에 따라 자금조달을 용이하게 하여 조선재단저당령과 함께 한층 자금조달에 편의를 가져오게 하였다. 또한 1928년 5월에는 조선사설철도령의 일부를 개정하여, 사채발행액의 한도를 확장하고, 이에 따라 조선재단저당령도 일부 개정하여 자금융통은 한층 원활해지게 되었다.

사설철도보조법 비교표

1944년 10월 1일 현재 일본 각 지방의 사설철도보조법을 비교해 보면 다음과 같다.

〈표 11-2〉 사설철도보조법 비교표

1944년 10월 1일 현재 기준

종류 지방	법규 제정일 법류 시행일	보조 대상이 되는 철도	보조 시기	보조 기간	보조 표준자금
일본 본토	1911년 3월 법률 제17호 1912년 1월 1일	지방철도	영업 개시일	연한을 정하지 않음.	건설비
홋카이도	1920년 8월 법률 제56호 1920년 8월 7일	지방철도 궤도	영업 개시일	15년 필요가 있다고 인정되는 경우 에는 다시 5년 연장함.	건설비
타이완	1922년 3월 법률 제24호 1922년 4월 1일	사설철도	영업 개시일	15년 필요가 있다고 인정되는 경우 에는 다시 10년 연장함.	건설비
사할린	1921년 4월 법률 제40호 1921년 4월 4일	사설철도	영업 개시일	15년 필요가 있다고 인정되는 경우 에는 다시 10년 연장함.	건설비
조선	1921년 4월 법률 제34호 1921년 4월 1일	사설철도	영업 개시일	15년 필요가 있다고 인정되는 경우 에는 다시 10년 연장함.	건설비

종류 지방	법규 제정일 법류 시행일	보조방법	보조금 총액	구간별 보조	비고
일본 본토	1911년 3월 법률 제17호 1912년 1월 1일	건설비의 4푼 상당액에서 이 익금을 공제한 잔액 이내	일정액의 법규 한도를 정하지 않고 예산 범위 안에서 보조금 을 교부한다.	없음.	

☞ 앞 표에 이어서

지방 \ 종류	법규 제정일 법류 시행일	보조방법	보조금 총액	구간별 보조	비고
홋카이도	1920년 8월 법률 제56호 1920년 8월 7일	이익금이 건설비의 5푼에 달하지 않을 때에는 그 부족액을 보조한다. 단, 보조금은 건설비의 6푼 상당액을 넘을 수 없다.	일정액의 법규 한도를 정하지 않고 예산 범위 안에서 보조금을 교부한다.	없음	
타이완	1922년 3월 법률 제24호 1922년 4월 1일	건설비의 5푼을 보조한다. 단, 이익금 1푼 초과액을 공제한다.	80만 엔	있음	
사할린	1921년 4월 법률 제40호 1921년 4월 4일	건설비의 5푼을 보조한다. 단, 이익금 1푼 초과액을 공제한다.	일정액의 법규 한도를 정하지 않고 예산 범위 안에서 보조금을 교부한다.	있음	
조선	1921년 4월 법률 제34호 1921년 4월 1일	건설비의 5푼을 보조한다. 단, 이익금 1푼 초과액을 공제한다.	일정액의 법규 한도를 정하지 않고 예산 범위 안에서 보조금을 교부한다.	있음	

주) 1. 일본 본토의 지방보조법은 1914년, 1917년, 1919년, 1921년, 1931년, 1933년, 1937년에 개정되었다.
   1937년 3월 개정의 요점은
   ① 보조율을 건설비의 5푼에서 4푼으로 낮추었다. ② 이익금의 1푼 상당액의 유보를 인정하지 않고 이익금 전액 보조금에 공제한다. ③ 영업비 결산액과 공식(公式)에 의해 산출한 영업비와의 합계의 2분의 1을 보조금 계산상의 영업비로 한 것을 운수수량에 근거하여 산출한 액수에 따라서 계산한다. ④ 보조금의 지급에 대해서 명령으로 정한다.
   2. 홋카이도의 보조법은 1924년, 1927년, 1937년, 1940년에 개정되었다.
   3. 타이완의 보조법은 1934년, 1936년, 1940년 개정되었다. 1940년의 개정에서 보조하는 사설철도는 궤간 0.762미터 이상으로 한하였다.
   보조철도의 궤간에 대한 제한과 보조금 총액의 차이 이외에는 조선의 보조법과 완전히 동일하다.
   4. 사할린의 보조법은 1928년, 1933년, 1938년, 1940년에 개정되었다.
   보조법 제정 시행은 조선의 보조법과 동시에 보조금 연 총액의 차이 이외에는 완전히 동일하지만, 여러 번의 개정으로 도중에 새로 차이가 생겼다가 1940년의 개정으로 완전히 동일하게 되었다(단, 조선의 보조법은 1944년 2월 개정으로 보조연한을 연장하였다).

〈표 11-3〉 보조금 예산 결산액

연도\구분	예산액(엔)	이월액(엔)	계(엔)	결산액(엔)	비고
1914	83,656		83,656	6,940	
1915				5,785	1915, 1916, 1917
1916				38,386	년은 예산액 기록
1917				47,998	이 없다.
1918	147,541	–	147,541	126,546	
1919	414,059	–	414,059	213,805	
1920	1,184,150	–	1,184,150	695,301	
1921	1,565,000	–	1,565,000	1,346,060	1921년 4월 1일 조선사설철도보조법 제정으로 예산 사용 잔액을 익년으로 이월하는 것을 인정하였다.
1922	2,500,000	218,940	2,718,940	1,837,466	
1923	2,550,000	881,474	3,431,474	2,752,036	
1924	2,830,000	679,438	3,509,438	3,258,177	
1925	4,000,000	251,261	4,251,261	3,891,491	
1926	4,300,000	359,770	4,659,770	3,890,582	
1927	4,300,000	769,188	5,069,188	4,123,765	
1928	4,300,000	945,423	5,245,423	4,389,682	
1929	4,300,000	855,741	5,155,741	5,058,527	
1930	4,600,000	97,214	4,697,214	4,697,214	
1931	5,000,000		5,000,000	5,000,000	
1932	5,000,000		5,000,000	5,000,000	
1933	5,000,000		5,000,000	5,000,000	
1934	5,000,000		5,000,000	5,000,000	
1935	4,850,000		4,850,000	4,850,000	
1936	4,380,000		4,380,000	4,032,000	
1937	4,100,000	348,000	4,448,000	3,300,000	
1938	4,100,000	1,148,000	5,248,000	3,011,000	
1939	4,100,000	2,237,000	6,337,000	2,943,000	
1940	4,100,000	3,394,000	7,494,000	5,134,000	

☞ 앞 표에 이어서

연도 \ 구분	예산액(엔)	이월액(엔)	계(엔)	결산액(엔)	비고
1941	4,100,000	2,360,000	6,460,000	6,403,000	
1942	7,055,000	57,000	7,112,000	5,815,000	
1943	7,202,000	1,297,000	8,499,000	6,541,000	
1944	7,267,000	1,958,000	9,225,000	7,228,000	

제2장
사설철도의 요람시대

제1절 대한제국시대

이 시대의 사설철도에 대해서는 창시시대 편에서 상세하게 기재(記載)하고 있으므로 생략하도록 한다.

부산궤도주식회사

한국 정부로부터 특허를 얻어 경영된 부산궤도(주)선의 부산진~동래온천 간 10km의 증기철도는 실제 조선의 사설철도의 효시이며, 대한제국시대 유일한 것이었다. 이 철도는 1909년 6월 20일 부산 주재 오이케 주스케(大池忠助) 외 6명이 출원하여 같은 달 29일자로 한국 내무대신으로부터 특허를 얻어, 같은 해 8월 29일 부산궤도(주)의 설립등기를 마쳤다. 자본금은 10만 엔으로 하고, 선로는 전용궤도를 부설하여 궤간 0.6m, 증기동력, 26kg/m 레일을 사용하여 최급 기울기 40분의 1, 곡선반경 3쇄(鎖) 계획으로 회사 설립 등기 후 곧바로 건설 공사에 착수하였다. 같은 해 11월 말일에는 부산진 성 내에서 동래남문까지 6.8km 구간, 12월 18일에는 동래남문에서 동래온천까지 3.21km 구간의 공사를 준공하여 12월 19일 거리 10.0km의 운수영업을 개시하였다.

당시 사설철도로서는 열차 운전에 관하여 어떠한 의거할 만한 법령이 없어, 회사는 감독관청의 인가를 얻어 열차운전규정을 제정하고, 보안방식은 표권식(票券式)에 의하도록 하였다. 이것은 통감부 철도청의 운전규정에 본보기가 되었다. 부산진~동래온천 간 운수개시와 함께 국유철도 부산~초량(草梁) 양역과 사설철도 사이에 여객, 수·소화물의 연대운수를 하였다.

한국가스전기주식회사가 부산궤도주식회사를 매수함 : 이보다 앞서서 1906년 부산부 내(府內)에서 전차영업을 목적으로 하는 한국가스전기(주)(1913년 조선가스전기(주)로 개칭함) 설립 발기인이 한국 정부에 그 특허를 출원하였는데, 시기가 아직 무르익지 않아서 일시 중지되었다. 그 후 재계의 정세는 점차로 회복되었는데, 남작(男爵) 마쓰다이라 마사나오(松平正直), 동경마차철도회사 사장 무다구치 겐가쿠(牟田口元学) 씨 이하 27명이 발기하여 다시 계획을 세우고, 1910년 4월 23일 요시모토 덴쇼(吉本天祥, 도쿄), 사토 준조(佐藤潤象, 부산) 두 사람을 발기인 총 대표로 하여 부산에서의 전차, 가스 및 전등사업의 특허 출원을 하게 되었다. 그리고 같은 해 5월 18일 그 허가를 얻게 되었다. 따라서 회사 창립 준비를 진행함과 동시에 병행하여 기존 부설된 부산전등(주)(매수가격 20만 엔) 및 부산궤도(주)(매수가격 5만 5천엔)의 매수가계약을 체결하고, 같은 해 10월 18일 자본금 300만 엔(제1회 불입 75만 엔)의 한국가스전기(주)를 설립하고, 본사를 도쿄에 두고 지점을 부산에 설치하여 같은 달 26일 회사 설립 등기를 완료하였다. 한편, 피 매수 2사와의 연계를 가지고 조선총독에게 신청하여 같은 해 12월 18일 허가를 얻게 되었다. 여기에서 부산궤도(주)가 경영하는 부산진~동래온천 간 10.0km의 조선에서의 효시가 된 사설철도는 후에 설립된 한국가스전기(주)로 매수되어 경영되었다.

선로의 개량 : 이 철도는 부산궤도(주)를 매수하는 허가 조건 중에 종래의 부산진~동래 온천 간 철도의 궤간 0.6m를 0.762m로 개축하는 1항이 있었다. 그런데 1912년 3월 20일 공사비 11만 4천엔을 계상하여 공사에 착수하였는데,

우선 부산진~동래남문 구간을 준공하여 운수를 하였다. 계속하여 남은 구간의 공사를 수행하여 같은 해 7월 11일 전 간 개량공사를 마쳤다. 이 개량공사로 선로 연장은 9.3km가 되었다.

열차 운전 : 부산진~동래 구간의 열차운전은 1911년 부산궤도(주)에서 매수할 당시에는 1일 5왕복으로, 사용차량은 기관차 2량(중 1량은 독일 베를린, 오레스타인 운트 코펠 회사 제조, 20마력, 최대속력 15.3km, 1량은 영국 글래스고, 앙트리에 바그레 상회 제조, 마력, 동력은 전자와 동일), 1등객차 2량, 2등객차 2량, 3등객차 2량이었는데, 같은 해 4월 부산진 창고가 전소(全燒)되어 차량의 대부분을 소실하였다. 이에 대한 응급대처의 일환으로 '트롤리'로 여객차를 수송하였다. 같은 해 8월부터 새로운 차량으로 운전횟수를 1일 6왕복으로 하고, 1913년 5월에는 국철선의 열차시각 변경에 따라 7왕복으로 증가하였다.

전차병용 : 이 철도는 개업 이래 동력은 증기였다. 겸업인 부산시내 전차와의 직통운전의 편의를 위해 1914년 12월 26일 전차병용의 허가신청을 하여 이듬해 1월 30일 허가를 얻는 것과 동시에 전차병용 운전을 하였다.

운수상황 및 성적 : 앞에서 서술한 대로 차고 화재로 차량의 대부분을 소실하고, 운수영업상 큰 타격을 받았는데, 궤간 0.6m를 0.762m로 개량하여 여객과 화물 모두 점차 증가하게 되어 순조롭게 좋은 성적을 올려 나가게 되었다.

여객운임은 3등석을 1마일당 2전으로 하고, 2등석은 2배, 1등석은 2배 반이 되도록 하였다.

영업성적은 다음과 같다.

<표 11-4> 부산진~동래 간 영업성적

연도	연도 말 현재 영업 거리(km)	기말 건설비(엔)	수입				영업비 (엔)	차감 이익금 (엔)	건설비 대비 이율 (할푼리)
			여객 (엔)	화물 (엔)	계 (엔)	1일1마일 평균 (엔)			
1910	10.0	11,735	2,576	121	2,697	6,026	2,345	352	030
1911	10.0	107,900	9,635	710	10,599 (254)	4,945	8,441	2,158	020
1912	9.3	164,550	15,900	2,028	18,841 (913)	9,131	10,449	8,392	051
1913	9.3	189,625	20,474	1,956	23,254 (824)	10,984	11,687	11,567	061
1914	9.3	198,575	19,935	5,466	25,977 (576)	12,271	16,247	9,730	049

주) 1. 1910년은 영업일수 72일이었다.

　　2. 수입계에는 잡수입을 포함한다. 괄호 안은 잡수입을 나타낸다.

제2절 제1차 직영시대

조선경편철도령 및 부속 제 법규 제정

1910년 10월 조선총독부 철도국이 설치되어 조선에서 철도는 경부, 경의 등의 주요 철도를 국영으로 하는 방침이 채택되었다. 민영철도에 대해 살펴보면, 당시 조선의 산업은 극히 초보적이고 그 발달 조짐도 미미한 상태였는데, 민영철도의 성립기반은 약하고, 그 기획에 대한 움직임도 미약한 상태였다. 그러나 일본 통치로 옮겨지면서부터는 시대적 운(世運)이 조금씩 진전되는 조짐을 보이기 시작하여, 국유철도의 확장, 개량이 진행됨에 따라 산업, 경제 각 방면의 활동도 활발해지고, 민영철도 기획 의욕도 점차 생기게 되었다. 총독부에서도 먼 장래를 통찰하여 산업 개발과 교통기관의 정비가 긴요함을 인정하고, 1911년 철도국에서 사설철도의 감독단속에 관한 조사를 명하였다. 이 철도국은 구미 각국에서 철도제도, 제 법규 등을 시찰, 조사하여 이것을 기준으로 조선 특수사정을 고려하여 일본 사설철도 관련법령에 준거, 1912년 6월 제령 제25호로 조선경편철도령 및 그 부속 제 법규를 제정하여 공포하기에 이르렀다.

민영철도 부설 예정선의 심의 결정

이리하여 민영철도 촉진 기반 만들기를 한 후 조선총독부에서는 민간 기업으로서 지방교통의 발달을 기하여, 산업경제의 발전 향상에 이바지하도록 하였다. 1913년이 되기까지 수시로 조사원을 조선 각지에 파견하여 장래 부설을 요하는 경편철도예정선로 및 그 연선(沿線) 및 오지(奧地)의 산업, 경제상태, 나아가 교통관계, 철도간선과 지방시장과의 연결 등에 대한 조선 상세 조사를 한 것이다. 이를 기초로 하여 1913년 9월 총독부는 산업의 발달과 간선철도를 배양하려고 하는 취지에서 지방교통상황을 감안하고 부설 완급의 사정을 참작하여 제1기선, 제2기선으로 나누어 선로를 다음과 같이 심의 결정하였다.

제1기선 선로   14선

　　　연장선   1,007.4km

　　　총건설비 1,644만 7천엔

　　　　　　　　내역

구간	거리(km)	건설비(천엔)
대구~포항	106.2	1,848
경주~동래	86.9	1,620
울산~장생포	11.3	210
성환~장호원	75.6	1,081
장호원~여주	22.5	322
장호원~충주	59.5	888
성환~오천	111	1,587
조치원~공주	25.7	368

☞ 앞 표에 이어서

구간	거리(km)	건설비(천엔)
부강~청주	24.1	330
김천~안동	123.9	2,233
송정리~남원	88.5	1,540
원촌~여수	103	1,664
사리원~해주	74	1,104
맹중리~북진	95	1,652
계	1,007.40	16,447

제2기선 선로　　26선

연장선　　3,096.4km

총건설비　－

－ 주) 내역은 명확하지 않음.

보조제도의 창설과 사설철도의 보급상황

이어서 민영철도 부설을 촉진시키기 위해서는 일반 민간의 투자를 유치해야
했다. 여기에는 철도사업이 상당한 이익이 발생하는 매력 있는 사업이 되어
투자가들이 관심을 가지도록 해야 한다. 이러한 취지에서 사설철도에 대한 보
조제도를 창설할 필요가 생겼다. 이에 총독부는 1914년 9월 30일 조선경편철
도보조 내규를 정하고, 이에 근거한 개개의 철도 각 회사에 대하여 보조명령
서를 발하여 보조를 하도록 하였다.

이 보조정책을 기반으로 하여 사설철도의 보급을 도모하였는데, 산업경제가
발전하지 않았고, 국민 생활수준이 낮고, 조선의 제반 사정으로 인해 실적은
부진하여 효과가 나타나지 않은 사정 때문에 보조 내용을 1918년에 종래의 보
조율 연 6푼을 7푼으로 올리고, 보조책을 강화하였지만 눈에 띄는 효과는 나
타나지 않았다.

앞에서도 서술하였듯이 한국가스전기(주)의 부산진~동래 구간의 사설철도
는 이 절에서 언급하는 시대의 당초에 유일한 사설철도이지만 1911년에 들어

48　조선교통사 제4권

가게 되면서 이것의 연장선으로 동래에서 울산, 경주를 경유하여 대구까지의 구간 및 경주에서 분기하여 포항까지 연장 173.8km의 부설계획을 세우고, 같은 해 7월 26일 이것을 출원하게 되었다. 다시 이듬해 1912년 2월에는 울산에서 분기하여 장생포까지 연장 8km의 장생포 지선의 추가 출원을 하고, 같은 해 7월 2일 모두 부설 허가를 얻었다. 그런데 일반경제계 불황으로 지정기간 내에 공사 착수에 들어가지 못하고, 1915년 중에 부설 허가의 효력을 잃으면서 결국 실현하지 못했다. 또한 1913년 7월 전남 광주 경편철도 발기인에게 부설 허가가 된 송정리~광주 구간의 철도도 1915년 중에 허가가 실효(失效)되었다.

이어 전북경편철도(주)는 국유철도 호남선 이리역을 기점으로 하여 전라북도 도청소재지인 전주까지 거리 24.9km, 궤간 0.762m 증기철도 부설을 신청하여 1913년 1월 9일 허가를 얻었다. 다음해 5월에 부설공사에 착수하여 같은 해 12월 1일에 영업을 개시하였다. 이 철도는 이리역과 도청소재지를 연결하는 교통로가 되어 연선(沿線)은 호남평야의 곡창지대로 좋은 조건하에 있어, 개업 이래 매년 업적이 향상되어 1914년 이래로 보조를 받고 있었다. 하지만 1916년 하반기 이후에는 거의 보조를 필요로 하지 않고, 여유롭게 6푼 내지 1할의 배당을 하는 상태가 되었다. 다른 많은 사설철도가 업적 부진으로 어려운 경영 상태였던 데 비해 이 철도는 특이한 존재였던 것이다.

함흥탄광철도(주)는 육군 군용 수압(手押, 손수레) 궤도를 대여 받아 이를 개축하여 자본금 20만 엔으로, 함경남도 함흥군 서호진을 기점으로 하여 함흥군 동운전(東雲田)면을 경유하여 함흥까지 거리 14.2km, 궤간 0.762m 증기동력의 철도부설을 신청하여 1913년 9월 29일 허가를 얻었다. 공사착수 기간이 1914년 9월 11일이었는데, 교통이 불편하여 공사재료 수송이 뜻대로 이루어지지 않아 공사 준공 지정기한을 다시 연기 신청하여 가까스로 1915년 12월 20일 영업을 개시하였다. 다음해 1916년 9월 함흥시가지에 1.9km 연장선 허가를 얻어 같은 해 12월에 개업, 전체 연장 16.1km가 되었다. 이 회사는 별도로 함흥에서 북상하여 장풍리까지의 구간 25.1km, 궤간 0.6m 인력 철도를 1916년 9월 25일 부설 허가를 얻어 일부를 1917년 10월 16일에, 전 구간을 다음해 1918년 2월 12일에 영업을 개시하였다.

이외에 부설 허가를 얻었지만 공사착수에 이르지 못하고 허가가 실효되어 소멸된 철도는 다음과 같은 기록이 남아 있다.

1911년 4월 7일 조선전기(주)(후에 북선흥업(주)으로 개칭함) 발기인에게 부설 허가가 났지만 함경북도 청진에서 나남에 이르는 전기철도는 다음해 1912년 3월 31일 회사가 설립되었다. 하지만 그 후 조사 결과 수지 전망이 없다고 판명되어 허가는 취소되었다.

1913년 7월 9일 광주경편철도(주) 발기인에게 부설 허가된 국철 호남선 송정리역을 기점으로 하여 광주까지의 거리 13.5km, 궤간 0.762m 증기철도가 있다. 같은 해 11월 5일 회사설립 허가를 얻어 자본금 15만 엔이 되었는데, 발기인에 조선인이 많고 또한 주식 모집이 힘들어서 명령 기한까지 회사 설립을 하지 못하고 허가가 실효되었다.

이상과 같이 1915년 말에 사설철도는 조선가스전기(주), 전북경편철도(주), 함흥탄광철도(주)의 3사로, 영업선 거리는 73.5km(인력철도 포함)였다.

1916년에는 개천경편철도 단노와 마사노부(淡輪雅信) 명의로, 국철 경의선 신안주역을 기점으로 하여 개천까지 거리 29.6km, 궤간 0.762m 증기철도 부설을 신청, 같은 해 5월 13일 허가를 얻었다. 이 철도는 당초에 미쓰이(三井) 광산회사가 개천에 있는 같은 회사 소유의 광산에서 철광석을 반출할 목적으로 부설한 전용철도였는데, 이것을 개수(改修)하여 1916년 5월 15일부터 일반 운송영업을 개시하였다. 그 후 미쓰이 광산은 홋카이도제철(주)로 이양되었다가 다시 (주)일본제철소에 합병되었는데, 이 회사의 소유로 철도 부속물건 일체를 후지노 구스키(藤野葛樹)가 빌려 개인 명의로 영업을 계속하였다. 1917년 12월 3일 개천에서 천동(泉洞)까지 7.2km를 연장하는 부설 허가를 얻어 1918년 12월 1일 개업하여 전체 연장 36.9km가 되었다.

1916년에는 또한 조선중앙철도(주)는 국철 경부선 대구역을 기점으로 동해안 학산(鶴山)까지 거리 104.8km, 도중 서악(西岳)에서 분기하여 불국사까지 거리 13.4km, 불국사에서 울산까지 거리 30.1km, 울산에서 동래까지 연장 55.8km 및 울산에서 장생포까지 거리 8.2km 등 총 연장 212.1km, 궤간 0.762m 증기철도 부설을 신청하여 1916년 2월 15일 허가를 받았다. 다음해 1917년 2월 대구에서 공사를 시작하여 같은 해 11월 1일 대구~하양 간 23.0km를 개통하고, 모두 순차적으로 공사를 진행하여 1918년 11월 1일 하양~포항 간 79.8km를 개통하였다. 한편, 도중에 서악에서 분기하여 불국사까지 13.4km 구간은 같은 해 10월 31일에 개통하였다. 이 철도는 경상북도 남부 대도시(雄都) 대구의 경제력을 배경으로 하여 연선의 농업 기타 산업의 개발에 영향을 주는 것과 동시에 동해안의 울산, 포항의 항만을 연결하여 해산물을 내륙으로 수송하고 또 내륙 산물을 일본과 조선 내 각 항으로 이출입하는 데 활력을 줄 것으로 기대되었다. 또한 경주, 불국사에 있는 신라 2천년의 고대유적을 세상에 공개하는 데 큰 편의를 주게 되었다.

이 회사는 별도로 충청북도를 횡단하는 표준궤철도를 계획하여 부설 허가를 얻었다. 즉, 국철 경부선 조치원역을 기점으로 도청소재지인 청주를 거쳐 충주까지 94.0km, 궤간 1.435m 증기철도로 부설 신청하여 1917년 8월 18일 부설 허가를 받았다.

이 철도는 국철 경부선에 연결, 접속하고 충청북도의 중앙부를 횡단하여 오지(奧地)시장으로의 근간 교통로를 마련한 것으로, 강원도 영월 지방으로의 유력한 교통로를 부설한 것이다. 조치원에서 22.7km 지점에 있는 도청소재지인 청주는 도내 상공업 중심지를 이루고, 연선은 대체적으로 평탄하고 농산물의 집산이다. 철도의 개통으로 산업의 개발과 민생 향상에 기여하는 데 큰 기대를 받았다.

1918년에는 남조선철도(주)가 본사를 경성으로 하고, 국철 호남선 송정리역을 기점으로 하여 광주, 원촌, 하동, 진주를 거쳐 마산까지 연장 253.0km 및

662형 협궤기관차

원촌에서 분기하여 전라북도 전주까지 75.0km, 궤간 1.435m 증기철도 부설
을 신청하여 1918년 7월 13일 부설 허가를 받았다. 이 철도는 전라남북도와
경상남도를 연결하는 총 거리 328.0km에 이르는 남조선을 횡단하는 중요한
철도를 이루는 것으로, 연선은 남조선의 곡창지대로 인구도 비교적 많으며,
또한 해안선에 가까워 해산물의 내륙 수송으로 지방개발에 많은 기대를 모
았다.

1918년 말 현재를 기준으로 사설철도의 상황은 다음과 같이 회사 6사, 부설
허가 거리 746.6km, 개업 거리 228.5km, 미 개업 거리 518.0km, 개업구간은
협궤선(0.762m, 0.6m)뿐이었다.

회사명	궤간(m)	허가 거리(km)	개업 거리(km)	미 개업 거리(km)
조선가스전기	0.762	9.3	9.3	-
전북경편철도	"	24.9	24.9	-
함흥탄광철도	"	16	16	-
개천경편철도	"	36.8	36.8	-
조선중앙철도	"	212.2	116.2	96
	1,435	93.9	-	93.9
남조선철도	1,435	327.9	-	328
함흥탄광철도(인력)	0.6	25.1	25.1	-
계 6개사		743.7	228.3	517.9

제3절 사업개황

선로 연장

사설철도의 최초 부설 허가가
있었던 1909년부터 1918년까
지의 10년 동안 선로 연장 상황
은 〈표 11-5〉로, 또한 연도별
개업상황은 〈표 11-6〉으로 나
타내었다. 또한 궤간과 동력에

토해선 여객 급행열차

대해서는 〈표 11-7〉 및 〈표 11-8〉로 각각 나타내었다.

이러한 선로 연장에서 표준궤(1.435m)는 44%, 협궤(0.762m)는 53%, 0.6m
는 3%의 비율이며 또한 증기철도는 95%를 점유하고 있다.

또한 회사별로 선로의 면허, 개업, 미 개업 및 변동 경과를 일괄하여 〈표 11-
10〉 일람표로 표시하였다.

〈표 11-5〉 사설철도의 누계년도 부설 허가선 거리표

(1918년 말, 단위 km)

연도	연도 내		누계		미 개업선
	부설허가선	개업선	부설허가선	개업선	
1909	9.3	9.3	9.3	9.3	-
1910			9.3	9.3	-
1911			9.3	9.3	-
1912			9.3	9.3	-
1913	39.1		48.4	9.3	39.1
1914		24.9	48.4	34.2	14.1
1915		14.1	48.4	48.4	-
1916	268.9	31.5	317.3	79.9	237.3

☞ 앞 표에 이어서

연도	연도 내		누계		미 개업선
	부설허가선	개업선	부설허가선	개업선	
1917	101.2	23	418.5	102.9	299.4
1918	327.9	125.5	746.5	228.5	518

〈표 11-6〉 사설철도 누계년도 개업선로표

(1909년~1918년)

회사명 \ 연도 및 거리	1909년~1913년		1914년		1915년		1916년	
	구간	거리(km)	구간	거리(km)	구간	거리(km)	구간	거리(km)
조선가스전기	부산진~동래	9.3						
전북경편철도			이리~전주	24.9				
합흥탄광철도 서호진선					함흥~서호진	14.1	함흥시내	1.9
합흥탄광철도 장풍리선								
개천경편철도							신안주~개천	29.6
조선중앙철도								
합계		9.3		24.9		14.1		31.5
누계		9.3		34.2		48.4		79.9

회사명 \ 연도 및 거리	1917년		1918년		계	
	구간	거리(km)	구간	거리(km)	구간	거리(km)
조선가스전기					부산진~동래	9.3
전북경편철도					이리~전주	24.9
합흥탄광철도 서호진선					함흥~서호진	16
합흥탄광철도 장풍리선			함흥~장풍리	25.1	함흥~장풍	25.1
개천경편철도			개천~천동	7.2	신안주~천동	36.8
조선중앙철도	대구~하양	23	하양~포항	79.8	대구~포항	102.8
조선중앙철도			서악~불국사	13.3	서악~불국사	13.3
합계		23		125.5		228.5
누계		102.9		227.2		

〈표 11-7〉 사설철도 궤간별 거리

(1918년 말 기준, 단위 km)

종별	개업선				미 개업선				합계			
	1,435m (km)	0,762m (km)	0,6m (km)	계 (km)	1,435m (km)	0,762m (km)	0,6m (km)	계 (km)	1,435m (km)	0,762m (km)	0,6m (km)	계 (km)
거리	–	203,4	25,1	228,5	431,6	94,9	–	518	421,9	299,4	25,1	746,5
노선 수	–	5	1	6	2	1	–	3	2	6	1	9
경영 자수	–	5	1	6	2	1	–	3	2	4	1	7

주) 1명의 경영자가 개업, 미 개업선을 가지며, 궤간을 달리하는 경우가 있으므로, 경영자 수의 합계와 내역은 일치하지 않는다.

〈표 11-8〉 사설철도 동력별 거리

(1918년 말 기준, 단위 km)

종별	개업선				미 개업선		합계			
	증기 (km)	증기 전기 병용 (km)	인력 (km)	계 (km)	증기 (km)	계 (km)	증기 (km)	증기 전기 병용 (km)	인력 (km)	계 (km)
거리	194	9,3	25,1	228,5	518	518	712,1	9,3	25,1	746,5
노선수	4	1	1	6	3	3	7	1	1	9
경영자 수	4	1	1	6	2	2	5	1	1	7

주) 1명의 경영자가 개업, 미 개업선을 가지며, 동력을 달리하는 경우가 있으므로, 경영자 수의 합계와 내역은 일치하지 않는다.

사설철도가 1909년에 출현하여 1918년까지 10년 동안 발전은 다음 표에서 볼 수 있듯이 극히 저조하였다.

〈표 11-9〉 사설철도 누계년도 영업거리

(1909년~1918년)

철도명	1909~1913년 (km)	1914년 (km)	1915년 (km)	1916년 (km)	1917년 (km)	1918년 (km)
조선가스전기	9.3	9.3	9.3	9.3	9.3	9.3
전북경편철도		24.9	24.9	24.9	24.9	24.9
함흥탄광철도 서호진선			14.1	16	16	16
장풍리선						25.1
개천경편철도				29.6	29.6	36.8
조선중앙철도					23	116.1
합계	9.3	34.2	48.4	79.9	102.9	228.5
전년대비		24.9	14.1	31.5	23	125.5

주) 조선가스전기(주)의 부설 허가는 1909년 6월 29일이다. 또한 허가 당초 부설은 9.9km, 궤간은 0.6m였지만, 1912년 7월 11일 궤간을 0.762m로 개량 공사하여 거리도 9.3km가 되었다.

〈표 11-10〉 사설철도 상황 일람표

(1918년 말 현재 기준)

회사명	허가선		거리 (km)	궤간 m	동력	면허날짜
	구간 도명	구간 지명				
조선가스 전기주식회사	경상남도	부산진~동래	9.3	0.762	증기 (전기)	1909.6.29.
전북경편 철도주식회사	전라북도	이리~전주	24.9	0.762	증기	1913.1.9.
함흥탄광 철도주식회사	함경남도	이리~서호진	14.1	0.762	증기	1913.9.29.
		함흥시내	1.9	〃	〃	1916.9.-
개천경편 철도주식회사	평안남도	신안주~개천	29.6	0.762	증기	1916.5.13.
개천경편 철도주식회사	평안남도	개천~천동	7.2	〃	〃	1917.12.3.
조선중앙 철도주식회사	경상북도	대구~학산	104.7	0.762	증기	1916.2.15.
	경상남도	경주~울산	43.4	〃	〃	1916.2.15.
	경상남도	울산~동래	55.8	〃	〃	1916.2.15.

☞ 앞 표에 이어서

회사명	허가선					
	구간		거리 (km)	궤간 m	동력	면허날짜
	도명	지명				
조선중앙 철도주식회사	경상남도	울산~장생포	8.2	0.762	증기	1916. 2. 15.
	충청남도 충청북도	조치원~충주	93.9	1.435	증기	1917. 8. 18.
남조선철도 주식회사	전라남도 경상남도	송정리~마산	252.9	1.435	증기	1918. 7. 13.
	전라남도 전라북도	원촌~전주	74.9	〃	〃	1918. 7. 13.
함흥탄광 철도주식회사	함경남도	함흥~장풍리	25.1	0.6	인력	1916. 9. 25.
합계			746.5			

회사명	개업선			미 개업선		비고
	구간	거리(km)	개업날짜	구간	거리 (km)	
조선가스 전기주식회사	부산진~동래	9.3	1909. 12. 19.			1912년 7월 11일 개량공사로 궤간 0.6m를 0.762m로, 거리 10.0km를 9.3km로 변경하였다. 또한 1915년 1월 30일 동력을 전기와 변용하였다.
전북경편 철도주식회사	이리~전주	24.9	1914. 11. 17.			개업 연월일란 상단은 가영업, 하단은 본 영업을 나타낸다.
함흥탄광 철도주식회사	함흥~서호진	14.1	1915. 12. 20.			
	함흥시내	1.9	1916. 5. 12. ─			
개천경편 철도주식회사	신안주~개천	29.6	1916. 5. 15.			
개천경편 철도주식회사	개천~천동	7.2	1918. 12. 1.			
조선중앙 철도주식회사	대구~하양	23	1917. 11. 1.	포항~학산	1.9	처음에는 오주(五洲)경편철도주식회사로 칭하였다.

☞ 앞 표에 이어서

회사명	개업선			미 개업선		비고
	구간	거리(km)	개업날짜	구간	거리(km)	
조선중앙 철도주식회사	하양~포항	79.8	1918. 11. 1.	불국사~울산	30	
	서악~불국사	13.3	1918. 10. 31.	울산~동래	55.8	
				울산~장생포	8.2	
				조치원~충주	93.9	
남조선철도 주식회사				송정리~마산	252.9	
				원촌~전주	74.9	
함흥탄광 철도주식회사	함흥~장풍리	25.1	일부 1917. 10. 16. 전체 1918. 2. 12.			
합계		228.5			518	

〈표 11-11〉 열차운전 횟수표

(1925년 12월 1일 현재)

철도명	노선명	구간	열차 종류	정기(왕복)	부정기(왕복)	비고
조선철도	충북선	조치원~청주	혼합	5	1	
		청주~청안	〃	4	–	
	전라선	송정리~광주	여객	1.5	–	
		광주~담양	〃	1	–	
		송정리~광주	혼합	5.5	–	
		광주~담양	〃	3	–	
	경북선	김천~점촌	혼합	4	1	
	경동선	대구~포항	여객	1	–	
		대구~영천	혼합	5	1	
		영천~포항	〃	4	1	
	경동선	포항~학산	〃	2	4	
		서악~경주	〃	6.5	–	
		경주~불국사	〃	3.5	–	
		불국사~울산	〃	3	–	

☞ 앞 표에 이어서

철도명	노선명	구간	열차 종류	정기(왕복)	부정기(왕복)	비고
조선철도	경남선	마산~진주	혼합	4	1	
	황해선	사리원~신천	여객	1	1	
		사리원~신천	혼합	3	−	
		사리원~상해	〃	0.5	−	
		상해~하성	〃	4	−	
		화산~내토	〃	2	1	
		사리원~상해	화물	0.5	0.5	
	함남선	함흥~오로	혼합	4		
		오로~장풍	〃	3	1	
조선경남철도		천안~광천	혼합	4	−	
		천안~안성	〃	3	−	
		천안~광천	화물	−	1	
전북철도		전주~이리	혼합	6	−	
개천철도		신안주~개천	혼합	4	−	
		개천~천동	〃	3	−	
		신안주~천동	화물	−	2	
		용흥리~천동	〃	−	1	
금강산 전기철도		철원~김화	여객	1	1	
		철원~김화	혼합	3	1	
		철원~월하성	〃	−	2	
도문철도		회령~동관진	혼합	3	−	

〈표 11-12〉 각 노선 열차속도

(1925년 12월 1일 현재)

궤간 (m)	철도명	노선명	구간	최급 기울기	최소곡선 반경(쇄)	레일 중량(kg/m)	평균시속 (km/h)
1,435	조선철도	충북선	조치원~청안	1/60	15	27	32 이상
		전남선	송정리~담양	1/75	〃	〃	33.6 이상
		경북선	김천~점촌	1/40	〃	〃	〃
		경남선	마산~진주	〃	〃	〃	27.2 이하
	조선경남 철도		천안~광천	1/66	15	27	25.6 이상
			천안~안성	〃	〃	〃	〃
	금강산 전기철도		철원~김화	1/40	9	27	30.4 이상

☞ 앞 표에 이어서

궤간 (m)	철도명	노선명	구간	최급 기울기	최소곡선 반경(쇄)	레일 중량(kg/m)	평균시속 (km/h)
0.762	조선철도	경동선	대구~포항	1/60	5	13.5	22.4 이하
			포항~학산	〃	〃	13.5	19.2
			서악~불국사	〃	〃	9	17.6 이하
			불국사~학산	〃	15	9	20.8 이상
		황해선	사리원~신천	1/100	15	15.8	17.6 이상
			상해~하성	1/60	10	〃	16
			화산~내토	1/33	6	12.6	9.6
		함남선	함흥~장풍	1/60	6	15.8	17.6 이하
	전북철도		전주~이리	1/75	5	11.3	17.6 이하
	개천철도		신안주~개천	1/50	5	11.6	17.6 이하
			개천~천동	1/60	7	13.5	19.2
	도문철도		회령~동관진	1/55	5	11.3	14.4 이하

〈표 11-13〉 사설철도 차량표

1925년 12월 1일 현재(단위 : 량)

차량	형식	철도명						
		조선철도						
		충북선	전남선	경북선	경동선	경남선	황해선	함남선
기관차	탱크	4	3	5	17	3	11	6
객차	4륜 보기 (bogie car)	6	5	4	56	3	15	8
	4륜차	–	–	–	–	–	5	–
	전동차 (4륜보기)	–	–	–	–	–	–	–
	계	6	5	4	56	3	20	8
화차	유개(有蓋) - 4륜보기	3	5	3	11	5	–	–
	- 4륜차	–	–	–	70	–	37	7
	무개(無蓋) - 4륜보기	–	–	9	–	3	–	3
	- 4륜차	8	2	22	88	4	102	76
	4륜차(광궤)	–	–	–	–	–	–	–
	계	11	7	34	169	12	139	86

☞ 앞 표에 이어서

차량	형식	철도명					합계
		조선경남 철도(량)	전북철도 (량)	개천철도 (량)	금강산전기 철도(량)	도문철도 (량)	
기관차	탱크	4	6	6	–	8	73
객차	4륜 보기 (bogie car)	6	14	2	–	14	133
	4륜차	–	–	5	–	–	10
	전동차 (4륜보기)	–	–	–	3	–	3
	계	6	14	7	3	14	146
화차	유개(有蓋) - 4륜보기	2	9	–	–	–	38
	- 4륜차	–	12	8	3	55	192
	무개(無蓋) - 4륜보기	20	4	–	–	–	39
	- 4륜차	30	26	11	3	35	407
	4륜차(광궤)	–	–	63	–	–	63
	계	52	51	82	6	90	739

영업실시

열차운전 및 차량 : 1925년 12월 1일 현재 기준으로 열차운전에 대해서 조선철도(주) 외 각 철도의 각 선로, 구간, 열차 종류 등의 상황은 다음의 내용과 같다.

주) 영업시설에 해당하는 자료는 1925년 이전의 것은 없으므로, 참고로 1918년 말을 대신하여 1925년분을 싣도록 하였다.

여객 · 화물운임

사설철도의 운임 중 여객은 거리비례법을, 화물은 원거리체감법을 적용하였다. 둘 다 국유철도와의 연락운수의 편리함을 위해 특별한 사정이 있는 경우를 제외하고 모두 국유철도와 동일 규칙으로 취급하였다.

보통운임률 : 운임률은 여객에서는 1.6km당 일반은 5전(錢) 또는 4전, 특등

은 8전 또는 7전으로 되어 있으며, 평균 일반은 5전, 특등은 7전 3리가 된다.

화물에서는 영업수지의 균등을 기하기 위해 일본 지방철도의 예에 따라서 실제 1.6km에 7할 내지 20할증 화물영업 거리를 설정, 이에 대하여 국유철도와 동일한 운임률을 적용하였다.

여기에 각 철도, 각 노선별 여객 운임률 및 화물영업 거리 할증률을 나타내면 다음과 같다.

〈표 11-14〉 여객 · 화물 운임표

(1925년 12월 1일 현재)

철도명		여객 1인 1마일당		화물영업거리 할증률	비고
		보통(전)	특등(전)	(할)	
조선 철도	충북선	5	7	12	
	전남선	5	7	12	
	경북선	5	7	12	
	경남선	5	7	12	
	경동선	5	7	20	
	황해선	5	7	12	
	함남선	5	–	12	
조선경남철도		5	8	13	
전북철도		4	8	7	
개천철도		5	–	7	
금강산전기철도		5	–	12	
도문철도		5	8	15	
평균		5	7.3	12.2	

특종임률 : 원칙적으로 보통운임 외에 여객에서는 정기승차, 단체승차, 객차 전세, 열차전세 등의 특수한 운임을 설정하였다. 또한 학교 교원, 학생, 맹아 학교 학생, 야스쿠니 신사에 참배하는 군인 및 군무원의 유족, 박람회 · 공진 회(共進會) · 품평회 · 전람회 · 교육대회 · 강습회 등의 참가자, 이주민, 피구

호자, 시장 왕복여객에 대한 할인 등 각종 할인운임제도가 있었다.

화물에서는 각 철도별로, 각 노선별로, 각 화물의 품종별로 특정운임이 정해져 있었다.

영업성적

사설철도의 영업 개시 이후의 영업성적은 다음 표 및 별책 통계표와 같은데, 1918년에 영업성적을 개관(槪觀)하는 데 조선가스전기(주)는 개업 이래 10수년을 경과하고, 또 전북경편철도(주)(1916년 하반기 이후에는 업적 향상을 위해 거의 보조를 받지 않았다)는 입지조건이 좋으며, 모두 비교적 좋은 성적을 나타내고 있다. 하지만 기타 철도는 개업 이래 업적을 보면 바람직스럽지 못한 수치들로 되어 있다.

1918년의 숫자를 종합하면, 여객 인원 2,705,239명, 화물 138,793톤, 수입은 439,644엔으로 영업비는 384,328엔이 되어 차감 45,319엔의 이익을 올리고 있다. 수입에 대한 지출비율은 90%로 되어 있다.

〈표 11-15〉 사설철도 운수성적

(1915년~1918년)

경영자명	연도	연도 말 영업거리 (km)	여객 (인)	수·소 화물근 (斤)	화물 (톤)	운수수입		
						여객(엔)	화물(엔)	계(엔)
조선가스전기주식회사	1915	14.3	525,408	–	1,060	34,422	11,757	46,179
	1916	15.7	1,350,572	140,700	3,227	60,960	7,902	68,862
	1917	17.2	1,873,458	317,100	4,694	78,030	3,337	81,367
	1918	17.2	2,038,289	553,700	2,232	81,388	1,294	82,682
전북경편철도주식회사	1914	24.9	30,338	15,300	4,968	10,184	4,293	14,477
	1915	24.9	109,512	40,882	21,474	35,804	14,442	50,246
	1916	24.9	108,844	52,031	20,649	34,277	14,508	48,785
	1917	24.9	156,140	72,700	29,212	53,496	20,377	73,873
	1918	24.9	270,738	127,292	38,329	86,749	27,387	114,136

☞ 앞 표에 이어서

경영자명	연도	연도 말 영업거리 (km)	여객 (인)	수·소 화물근 (斤)	화물 (톤)	운수수입		
						여객(엔)	화물(엔)	계(엔)
함흥탄광 철도 주식회사	1915	14.1	19,448	69,902	4,937	6,727	5,050	11,777
	1916	16	45,491	39,997	16,395	11,354	16,197	27,551
	1917	16	69,615	58,161	25,201	17,989	22,275	40,264
	1918	16	81,507	41,615	22,724	18,790	20,981	39,771
개천경편 철도 탄노와 마사노부 (淡輪雅信)	1916	29.6	32,600	18,672	27,432	9,812	17,887	27,699
	1917	29.6	73,505	34,199	45,037	21,830	25,948	47,778
	1918	36.8	116,118	50,067	43,677	36,238	32,507	68,745
조선중앙 철도 주식회사	1917	23	11,645	27,799	2,195	3,664	2,033	5,697
	1918	116.1	184,534	313,397	20,292	78,860	30,429	109,289
함흥탄광 철도 주식회사 (인력철도)	1917	25.1	1,273	–	1,130	667	2,284	2,951
	1918	25.1	14,053	–	11,539	6,325	18,696	25,021

주) 조선가스전기(주)는 1915년부터 궤도분을 포함한 수치이다.

〈표 11–16〉 사설철도 영업수지

(1915년~1918년)

경영자	연도	영업선 구간	수입(엔)	지출(엔)	이익금(엔)	1일 1마일 수입(엔)
조선가스 전기 주식회사	1915	부산진~동래	38,470	26,106	12,364	14.88
	1916	부산시내	68,862	29,998	38,864	20.09
	1917		82,154	50,179	31,975	22.36
	1918		84,057	68,810	15,247	21.13
전북경편 철도 주식회사	1914	이리~전주	16,625	15,558	1,067	9.48
	1915		50,786	41,586	9,200	8.95
	1916		49,313	36,192	13,121	9.94
	1917		74,393	47,915	26,478	13.19
	1918		115,075	84,184	30,891	20.34

☞ 앞 표에 이어서

경영자	연도	영업선 구간	수입(엔)	지출(엔)	이익금(엔)	1일 1마일 수입(엔)
함흥탄광 철도 주식회사	1915	함흥~서호진	13,622	9,009	4,613	4.42
	1916		28,370	21,395	6,975	8.45
	1917		40,264	32,573	7,691	11.03
	1918		40,502	41,569	△1,067	11.09
개천경편 철도	1916	신안주~개천	27,699	21,757	5,942	7.53
	1917	신안주~천동	47,778	43,753	4,025	7.25
	1918		67,779	49,386	19,393	10.24
조선중앙 철도 주식회사	1917	대구~하양	15,982	10,040	5,942	18.19
	1918	대구~포항~ 불국사	132,554	125,360	7,194	12.64
함흥탄광 철도 주식회사 (인력철도)	1917	함흥~장풍리	2,951	2,709	242	2.7
	1918		25,019	25,019	-	4.26

주) 1. 조선가스전기(주)의 1915년 수입과 앞의 표의 운수성적표의 수입은 현저하게 차이가 나지만 그 이유는 명확하지 않다.
  2. 전북경편철도는 1914년(영업 개시 1914년 11월 17일)은 1개월 남짓의 단기간만이 이 표에 포함되어 있다.
  3. 이 표의 수입에는 앞의 표의 수입에 운수 잡수입을 포함하고 있다.

제4절 각 회사들의 사업 개요

전북경편철도주식회사

이 철도는 고다 나오유키(甲田直行) 이하 28명이 발기(發起)하여 1912년 5월 자본금 12만 엔으로 국철 호남선 이리역에서 전라북도 도청소재지인 전주까지 그리고 도중에 만경강변 반월리(오늘날 춘포역 부근)에서 분기하여 부용(芙蓉)역까지 이르는 연장 30.3km, 궤간 0.914m 인력(人力) 철도를 설계하였으나, 동력 측면에서 시대에 부응하지 못한다는 이유로 허가가 나지 않았다. 그래서 급히 계획을 변경하여 이리~전주 간 25.7km, 궤간 0.762m 증기철도로 같은 해 9월 허가신청을 하여 다음해 1913년 1월 9일에 허가를 받았다. 함께 발기한 사람들은 같은 해 2월 회사 설립 준비를 하여 조선회사령에 따라 회사설립 신청을 하고, 같은 해 4월 10일에 허가를 받았다. 그리고 바로 주식 인수공모를 하여 제1회 불입으로 제반 준비를 하고, 1914년 2월 22일 전주에서 창립총회를 열어 자본금 30만 엔의 주식회사 설립을 마쳤다. 임원 7명, 감사 3명을 선출하고 다케다 간지로(竹田寬二郞)가 전무 겸 지사장에 취임하였다.

1914년 3월 17일에는 이 철도의 공사시행 인가를 얻어 부설 허가 조건으로 공사에 착수하게 되었는데, 같은 해 5월 10일 전주에서 기공식을 올리고 착실하게 공사를 진행하였다. 같은 해 10월 30일에는 선로의 토공(土工) 및 모든 건조물의 공사를 완성하고, 같은 해 11월 17일부터 우선 여객만 가영업을 개시하고, 12월 1일부터 화물 영업을 개시하였다. 다음해 1915년 1월 15일부터 여객화물의 본격 운수(運輸)를 개시하였다. 공사로 이리~전주 구간을 24.9km로 단축하고 궤간 0.762m, 곡선 반경 5쇄(鎖), 가장 급한 구배(勾配, 경사 정도)는 1/75, 레일중량 11.3kg/m로 하고 공사비는 9만 5백 엔이 조금 넘었다.

운수영업에 관한 일본 철도영업법 및 철도운수규정 중에 경편(輕便)철도에 적용되는 각 조항에 준거하고, 또한 운수규정을 보완하여 이 지방 특수 사정을 참작하여 전북경편철도운송규정을 제정하였다.

이 철도는 이리역에서 국철과 연결되므로 여객화물 접속상 이리역을 국철 및 사철의 공동 역으로 하도록 하고, 일본의 철도 예를 본떠 모든 규칙 및 취급방법을 정하였는데, 이것은 조선에서의 국철 및 사철 공동 역의 선구(先驅)가 되었다.

이어 1914년 11월 17일부터 운수영업을 하게 되면서 국철과 이 철도 모든 선의 각각의 역 상호간에 여객의 수·소화물 및 화물의 연대운수를 개시하게 되어 철도국과 회사 사이에 계약을 체결하고, 그 기간을 1915년 11월까지로 하였다. 계약기간 전에 당사자 일반으로부터 해약 통지가 없는 경우에는, 다시 1년간을 계속하여 효력을 가지는 것으로 하였다.

열차운전에 대해서는 경편철도 및 궤도의 건설운수에 관한 규정(1912년 정부령 제29호)에 준거하는 등 별도로 열차운전신호취급수칙을 제정하여 만전을 기하였다. 열차보안방식은 명령권에 의한 것이었다.

이 철도는 조선에서 사설철도로 국가보조를 받은 제1호였다. 개업한 1914년부터 1916년 상반기까지는 소정의 보조를 매년 받았는데, 같은 해 하반기부터 이익금 비율이 보조율을 넘게 되면서 보조는 중지되었다. 그러나 1920년은 업무 실적이 악화되어 다시 보조를 받게 되었는데, 그 후에는 실적이 회복되어 보조를 받는 일이 없게 되었다. 다른 많은 사설철도가 처음부터 끝까지 계속해서 국가보조에 기대고 있었던 것에 비해 특이한 경우였다고 할 수 있다. 이 철도가 탄생하게 된 계기는 같은 지방에 대농장을 경영하던 미쓰비시(三菱)계열의 동산(東山)농장이 곡식을 출하할 시기에 국철 호남선까지 수송하는 데에 어려움이 있었던 배경이 있다. 또한 철도를 부설하면 정부로부터 상당한 보조금을 지급받게 된다는 생각 하에 이 농장이 주력이 되어 계획하게 된 것이었다. 이 철도는 이후 조선국유철도 12년계획으로 1927년 10월 1일 국가에 매수되어 국철 전라선의 일부이자 광궤로 개축되었다.

이 철도는 개업 이래 실적이 순조롭게 향상되어 객화(客貨) 모두 크게 증가하여 차량증차 외에 시설개선의 필요로 1920년 3월에 자본금 60만 엔으로 증자하고, 불입금액도 45만 엔으로, 차입급을 5만 4천엔으로 증액하여 자금의 충실을 기하였다. 그 후 1926년 12월 1일 현재 기준으로 차입금은 11만 8천엔이 되었다.

이 회사는 1925년 12월 1일 기록에는 사명(社名)이 전북철도주식회사로 되어 있는데, 1920년 11월 조선사설철도령이 시행되어 종래의 조선경편철도령은 폐지되고 법규상 경편철도의 명칭이 없어져서 이름이 변경된 것으로 추측된다. 언제 변경되었는지에 대한 정확한 기록은 없다.

함흥탄광철도주식회사

이 철도는 1904~1905년
러일전쟁 중 육군에서 함
경남도의 함흥~서호진(西
湖津) 구간, 함경북도 청진
~나남(羅南) 구간, 나남~
윤성(輪城) 구간, 청진~회
령 구간, 기타 지역으로 군
용손수레(손으로 미는, 手

포치리역 구내

押) 궤도를 부설하였다. 조선에 주둔하는 군사령부 소관으로 군의 운수사무는
화청양행(和淸洋行)이 도급하고 있었다. 그런데 1909년 화청양행과의 계약
을 해제, 군인군속 및 군수품의 수송은 육군이 직영하고, 일반여객·화물운송
에 있어서 함흥~서호진 구간은 함흥일본인회, 그 외에는 함북통운공사가 경
영하도록 하였다. 1912년에 함북통운공사는 함흥일본인회로부터 경영권을 양
도받는 것과 동시에 육군성에서 대여하여 탄광 석탄수송을 겸하면서 일반운
송영업을 하게 되어 궤도사업을 존속하게 되었다. 그 후 객화의 수송량은 점
차 증가하여 현존 시설로는 충분히 수송수요량을 감당할 수 없게 돼 민간 대여
의 당초 계획에 근거하여 다음해 1913년 7월 자본금 20만 엔의 함흥탄광철도
(주)를 신설하였다. 그리고 종래의 궤도를 개축하여 함흥에서 서호진까지 연
장 14.2km, 0.762m 증기철도로 1913년 9월 29일 사설철도 부설 허가를 받았
다. 공사착수 기한은 1914년 9월 11일까지였는데 교통이 불편하여 공사재료
운반이 순조롭지 못해 이 기간을 1915년 4월 10일까지 연기 신청하였다. 그러
나 이 기간도 맞추지 못해 재차 연기한 끝에 간신히 1915년 12월 20일에 영업
을 개시하였다. 이듬해 1916년 9월 함흥시내에 1.9km의 선로를 연장하는 부
설 허가를 얻어 같은 해 11월 공사에 착수하여 이듬해 12월에 영업을 개시하

였다. 이것으로 함흥~서호진 구간은 연장 16.1km, 건설비는 26만 8천엔이 조금 넘었다.

이 회사는 별도로 1916년 9월 25일 함흥에서 북쪽인 장풍리까지 이르는 연장 25.1km, 궤간 0.6m 인력 사설철도 부설 허가를 얻었다. 곧바로 착공하여 일부는 1917년 10월 16일에 영업을 개시하였고, 전 노선을 개통한 것은 1918년 2월 12일이었다. 이 철도는 인력을 동력으로 하는 사설철도로서는 조선에서 극히 드문 유일한 것으로 전무후무한 예이다.

개천(价川)철도주식회사

이 철도는 당초 개천경편철도 탄노와 마사노부(淡輪雅信) 개인 명의로 부설 허가를 받았다. 선로는 국철 경의선 신안주(新安州)역을 기점으로 개천까지 연장 29.6km, 궤간 0.762m 증기철도로 1916년 5월 13일 부설 허가를 얻었다. 이 철도는 미쓰이(三井) 광산회사가 개천에서 자사 소유의 광산에서 철광석을 반출할 목적으로 부설한 전용철도를 사설철도로 변경하여 1916년 5월 15일부터 일반운송영업을 개시한 것인데 철광석 수송이 주목적이었다.

이 후 미쓰이 광산회사는 홋카이도제철(주)로 이양(移讓)되고, 다시 주식회사 일본제철소로 합병되었다. 이 때문에 이 철도도 같은 소속 소유로 되어 철도물건 일체를 후지노 구지키(藤野葛樹)가 빌려 개인 명의로 영업을 계속하였다. 그런데 1917년 12월 3일 선로를 개천에서 천동(泉洞)까지 연장하는 7.2km의 부설 허가를 얻어 이듬해 1918년 12월 1일 영업을 개시, 전체 연장은 36.9km가 되었다. 1924년 말의 건설비는 79만 3천엔이었다.

1926년 11월 25일 자본금 100만 엔의 개천철도(주)로 조직변경을 하면서 본사는 도쿄로, 영업소는 개천으로 하였다.

1929년 7월부터는 부대사업으로 자사(自社) 안주역에서 안주성 내까지 여객들을 송영(送迎, 보내고 데려오는)하는 무임자동차 영업을 겸하였다.

이 철도는 1932년 11월 1일부터 국가가 임대하여 영업하게 되었다. 또한

1932년 국철 만포선건설공사(조선국유철도 12년계획)가 실시되면서 선로 일부의 중복 병행으로 전체 노선을 국영으로 옮기게 되면서 이듬해 1933년 4월 1일 국가에 매수되어 회사는 같은 해 6월 16일 해산하였다.

조선중앙철도주식회사

이 철도는 한반도의 남동쪽 지방의 개발과 신라시대의 사적을 세상에 공개할 목적으로 계획되었다. 선로는 국철 경부선 대구역을 기점으로 동해안(영일만) 학산(鶴山)까지 그리고 도중에 경주에서 분기, 남하하여 울산을 거쳐 동래까지 그리고 울산에서 장생포까지 총연장 212.2km, 궤간 0.762m 증기철도로 1916년 2월 15일 부설 허가를 받았다. 이 회사는 설립 당초 자본금 1,200만 엔, 불입금 525만 엔이었다. 1917년 2월 대구에서 기공하여 같은 해 11월 1일에는 대구~하양(河陽) 간 23.0km를, 이듬해 1918년 10월 31일에는 서악(西岳)~불국사 간 13.4km를, 같은 해 11월 1일에는 하양~포항 간 79.8km를 개업하기에 이르렀다. 계속해서 1919년 6월 25일에는 포항~학산 간 1.9km를, 1921년 10월 25일에는 불국사~울산 간 30.1km를 개업하였다. 이로써 총 연장은 148.2km가 되어 부설 허가선의 대부분을 완성하기에 이르렀다.

이 회사는 앞서 언급한 철도들과는 별도로 충청남북도까지 연결하는 표준궤 철도를 계획하고 연달아 부설 허가를 얻었다. 즉, 국철 경부선 조치원역을 기점으로 북상하여 청주를 거쳐 충주까지 연장 94.0km, 궤간 1.435m 증기철도로 1917년 8월 18일 부설 허가를 얻었다. 이 철도는 건설자금 조달 곤란 때문인지 공사 시작이 늦어져 가까스로 1920년 3월에 이르러 조치원~청주 간 22.7km 공사에 착수하여 이듬해 1921년 11월 1일 개업하였다.

이어 순차적으로 공사를 진행하여 청주~청안 간 24.0km는 1923년 5월 1일에, 청안~충주 간 47.3km는 1928년 12월 25일 개업하여 총 연장 94.0km 철도를 완성하기에 이르렀다.

이 회사는 1923년 9월 1일 여섯 개 회사의 합병으로 조선철도(주)가 되었고,

대구 기점의 철도는 경동선(慶東線), 조치원 기점 철도는 충북선이 되었다. 경동선은 조선국유철도 12년계획으로 1928년 7월 1일 국가에 매수되어 후에 표준궤로 개축되었다.

남조선철도주식회사

이 철도는 국철 호남선 송정리역을 기점으로 국철 마산선의 마산역까지 253.0km 및 도중에 원촌에서 전라북도 도청소재지인 전주까지 75.0km, 총 연장 328.0km, 궤간 1.435m 증기철도로 1918년 7월 13일 부설 허가를 받았다. 회사 설립 당초 자본금 1,000만 엔, 불입금 150만 엔이었다. 처음에는 오주경편철도(주)라고 불렀으나 후에 개칭한 것이다. 이 철도는 남조선을 횡단하는 교통로로서 중요 간선으로 중시되며, 또한 연선(沿線)에는 인구밀도도 비교적 높은 남도의 곡창지대라 장래의 발전으로 주목받았고, 해안선과 가까이 있어 해항과 항구 그리고 내륙 간 수송의 길을 개척하는 등 지방 개발에 있어 큰 기대를 걸고 있다.

송정리~광주 간 15.0km는 1921년 4월 착공하여 이듬해인 1922년 11년 7월 1일 영업을 개시하였다. 이어 광주~담양 간 21.6km는 1922년 1월 착공하여 이듬해 12월 1일 영업을 개시하였다. 이렇게 개업을 시작한 노선은 1927년 조선국유철도 12년계획으로 국철건설계획에 속하게 되어 1928년 1월 1일 국가에 매수되었다. 또한 미 개업 구간 담양~전주 구간의 부설 허가는 같은 해 7월 실효되었다.

타 지방 마산~원촌 구간에서의 마산~군북(郡北) 간 29.5km는 1922년 6월 기공하여 이듬해 12월 1일 영업이 개시되었고, 군북~진주 간 40.6km는 1923년 7월에 착공하여 1925년 6월 15일에 영업을 개시하였다.

이 구간도 앞의 회사와 마찬가지로 1927년 조선국유철도 12년계획에 의해 국철건설계획에 포함되면서 미 개업 구간 진주~원촌 간 113.5km는 1914년 12월 부설 허가가 실효되었고, 개업구간도 1931년 4월 1일 국가에 매수되었다.

 따라서 이 회사는 1923년 9월 1일 여섯 개 회사 합병으로 설립된 조선철도
(주)가 되었는데, 앞에서 기술한 사항들도 합병 이후에는 모두 같은 회사의 이
력이 되었다.

제3장
제1차 세계대전 후의 사설철도

제1절 제1차 발흥(勃興)시대

1919년 9월에 사설철도에 대한 보조율을 종래의 연 7푼에서 연 8푼으로 인상, 제1차 세계대전 후 재계가 호황을 누리고 있을 때라 자금이 흘러넘쳐 조선의 사설철도에 투자하려는 기운이 꿈틀거리기 시작했다. 따라서 새로이 회사를 만들어 사업 활동을 하는 사람들이 잇달아 등장하게 되었다. 정부는 이 정세에 대응하기 위해 1921년 4월 조선사설철도보조법을 새로 제정하여 종래보다 더욱 유리한 보조 정책을 시행하였다. 즉, 직접 보조의 보조금 교부 외에 간접적인 원조인 계획선의 측량 설계, 용지 매수 등에는 편의를 봐주고, 금융적인 면이나 종업원의 채용에 대해서도 알선하고, 유리한 부대사업 또는 겸업을 하는 경우에는 이를 허가하며 사설철도의 접속지에서 역사(驛舍)의 공동사용이나 차량의 상호직통, 사설철도의 건설자재 수송에 대해 국유철도의 특정운임 등을 실시하여 운송업무가 원활하도록 하는 등의 시책을 펴서 큰 효과를 거두었다. 이로 인해 1919년에 새로 부설 허가를 얻은 철도는 총 1,498.1km에 달하며, 새로 일곱 개 회사가 설립하게 되었는데 자세한 내용은 다음과 같다.

남만주태흥합명회사(南滿洲太興合名會社)-도문(圖們)철도(주) : 남만주태흥합명회사는 한반도 북부 지방의 교통로 그리고 이 지방 개발 및 만주 간도 지방의 천도(天圖)철도와 연결하는 교통로를 개척하기 위해 1919년 2월 국철 함경선 회령역에 인접하는 신회령을 기점으로 두만강 강변을 따라 북상하여 삼봉(三峰)까지 39.9km, 궤간 0.762m 증기 경편철도를 신청하여, 같은 해 3월 13일 부설 허가를 받았다. 같은 해 건설공사에 착공하면서 회령~신회령 간 1.1km를 연장하여 회령~상삼봉 간 41.0km를 준공하여 1920년 1월 5일 가영업, 같은 해 4월 28일 본 운수영업을 개시하였다. 이것을 전후로 하여 같은 해 3월 29일 상삼봉에서 동관진(潼關鎭)까지 16.1km의 연장 부설 허가를 얻었다. 1921년 4월에 이르러 자본금 280만 엔의 도문철도주식회사를 설립하고, 철도물건 일체를 같은 회사에 양도하였다. 본사는 도쿄에, 지점은 회령에 두고 영업을 계속하였다. 1922년 12월 1일에는 상삼봉~종성(鍾城) 간 9.5km의 영업을 개시하고, 1923년 11월 16일에는 동관진에서 온성(穩城)까지의 33.8km의 선로 연장 부설면허를 얻었다. 1924년 11월 1일에는 종성~동관진 간 7.9km의 영업을 개시하였다. 이것으로 상삼봉~동관진 간 16.1km 면허는 개업으로 17.4km가 되었다.

함흥탄광철도주식회사 : 기존에 부설되어 있는 인력 철도에 병행하여 함흥~오로 간 14.8km, 궤간 0.762m 증기철도의 부설면허를 1919년 5월 14일에 얻었다. 이것은 모두 인력을 동력으로 하는 철도를 폐지하려는 의도로 여겨졌는데 이에 대한 기록은 남아있지 않다.

서선식산(西鮮殖産)철도주식회사(1923년 9월 1일 6개 회사 합병으로 조선철도주식회사가 됨) : 1919년 5월 16일, 황해도 내토(內土)~상해 간 연장 15.1km, 궤간 0.762m 증기철도 부설 허가를 얻었다. 이어서 이를 연장하여 경의선 사리원(沙里院)에서 상해, 신천(信川)을 거쳐 저도(猪島)까지 연장 82.1km 및 내토~상해 사이에 존재하는 석탄(石灘)에서 분기하여 해주까지 연장 52.9km, 이 중간 신완(新浣)에서 하성(下聖)까지 5.1km 그리고 신천에서 남하하여 취야(翠野), 해주를 거쳐 용당포(龍塘浦)까지 76.3km, 또한 이사이의 이목(梨木)에서 분기하여 서쪽으로 나가 장연(長淵)까지 연장 29.9km의 철도부설 허가를 1919년 10월 10일에 얻었다. 이러한 각 노선의 총 연장은 261.5km로 황해도 서부의 광대한 기름진 들판 가운데를 종횡으로 달리는 철도망을 형성하여 교통의 동맥으로 농업을 비롯하여 광업 등 역 내(域內)산업 발전과 경제 발전에 공헌하는 일대 기반이 되었다.

조선삼림철도주식회사(1923년 9월 1일 6개 회사 합병으로 조선철도(주)가 됨) : 국철 함경선 함흥역을 기점으로 장진(長津)을 거쳐 평안북도 후주 고읍(厚州古邑)까지 연장 230.1km, 장지에서 분기하여 평안북도 만포진(滿浦津)까지 연장 120.1km, 총 350.2km, 궤간 0.762m 증기철도 부설을 신청하여 1919년 6월 12일 허가를 얻었다. 이 철도는 오지(奧地)인 압록강 유역 지방에서 뗏목으로 가지 못하는 지역의 삼림개발을 목적으로 계획되었던 것인데, 후에 압록강 지류의 부전강(赴戰江) 및 장진강의 2대 하천의 둑을 막아 수력발전을 하는 조선수전(水電)주식회사 및 장진강전력주식회사의 공사용 건설자재 수송에 공헌하였다.

양강척림(兩江拓林)철도주식회사(1923년 9월 1일 6개 회사 합병으로 조선철도(주)가 됨) : 함경북도 두만강 상류 삼림지대의 목재반출을 주목적으로 설립되어 1919년 6월 12일 국철 함경선 고무산(古茂山)역을 기점으로 북서 두만강변의 무산까지 그리고 남하하여 합수(合水)까지의 193.1km 및 함경선 길주(吉州)에서 합수를 거쳐 압록강을 따라 혜산진(惠山鎭)까지 136.8km, 궤간 1.067m 증기철도 부설 허가를 얻었다. 최초의 고무산(古茂山)~무산 사이의 공사시행에 있어 삼림 및 지세로 인해 궤간은 0.762m가 적당하여 이 수치로 궤간 변경공사를 진행하였다.

금강산전기철도주식회사 : 국철 경원선 철원역을 기점으로 강원도 회양군 안풍면 화천리까지 길이 101.4km, 궤간 1.435m 전기철도 부설 허가를 1919년 8월 12일에 얻었다. 이 회사는 조선에서

금강산전철(철원역 구내)

수력전기를 개척하게 만든 전기사업을 일으키고, 그 전력을 동력으로 하여 철도사업을 경영하며, 남는 전력을 가지고 지방의 전등전력사업을 겸업하였다. 또한 경성전기(주)에 전기를 팔았다. 나아가 철도사업으로 세계적인 명산인 금강산 관광에 막대한 편익을 가져오게 하였다.

조선경남철도주식회사 : 국철 경부선 천안역을 기점으로 충청남도 서부 해안을 끼고 남하하여 전라북도 군산 대안(群山對岸)까지 및 천안에서 북상하여 안성까지 158.8km,

경남철도 가솔린차

궤간 1.435m 증기철도 부설을 신청하여 1919년 9월 30일 허가를 얻었다. 이 철도는 충청남도 및 경기도 남부 및 강원도 중앙부를 횡단하여 동해로 통하는 일대 교통로를 형성하는 것으로 크게 기대되고 있었다. 또한 허가선 연선(沿線)은 기름진 들판을 이루는 광대한 농지와 굴곡이 많은 장대한 해안선을 끼고 해륙산업의 개발과 경제지역과의 교류 발전 촉진 측면에서 주목을 받게 되었다.

조선산업철도주식회사(1923년 9월 1일 6개 회사 합병으로 조선철도(주)가

됨) : 경상북도 북부지역 발전을 목적으로 국철 경부선과 연결하는 강력한 교통로를 이루는 철도건설을 목적으로 1919년 10월 16일 김천역을 기점으로 북상하여 동쪽으로 나아가 상주(尙州), 예천(醴泉)을 경유하여 안동까지 연장 116.4km, 궤간 1.435m 증기철도 부설 허가를 얻었다. 이 회사는 특별히 국철 경의선 맹중리(孟中里)역을 기점으로 북상하여 평안북도 희천(熙川)까지 거리 123.2km, 궤간 1.435m 증기철도 부설 허가를 앞에서 설명한 철도회사와 동시(1919년 10월 16일)에 얻었다. 이 철도는 오지의 산업, 교통개발을 목적으로 하였지만 여러 해가 지나도 건설공사를 시작하지 못했다.

이상 부설을 허가받은 회사들 중에 1919년에 영업을 시작한 회사는 서선식산철도(주)의 황해도의 내토~상해 간 15.1km로, 이 구간은 미쓰비시제철(주)이 경영하는 철광석 수송의 은산면(銀山面) 전용철도를 매수하여 사설철도로 변경한 것이다. 부설 허가 후 4일째인 1919년 5월 20일 개업하였다. 또한 조선중앙철도(주)는 1919년 6월 25일 기존 노선을 포항에서 학산(鶴山)까지 연장하여 1.9km를 개업하였다. 1919년의 개업은 이상 2개 회사의 선로로 총 연장 17.1km로 길지 않았다.

1920년이 되어서도 부설 허가 수는 다소 감소하였지만 여전히 왕성하여 부설 허가 총수는 7개 노선, 총 연장 477.5km에 이른다. 건설 공사 중에 영업 개시를 하게 된 곳은 2개 회사, 선로 연장 62.6km로 왕성하지 못했다. 그 내용은 다음과 같다.

조선철도주식회사 : 함경북도 나진에서 북상하여 두만강을 따라 훈융(訓戎)까지 연장 136.8km, 궤간 1.435m 증기철도 부설 허가를 1920년 2월 27일에 얻었다. 이 철도는 한반도 북부 지역의 러만(露滿)과의 국경을 따라 군사 및 치안경비상 중요하며, 항구와 내륙을 묶는 주요 교통로가 되어 연선의 탄광을 비롯하여 산업개발에도 필수 산업철도로 볼 수 있다.

북선흥업철도주식회사 : 국철 함경선 회령역을 기점으로, 동진(東進)하여 두만강변과 가까운 금동(金洞)까지 74.8km, 궤간 1.435m 증기철도 부설 허가를 1920년 2월 27일에 얻었다.

경동철도 본사(수원)

조선경동철도주식회사 : 경기도 국철 경부선 수원역을 기점으로 동진하여 여주(驪州)까지 거리 69.4km, 궤간 0.762m 증기철도 부설 신청을 하여 1920년 3월 3일 허가를 얻었다. 이 철도는 경기도 남부 오지와 경부선을 연결하는 교통로를 개척하여 연선 및 오지 지역의 산업과 경제 발전을 도모하는 것인데, 후에 수원에서 서진(西進)하여 인천항에 이르러 육해 교통로를 형성하는, 철도로서의 높은 위치를 차지하게 되었다.

도문(圖們)철도주식회사 : 1920년 3월 29일 기존 노선에서 나아가 상삼봉에서 두만강변을 따라 북상하여 동관진(潼關鎭)까지 16.1km의 부설 허가를 얻었다. 이 구간은 후에 공사 시행을 할 때 선로를 연장하여 17.4km가 되었다.

조선삼림철도주식회사 : 기존에 허가를 받은 노선 중 오로리(五老里)에서 분기하여 한대리(漢岱里)까지 97.8km 및 도중의 풍상리에서 분기하여 장풍리까지 연장 2.7km의 철도부설 허가를 1920년 12월 10일에 얻었다. 한대리 오지 부전강에는 조선수전(水電)(주)의 수력발전공사가 진행되고 있으며, 장풍리에는 함흥탄광(주)의 채광사업이 있고, 이러한 공사는 자재 및 석탄 반출의 수송을 목적으로 하였다.

경춘전기철도주식회사 : 강원도 도청소재지인 춘천과 경성을 연결하는 철도를 부설하고, 강원도 중앙부 일대의 산업개발을 주도할 목적으로 계획되어 경성부 동부(東部)에서 춘천까지 연장 79.8km, 궤간 1.067m 전기철도로 1920년 10월 18일에 부설 허가를 얻었다.

이상 부설 허가를 얻은 것에 대한 영업 개시 상황은 다음과 같다.

도문철도(주)는 1919년 3월 허가를 받은 신회령~상삼봉 간 39.9km 공사 시행 중 기점을 회령으로 변경해서 1.3km 거리가 늘어나게 되어 41.0km가 되었다. 처음 1920년 1월 5일에 가영업을 시작하여 같은 해 4월 28일 본 영업을 개시하였다. 서선식산철도(주)는 사리원~재령(載寧) 간 21.6km를 1920년 12월 21일에 영업을 시작하였다.

1921년이 되자 일본 경제는 제1차 세계대전 후의 불황기에 들어가게 되어 각종 산업은 정체의 길로 빠지게 되었는데, 조선에서의 사설철도는 조선 산업 개발 중대 기본산업이었으므로 부동의 성장을 계속하였다. 앞에서 서술한 대로 1919년 9월에는 괄목할 만한 대량 면허를 얻게 되어 많은 철도가 탄생하게 되어, 이른바 조선사설철도의 제1차 발흥시대가 되었다. 그러나 부설면허라는 것은 이른바 종이에 불과한 것으로, 이것이 구체화되어 철도로 건설되지 않으면 목적이 달성되었다고 할 수 없다. 철도건설은 막대한 자금을 필요로 하는데, 재계불황 중에 이 자금을 조달하는 것은 여간 곤란한 일이 아니었다. 특히 신설회사에게는 심각한 문제였다. 서두부분에 언급하였듯이 보조법과 함께 많은 원조시책과 같은 유리한 조건이 있었음에도 불구하고 철도건설 자금 조달은 쉬운 것이 아니었다. 사설철도회사는 1921년 이후에는 새로운 철도를 계획할 여유가 없으며, 오로지 면허를 얻는 것에 주력을 해야만 했다.

아무튼 건설의 원동력인 자금조달이 곤란하다는 것은 건설을 추진하는 데 있어 큰 문제였다. 1921년 이후 쇼와시대(1926~1988) 초기까지의 사설 철도계의 제반 사정에 대해서는 제2절 및 제3절에서 사설철도의 6개 회사 합병 문제 및 국책으로 성립된 '조선철도 12년계획' 배경에서 대부분 설명할 것이므로 여기에서는 중복되는 것이 많아 생략하도록 한다. 요컨대 이 시대에는 국유·사유 철도 모두가 산업·경제계 및 일반국민의 입장에서 보더라도 건설이 느리게 진행되었는데, 조선 전체적으로도 여론이 고조된 것을 보더라도 당시 얼마나 철도 보급이 절실했나를 말해주는 것이라 할 수 있다.

여기에서는 전술(前述)한 것에 이어 면허 및 개업선을 연도별로 살펴보도록 한다. 1921년에는 면허가 1건밖에 없었으며 개업을 시작한 선은 3건 66.3km로 저조하였다. 내용을 살펴보자. 조선중앙철도(주)는 1921년 10월 25일에 경동선 불국사~울산 간 30.1km를, 이어 같은 해 11월 1일에 충북선이 되는 조치원~청주 간 22.7km를 처음으로 개업하였다. 서선식산철도(주)는 1921년 11월 16일에 전년도에 이어 재령~신천 간 13.5km를 개업하였다.

1922년에는 전년과 동일하게 면허는 1건밖에 없으며 개업선은 5건 86.6km였다. 내용을 살펴보자. 조선경남철도(주)는 1922년 6월 1일 이 노선에서 처음으로 천안~온양온천 간 14.6km를, 이어 같은 달 15일 온양온천~예산(禮山) 간 25.9km의 2구간 총 40.6km를 개업하였다. 남조선철도(주)는 1922년 7월 1일에 이 노선에서 처음으로 송정리~광주 간 15.0km를, 이어 같은 해 12월 1일 광주~담양 간 21.6km의 2구간 총 36.6km를 개업하였다. 도문철도(주)는 1922년 12월 1일 2회째인 상삼봉~종성 간 9.5km를 개업하였다.

1923년에 면허는 1건 33.6km, 개업선은 7건 116.5km였다. 내용을 살펴보자. 도문철도(주)는 기존 면허선을 연장 신청하여 동관진~온성 간 33.8km를 1923년 11월 16일 부설면허를 얻었다. 조선중앙철도(주)는 충북선 청주~청안 간 24.0km를 1923년 5월 1일 개업하였다. 조선삼림철도(주)는 1923년 6월 10일 처음으로 만재교(万才橋)~오로 간 14.5km를, 이어 같은 해 8월 25일 만재교~함흥 간 2.6km, 오로~장풍 간 11.3km 등 총 28.4km를 개업하였다. 조선경남철도(주)는 전년도에 이어 1923년 11월 1일 예산~홍성 간 22.0km를, 이어 이듬해 12월 1일 홍성~광천 간 12.7km 등 총 34.7km를 개업하였다. 남조선철도(주)는 1923년 9월 1일 마산~군북 간 29.5km의 건설공사 중에 여섯 회사가 합병되면서 조선철도(주)가 되었는데 이 노선으로서 처음 같은 해 12월 1일 개업하였다.

1924년에 면허는 1건도 없으며, 개업선은 5건 104.6km였다. 내용을 살펴

황해선 협궤 급행열차용 기관차

보자. 금강산전기철도(주)는, 이 노선으로서는 처음으로 철원~김화(金化) 간 28.8km를 1924년 8월 1일 개업했다. 조선철도(주) 황해선(구 서선중앙철도주식회사) 화산~미력 간 8.0km는 1924년 9월 1일에, 같은 회사 경북선(구 조선산업철도(주))은 처음으로 김천~상주 간 36.0km를 1924년 10월 1일에, 이어 상주~점촌 간 23.8km를 같은 해 12월 25일에 개업하였다. 도문철도(주)는 기존 노선 종성에서 동관진까지 연장 7.9km를 1924년 11월 1일에 개업하였다.

1925년에 면허는 1건 61.2km, 개업선은 4건 106.5km였다. 내용을 살펴보자. 조선경남철도(주)는 연장선으로 안성에서 경기도 여주까지 61.2km의 철도부설을 신청하였는데, 1925년 9월 3일 면허를 얻었다. 조선철도(주) 경남선(구 남조선철도(주)) 군북~진주 간 40.6km는 1925년 6월 15일 개업하였다. 조선철도(주) 황해선은 전년도에 이어 미력(未力)~하성 간 15.3km를 1925년 9월 1일 개업하였다. 조선경남철도(주)는 천안~안성 간 28.5km를 1925년 11월 1일 개업하였다. 금강산전기철도(주)는 전년도에 이어 김화~금성 간 22.2km를 1925년 12월 20일 개업하였다.

1926년이 되자 면허는 2건 101.4km, 개업선은 3건 37.0km였다. 내용을 살펴보자. 전라철도(주)는 전라남도 북부지역의 개발 및 지방교통의 편의를 목적으로, 국철 호남선 송정리와 서해안 법성포의 항구를 연결한 철도부설을 계획하고, 송정리역을 기점으로 법성포까지 53.1km, 궤간 0.762m 증기철도의 부설면허를 1926년 3월 31일에 얻었다. 금강산전기철도(주)는 1926년 9월 15일 기존에 부설된 금성에서 탄감리(炭甘里)까지 8.5km 거리를 개업했는데, 1924년 8월 철원~김화 간 개업 이후 금강산의 여기저기를 탐승(探勝)하는 사람들이 해마다 늘자, 더욱 탐승객의 편의를 증진하기 위해 기존 면허를 얻은 노선의 중간 창도(昌道)에서 금강산 기슭 장연리까지 연장 48.3km의 추가면허를 1926년 12월 27일에 얻었다. 조선철도(주) 함남선(구 조선삼림철도(주)) 오로~상통(上通) 간 13.4km 및 풍상~함남 신흥 간 15.1km를 1926년 10월 1일 개업하였다.

 1927년에 면허는 3건 286.8km, 개업선은 6건 90.9km였다. 내용을 살펴보자. 남조선철도(주)는 전라남도 남부 일대의 농수산이 풍부한 지역을 동서로 횡단하는 선로와 그 중앙부분으로 접속하는 남북 두 갈래의 선로가 되는 철도망을 목표로 하여 지역산업 개발과 중요교통로를 형성하는 표준궤 철도계획을 세웠다. 즉, 중심적인 도시 순천을 기점으로 하여 남쪽 여수항과 연결하는 연장 38.6km, 서진(西進)하여 호남선의 종점인 목포항 기슭 용당포까지 길이 135.2km, 도중에 용소(龍沼)에서 분기하여 북상하여 호남선 영산포(榮山浦) 삼영리(三榮里)까지 연장 40.2km 등 총 214.0km, 궤간 1.435m 증기철도 부설을 신청하고, 1927년 4월 5일 면허를 얻었다. 이어 같은 해 8월 15일에는 다시 노선을 하나 추가하여 순천~용소 구간의 보성(寶城)에서 북상하여 전라남도 도청 소재지 광주까지 연장 68.4km 추가면허를 얻었다. 총 합계 282.4km로 좀처럼 드문 장대한 철도가 등장하게 되었다 천내리(川內里)철도(주)는 국철 함경선 원산역 북부에 있는 용담에서 천내리까지 연장 4.3km, 궤간 1.435m 증기철도 부설면허를 1927년 4월 20일 얻었다. 이 철도는 조선무연탄(주)이 경영하는 탄광의 석탄을 반출할 목적으로 부설된 것인데, 같은 해 11월 1일 개업하였지만 개업과 동시에 국철로 대여되어 경영되었다.

조선경남철도(주)는 기존 부설선 안성에서 죽산까지 18.5km를 1927년 4월 16일에, 이어 죽산~장호원 간 22.9km를 같은 해 9월 15일에 모두 개업하였다. 조선철도(주) 함북선 고무산~신참(新站) 간 35.7km는, 이 노선으로는 처음으로 1927년 8월 20일 개업하였다. 금강산전기철도(주)는 기존 부설 탄감리에서 창도까지 거리 8km를 1927년 9월 1일 개업하였다. 도문철도(주)는 기존 부설 상삼봉에서 두만강까지의 조선과 만주 제2의 국제교(國際橋)인 상삼봉 교량을 1926년부터 일본과 중국이 함께 공사하여 1927년 9월 완성하였는데, 만주 쪽 천도철도와 직통운전을 개시하게 되어 같은 해 11월 1일 상삼봉에서 동일 교량 중심 구간 1.4km의 영업을 개시하였다. 따라서 이 교량은 장래 조선과 만주 사이의 동맥이 될 것을 고려하여 양 철도가 표준궤 개축이 되는 경우 규격, 강도 등을 그대로 사용할 수 있도록 미리 계획한 것이었다.

1928년이 되면서 면허는 1건도 없고, 개업선은 3건 91.7km가 되었다. 이 내용을 살펴보자. 조선철도(주) 함남선은 기존 부설 함남 신흥에서 함남 송흥(松興)까지 19.0km를 1928년 2월 1일 개업하였다. 같은 회사 경북선은 기존 부설 점촌에서 예천까지 25.4km를 같은 해 11월 1일에 개업하였다. 같은 회사 충북선은 기존 부설 청안에서 충주까지 47.3km를 같은 해 12월 25일 개업하였다. 이것으로 이 철도의 전 노선을 완성하게 되었다. 이 해에는 조선철도(주) 전남선은 개업구간 송정리~담양 간 36.5km를 1928년 1월 1일 국가가 매수함으로써 동시에 미 개업 구간 담양에서 원촌을 거쳐 전주까지 107.7km 면허는 효력을 잃었다. 또한 같은 회사 경동선은 개업구간 대구~학산 간 104.8km 및 서악(西岳)~울산 간 51.5km를 1928년 7월 1일 국가가 매수함으로써 동시에 미 개업 구간 울산~동래 간 55.8km 및 울산~장생포 간 8.2km 면허는 효력이 상실되었다. 또한 조선철도(주) 함북선 길주~혜산진 간 136.8km는 이 해 전후로 부설 허가가 실효(失效)된 것으로 추측된다.

1929년에 면허는 2건 78.1km, 개업선은 6건 127.3km로 되어 있다. 그 내용을 살펴보자. 조선강삭(鋼索)철도(주)는 경성부 본정(本町) 오정목(五丁目)에서 남산 정상까지 거리 1.4km, 궤간 1.067m 전기동력 강삭철도 부설을 신청하여 1929년 5월 22일 면허를 얻었다. 남산은 경성 시가지 중심지에 가깝고, 산기슭은 상점가

강삭차와 객차

들로 이어지면서 주택지가 있으며, 사계절 모든 변화를 보여주는 뛰어난 풍경을 자랑하는 유원지이기도 하여, 산 전체가 경성 시민의 일대 자연공원으로서의 입지조건을 잘 구비한 곳이다.

조선철도(주)는 황해선의 해주와 경의선 토성을 연결하여 76.6km 1929년 5월 30일에 부설면허를 얻었다. 이로 인해 황해선과 경의선의 연결구가 2군데가 되어 토성구는 경성 방면으로의 편의가 획기적으로 증대하게 되었고, 북쪽의 사리원구와 함께 황해선의 교통경로에서 가치를 높이게 되었다.

금강산전기철도(주)는 기존 부설선의 종점 창도에서 현리(縣里)까지 15.1km를 1929년 4월 15일에, 그리고 더욱 연장하여 현리에서 화계(化溪)까지 12.1km를 같은 해 9월 23일에 모두 개업하였다. 현리~화계 간 개업에 앞서서 같은 해 4월부터 10월에 서로 함께 개최한 조선박람회 참관자들의 이익과 편의를 도모하기 위해 화계에서 오량(五兩)까지 4.5km는 공사가 거의 완성되어 있었으므로, 박람회 회기 중에 한해 금강산 탐승객을 위해 임시영업을 하였다. 조선철도(주)는 황해선 기존 부설 신천에서 수교(水橋)까지 거리 29.0km를 1929년 11월 1일에, 같은 선 기존 부설한 신원에

송흥선 강삭철도

서 학현(鶴峴)까지 22.0km를 같은 해 12월 21일에 모두 개업하였다. 또한 같은 회사 함북선 기존 부설 신참에서 무산까지 24.3km를 1929년 11월 15일에 개업하였다. 무산은 두만강변에 위치하여 만주 쪽 서간도(西間島)에 맞서는 요충지이다. 인구는 4천명 남짓이지만 이 지방에서 유일하다고 할 만한 취락지이다. 경제권은 충청북도 면적에 필적할 정도로 광대하며 행정, 경제상 일대거점이다. 아주 오래된 대삼림을 가졌으며, 종래 목재 수송방법은 뗏목 외에는 그다지 없는 상태였는데 철도가 이를 대신해 크게 이용하게 되었다. 광업도 철광산은 매장량 2억 톤 이상이라고 하며, 이 철도로 개발의 실마리가 될 것으로 기대되었다. 조선경남철도(주)는 기존에 부설된 광천에서 남포까지 거리 24.8km를 1929년 12월 1일 개업하였다.

1930년에 면허는 1건 19.0km, 개업선은 6건 271.2km였다. 내용을 살펴보자. 조선수전(주)은 후에 조선질소비료(주)가 되어 운영하였던 함남 신흥 ~함남 송흥 구간의 전용철도는 1928년 2월 1일부터 조선철도(주)에 대여되어 같은 회사에서 이미 건설된 함남선의 연장선으로 함남 신흥~함남 송흥 간 19.0km를 경영하였다. 그런데 조선질소비료계통의 신흥철도(주)가 새로이 설립하여 같은 구간 철도 및 부속물건 일체를 양도받아 1930년 1월 15일 철도부설 면허를 얻어 함남 신흥~함남 송흥 간 19.0km, 궤간 0.762m 증기철도를 같은 해 2월 1일 운수영업을 개시하였다. 당연히 이와 동시에 조선철도(주)의 함남선 같은 구간은 영업을 폐지하였다. 금강산전기(주)는 기존에 부설된 화계에서 금강구까지 거리 13.4km를 1929년 5월 15일 개업하여 금강산 등산구가 된 내금강까지 이제 8.5km만을 남기게 되었다.

조선경남철도(주)가 공사 중이었던 남포~장항 구간의 거리 중에서, 판교(板橋)~장항 간 19.2km를 1930년 11월 1일 개업하고, 중간인 남포~판교 간 24.3km는 미 개업 구간이 되었다.

조선경동철도(주)는 처음으로 수원~이천 간 53.1km를 1930년 12월 1일 개업하였는데, 여주까지의 남은 구간은 16.3km가 되었다. 조선철도(주)는 황해선의 기존에 부설한 학현(鶴峴)에서 동해주까지 거리 6.4km를 1930년 12월 11일 개업하였다. 남조선철도(주)는 처음으로 순천에서 여수까지 거리 40.2km 및 순천에서 광주까지 119.9km 등 총 160.1km를 단숨에 1930년 12월 25일 개업하였다.

이 3절에서 1919년부터 1930년 기간 동안 탄생한 신생 사설철도 회사들은 다음 16개 회사이다.

번호	회사명	최초 면허 취득 날짜
1	도문철도주식회사	1919. 3. 13.
2	서선식산철도주식회사	1919. 5. 16.
3	조선삼림철도주식회사	1919. 6. 12.
4	양강척림철도주식회사	1919. 6. 12.
5	금강산전기철도주식회사	1919. 8. 12.
6	조선경남철도주식회사	1919. 9. 30.
7	조선산업철도주식회사	1919. 10. 16.
8	북선철도주식회사	1920. 2. 27.
9	북선흥업철도주식회사	1920. 2. 27.
10	조선경동철도주식회사	1920. 3. 3.
11	경춘전기철도주식회사	1920. 10. 18.
12	전라철도주식회사	1926. 3. 31.
13	남조선철도주식회사	1927. 4. 5.
14	천내리철도주식회사	1927. 4. 20.
15	조선강삭철도주식회사	1929. 5. 22.
16	신흥철도주식회사	1930. 1. 15.

이상 1919년부터 1930년까지 12년 동안의 사설철도는 현저하게 성장을 거듭하였다. 서두에서 언급한 것처럼 사설철도 제1차 발흥시대가 되어 신생회사가 계속해서 출현하고, 철도 부설면허도 급격히 증대하였다. 다른 회사들과의 합병, 국가의 철도 매수, 철도 양도, 철도 폐지, 면허 실효(失效) 등 수많은 일들이 일어나는 사설철도의 변동기이기도 했다. 다음은 이것을 연도별로 기술해 보도록 하겠다.

함흥탄광철도(주)가 경영하는 함흥~서호진 간 16.1km의 철도는 1915년 12월 20일 개업 이래 7년이 좀 넘어서 국철의 함경선 함흥~서호진 구간이 착공되면서, 이와 병행한다는 이유로 국가가 매수하여 1922년 12월 1일 국철이 개업됨과 동시에 폐지되었다. 또한 같은 회사가 경영하던 함흥~장풍리 간 25.1km의 철도는 1917년 10월 16일 개업 이래 6년 넘게 인력으로 미는 철도로 특이한 존재였는데, 1923년 8월 조선삼림철도(주)에 양도되어 같은 달 25일 양수회사의 함흥~장풍리 간 28.3km의 철도 개업과 동시에 폐지되었다. 또한 이 회사는 1919년 5월 14일 부설 허가를 받고 미 개업 중이던 함흥~오로 간 14.8km의 철도는 1923년 8월 허가가 실효되었다. 이로써 부설 허가권 모두를 잃어 함흥탄광철도(주)는 없어지게 되었다.

1923년 9월 1일 6개 회사의 합병으로 조선철도주식회사가 성립하게 된 것은 사설철도계의 일대변동이었다. 이 장 제2절에 상세하게 언급하고 있으므로 여기에서는 중복을 피해 일련의 순서로 간단하게만 기술하겠다. 여섯 회사가 경영하던 각각의 철도는 신설 조선철도주식회사의 철도선로명으로 바뀌면서 경영은 계속되었다.

합병회사	새 회사에서의 철도선로 이름
조선중앙철도	경동선, 충북선
서선식산철도	황해선
남조선철도	전남선, 경남선
조선산업철도	경북선, 평북선
조선삼림철도	함남선
양강척림철도	함북선

개천(价川)철도는 1916년 5월 15일 개업 이래 개인 명의로 경영하고 있었는데, 1926년 11월 25일 회사조직으로 변경하여 자본금 100만 엔의 개천철도(주)가 되었다. 본사를 도쿄로, 영업소는 개천으로 하였다.

전북철도(주)가 경영하던 이리~전주 간 24.9km 철도는 1914년 11월 17일 개업 이래 13년간 존속하였는데, 조선철도 12년계획으로 1927년 10월 1일 국가에 매수되었다. 이로 인해 조선에서의 보조 사설철도 제1호였던 이 철도는 매수 사설철도 제1호가 되어 종언(終焉)을 고하였다.

1919년 10월 16일 조선산업철도(주)가 부설 허가를 받았던 국철 경의선 맹중리역에서 희천까지 거리 123.9km 철도는 1923년 9월 1일 6사 합병으로 조선철도(주) 평북선이 되어 미 개업 상태였으나 1927년부터 1928년 사이에 허가가 실효(失效)된 것으로 추측된다.

1920년 2월 27일 북선철도(주)가 부설 허가를 받은 함경북도 나진에서 함경북도 훈융(訓戎)까지 136.8km 철도 및 같은 날 북선흥업철도(주)가 부설 허가를 받은 국철 함경선 회령역에서 금동까지 74.8km 철도 모두 여러 사정으로 1927년부터 1928년 사이에 면허가 실효된 것으로 추측된다. 이 두 철도는 부설 허가를 얻어 7년 이상이나 지났는데도, 마침내 실현을 보지 못하고 자취를 감추게 되었는데 어떤 사정이 있었는지에 대한 기록은 발견되지 않는다. 추측하건대 북선철도는 조선철도 12년계획에 의한 국철의 새로운 건설선인 도문선으로 병행하기 때문이라고 여겨진다.

1920년 10월 18일 경춘전기철도(주)가 부설 허가를 받은 경성에서 강원도 춘천까지 79.8km의 철도는 채산 견적이 없다는 이유로 1926년에 허가가 실효된 것으로 추측된다.

1919년 6월 12일 조선삼림철도(주)가 부설 허가를 받은 것 중에 일부 함경남도 장진에서 평안북도 만포진까지 120.2km의 철도는 그 후 회사합병으로 인해 조선철도(주) 함남선의 일부가 되어 미 개업상태였는데 1927년 5월에 허가가 실효되었다.

1918년 7월 13일 남조선철도(주)가 부설 허가를 받은 전라남도 송정리에서 경상남도 마산까지의 구간 및 도중에 분기하여 전라남도 원촌에서 전라북도 전주까지의 구간 중에 개업구간 송정리~담양 간 36.5km는 후에 회사 합병으로 조선철도(주) 전라선으로 경영 중이었는데, 1928년 1월 1일 '조선철도 12년

계획'으로 국가에 매수되었다. 이것으로 미 개업 구간 담양~전주 간 108.0km
는 부설 허가가 실효되었다.

1916년 2월 15일 조선중앙철도(주)가 부설 허가를 받아 경상북도 대구에서
경상남도 동래까지의 구간 및 지선(支線) 서악~학산 간 및 울산~장생포 간
중의 개업선 148.1km는 이후 회사합병으로 조선철도(주) 경동선으로 경영 중
이었는데, 1928년 7월 1일 조선철도 12년계획으로 국가에 매수되었다. 이것
으로 미 개업 구간 울산~동래 간 및 울산~장생포 간 62.9km의 부설 허가는
실효되었다. 1919년 3월 13일 남만주태흥합명(合名)회사가 부설 허가를 받은
함경북도 회령에서 함경북도 상삼봉까지의 거리 41km 및 그 후 추가허가를
받은 상삼봉에서 동관진까지 거리 16.1km 철도는 1921년 4월 신설된 도문철
도(주)에 양도되었고, 이후 추가허가를 얻어 동관진에서 온성까지의 33.8km
는, 개업선 회령~동관진 간 및 상삼봉~두만강 중심 간 연장 59.9km가 1929
년 4월 1일 조선철도 12년계획으로 인해 국가에 매수됨으로써 부설면허가 효
력을 잃었다.

1926년 3월 31일 전라철도(주)가 면허를 얻은 전라남도 송정리에서 법성포
까지 53.1km의 철도는 여러 사정으로 1929년에 면허가 실효된 것으로 추측
된다.

1920년 12월 10일 조선삼림철도(주)가 면허를 얻은 기존 부설선 오로에서
한대리(漢垈里)까지 97.8km 철도는 후에 조선철도(주) 함남선이 되었는데,
미 개업 구간 함남 송흥~한대리 구간 55.2km는 1930년 1월 그 면허가 실효
(失效)되었다. 또한 함남선 중에 1928년 2월 1일 개업한 함남 신흥~함남 송
흥 간 19.0km는 동일 구간의 면허를 얻은 신설 신흥철도(주)에게 양도되어 계
속 영업을 하게 되었다. 따라서 동일 구간의 조선철도 함남선은 1930년 2월 1
일자로 영업을 폐지하였다.

1919년 6월 12일 양강척림철도(주)가 부설 허가를 받은 함경북도 길주에서
함경남도 혜산진까지 136.8km 철도는 그 후 조선철도(주) 함북선이 되어 미

개업 상태로 남게 되었는데, 1927년부터 같은 해 3년 동안 허가가 실효된 것으로 추측된다.

회사명	면허선 (km)	개업선 (km)	미 개업선(km)	비고
조선가스전기	9.3	9.4	–	
개천철도	36.8	36.8	–	
조선철도	1,375.90	497.1	702.8	
충북선	93.9	93.9	-	
경남선	183.4	70	113.4	
경북선	116.3	85.2	31	
황해선	338.1	131	219.1	
함남선	256.5	56.8	205.9	
함북선	193.1	60	133	
금강산전기철도	149.6	108.1	42.3	
조선경남철도	219.9	189	44	
남조선철도	282.4	160.1	122.6	
조선경동철도	69.3	53.1	16.2	
천내리철도	4.3	4.3	–	
조선강삭철도	1.4	–	1.4	
신흥철도	18.9	18.9	–	
합계	1,974.00	1,077.20	929.5	

주) 면허 거리와 그 외 거리들과의 관계는, 면허 후 공사시행에 따라 변경되기도 하여 반드시 일치하지는 않는다.

이상과 같이 수많은 변동이 있었는데, 1930년 말 현재의 사설철도 상황은 앞에서와 같이 회사 수는 10개 회사, 면허 연장은 1,974.0km, 개업 연장은 1,077.3km, 미 개업 연장은 929.6km가 되었다.

제2절 각 회사 간의 합병 기운(機運)

사설철도에 대해 국가가 보조하는 방법을 마련한 이후, 민간사업 투자에 대한 관심이 일기 시작하였다. 게다가 제1차 세계대전 후 재계가 호황을 누리는 시대를 맞이하여 급격한 발전을 거두면서 사설철도는 1920년, 보조를 받는 회사는 10개 회사를 넘었으며, 개업선 길이도 657.1km에 달하게 되었다. 그러나 당시 전북경편철도 및 도문철도의 2개사를 제외하고는 모두 많은 미완성선을 가지고 있었으며, 많은 건설자금을 필요로 하는 실정이었다. 그런데 전후 재계의 호황이 돌변하여 불황시대로 들어가게 되자 1920년 이후 불황은 여전히 계속되고, 사설철도에 대한 보조율은 연 8푼에 상당하는 이율이 되는데, 주가(株價)는 납부액의 6~7할로 떨어지는 상태였다. 이것은 전적으로 앞으로 불입할 가능성에 대한 염려에서 기인한 것이었다. 이런 사정 때문에 자금조달을 불입할 게 아니라, 다른 방면에서 신규로 사채를 모집하는 등의 차입도 고금리 때문에 어려운 사정이었다. 이런 배경으로 인해 사설철도가 면허를 얻은 구간의 연장은 1919년 1,489.1km, 1920년에는 477.5km 등으로 현저하게 늘어났음에도 불구하고 개업을 하게 된 거리는 1919년은 17.1km, 1920년은 62.6km, 1921년은 66.3km에 머물렀고, 지지부진하게 늘어나는 정도에 머무는 상태를 보면 확실히 어려운 상황임을 알 수 있다. 다른 분야 조선 산업계에서는, 1921년 10월 경성에서 개최된 산업조사회의 결의에서 교통체계 정비와 철도 보급을 강하게 요망하고 있는데, 이것이 후에 요로(要路)로 운동하는 단서가 된 것으로 일반 여론도 조급히 철도를 부설하기를 바라는 목소리로 가득 찼다.

이러한 정세 속에서 사설철도 각 회사들은 모두 이러한 사태를 통감하면서 국면을 타개하고자 하는 기운이 고조되어 갔다. 각 회사의 간부들은 함께 모여 검토한 결과, 사업을 함께 하여 회사의 신용도를 높이고 이것을 통해 자금조달 방법을 열어 난국을 타개하기로 하였다. 이듬해 1922년 각 회사들 중에 조선중앙철도(주), 서선식산철도(주), 남조선철도(주), 조선산업철도(주), 조선삼림철도(주), 양강척림철도(주), 금강산전기철도(주), 조선경남철도(주)의 8개 회사는 협의를 계속하여 합병이라는 결론을 내리게 되었고, 조선경남철도를 제외한 7개 회사 책임자는 당시 상경(上京) 중이었던 아리요시(有吉) 정무총감에게 각서를 제출하여 회사합병에 대해 전력방법을 진정(陳情)하였는데, 이것이 획기적인 사설철도의 대동합병 문제의 발단이 되었다.

이 각서의 요지는 다음과 같다.

1. 합동성립 후 3, 4년을 기하여 주식 납부를 유예(猶豫)하며, 정부보증 하에 사채(社債) 4천만 엔을 모집하여, 이것으로 철도의 연장을 꾀할 것
2. 보조금 기한을 연장하여 15개년으로 하고, 또한 보조금 합계 금액 예산 250만 엔 한도를 철폐할 것
3. 주식 및 사채를 조선은행의 담보로 할 수 있도록 할 것
4. 주식 및 사채는 조선에서 계약보증금 대용 등으로 취급할 것
5. 사설철도는 남만주철도에 어느 정도 대항할 수 있을 정도까지는 남만주철도보다도 상당한 보조를 받을 것

주) 조선의 국유철도는 1917년 8월 1일부터 남만주철도주식회사로 위탁경영되고 있는 상태였다.

당시 조선총독부는 사설철도의 보급 및 발전을 열망하여 합리적인 사업합병의 필요성은 이전부터 인정하고 있었으므로 추진을 용이하게 하기 위해 보조법 개정 및 회사사채 보증 두 가지 안을 당시 제46의회에 제출하였다. 즉시, 보조법 개정안(이것은 단순히 합병추진만을 위해 필요로 하는 것은 아니다)의 내용은 종래의 보조기간 10년을 15년으로 하고, 보조금 총액의 최고한도액 250만 엔을 300만 엔으로 하였으며, 사채보증 내용은 합병으로 성립하는 회사가 발행하는 사채에 대해, 정부는 2,000만 엔을 한도로 하여 원리금 지불을 보증할 수 있는 예산 외 국고 부담으로 해야 하는 계약 승인을 요구하는 것이었

다. 이 보증안건은 이례적인 조건이었는데, 회기가 절박할 상황에 제출된 것이기도 하여 중의원에서는 부결되고 말았다. 한편, 합병을 목표로 하는 각 회사는 결속을 굳건히 하여 합병을 거행하기로 결의하고, 1923년 3월 27일 앞에 기술한 7개 회사 중 금강산전기철도를 제외한 6개 회사는 다시 다음의 각서를 아리요시 정무총감에게 제출하기에 이르렀다.

각서

철도망의 속도는 조선의 통치개발상 가장 중요한 효과를 가지는 것임은 굳이 언급할 필요가 없을 것이다. 각 사설철도회사가 부설 허가를 얻은 선로는 국유선에 준해도 될 만큼의 교통상 주요 선로에 속하는 것인데, 무엇보다도 속도를 기하지 않으면 안 될 것이다. 올 가을, 각 회사가 분립하는 것은 모든 노선속도의 목적을 달성하기 어렵다는 사실을 고려하여, 이에 각 회사는 조속히 합병을 단행할 필요성을 인식하고, 그 실행방법에 있어서는 전체적으로 무조건 총감인 정무총감에게 일임할 것을 결의한다. 단, 금강산전기철도주시회사에 대해서는 차후 가입 교섭을 하도록 하여 잠시 제외하도록 한다.

또한 희망조건으로는,

1. 적당한 시기가 도래할 때까지 주식금액의 불입을 징수하지 않고 사업을 진행하도록 금융의 길을 열어놓도록 할 것
2. 정부의 보급(보조금 지급)을 적당한 기회에 연 1할로 증액하도록 할 것
3. 사채에 대한 정부의 원리금 지불보증을 얻는 것에 대해 차기 의회에 제안하여 목적을 달성하도록 할 것
4. 남만주철도회사를 비롯하여 적당한 형식으로 상당한 보조를 받도록 할 것
5. 조선은행에서 주식 및 사채를 담보로 받도록 할 것
6. 주식 및 사채를 조선에 계약보증금 대용 등으로 취급하도록 할 것
7. 부대사업으로서 광산, 개항, 삼림, 공업 등 경영을 위한 경우에 특히 인가를 주도록 할 것

무엇보다 위의 희망조건은 회사 책임자의 사설철도에 관한 희망이며, 합병에 대한 조건이 아니었다. 또한 4개 회사의 합병 불참가 이유로 전북경편철도는 이미 면허선 전부가 건설을 마치고 보조를 받지 않고 8푼 내지 1할의 배당을 하고 있으며, 도문철도는 중국 간도에 부설한 철도와 특별한 관계에 있어 타사와 사정을 달리하였고, 조선경남철도 및 금강산전기철도는 별개의 의견을 가져 타사와 보조를 맞출 수 없는 이유가 있었다.

위에 적은 바와 같이 합병에 이르게 되는 사정은 있었지만 합병 실행방법은 전체적으로 무조건적으로 총독부에 일임하였으므로, 총독부는 합병의 요항, 합병 가계약 서안 등을 작성하여 각 회사 대표자의 협의에 부쳐 1923년 9월 1일 자본금 7,200만 엔, 이 중 납입 1,765만 엔의 조선철도주식회사가 성립되었다. 본사를 경성에 개설하고 각 회사의 인수를 완료하였다.

이 시점에서 다음 표와 같이 신생 조선철도(주) 이외에는 조선가스전기(주), 전북철도(주), 개천철도(주), 도문철도(주), 금강산전기철도(주), 조선경남철도(주)의 6개 회사가 있으며 또한 이 외에 면허는 얻었지만 아직 회사 설립을 하지 못한 철도는 북선철도(주), 북선흥업철도(주), 조선경동철도(주), 경춘전기철도(주)의 4개 회사가 있었다. 이러한 철도 개요는 다음 표와 같다.

회사명		면허거리(km)	개업거리(km)	미 개업거리(km)
조선철도		1,916.80	309.6	1,630.20
내역	조선중앙철도	306.2	194.5	111.3
	서선식산철도	261.5	50.2	223.3
	남조선철도	327.9	36.5	296.9
	조선산업철도	240.2	–	240.2
	조선삼림철도	450.9	28.3	428.8
	양강척림철도	329.9	–	329.9
조선가스전기		9.3	9.3	–
전북철도		24.9	24.9	–
개천철도		36.8	36.8	–
도문철도		57.1	50.5	7.8

☞ 앞 표에 이어서

회사명	면허거리(km)	개업거리(km)	미 개업거리(km)
금강산전기철도	101.3	–	101.3
조선경남철도	158.8	40.5	118.2
이상 합계	2,305.30	471.8	1,858.30
미설립 회사			
북선철도	136.7	–	136.7
북선흥업철도	74.8	–	74.8
조선경동철도	69.3	–	69.3
경춘전기철도	79.8	–	79.8
소 계	360.8		360.8
총 합계	2,666.20	471.8	2,219.10

이상으로 선로 길이에 대해서 조선철도가 점유하는 비율은 당시 영업하고 있는 철도 전체에 대하여 면허 취득 거리는 83%, 개업한 거리는 66%를 점유하고 있으며, 미설립 회사를 포함한 전체에 대해서도 면허 취득 거리는 72%, 개업한 거리는 66%로 동일하다. 이것을 통해 조선철도의 규모가 크다는 것을 알 수 있다. 당시 일본 국내에서 사설철도 중 가장 큰 회사가 된 것이다.

제3절 조선철도 12년계획에서의 사설철도

1927년 제52의회에서 결의한 조선철도 12년계획은 조선에서 철도 역사상 특필할 만한 사항이었다. 이에 대해서는 '제2편 국유철도의 경영' 제6장에 상세하게 기술되어 있으므로 여기에서는 계획에 대해서 사설철도가 어떻게 관여하고 있었는지를 기술하고자 한다.

조선철도 12년계획 내용

12년계획의 골자는 3억 2천만 엔의 거액을 투자하여 1927년 이후 12년 동안 국유철도 다섯 개 노선 1,384km의 신 노선을 건설하고, 나아가 사설철도 다섯 개 노선 338km를 매수하여 국유화하는 것이다.

국가가 매수한 사설철도는 다음의 다섯 개 노선이다.

조선철도회사 소속	구간	거리
경남선	마산~진주 간	70km
전남선	송정리~담양 간	36.5km
경동선	대구~학산 간	148.1km
	서악~울산 간	
전북철도회사선	이리~전주 간	24.9km
도문철도회사선	회령~동관진 간	58.1km
합계		337.6km

이상의 다섯 개 노선은 모두 국철 기존 부설선 및 건설선과 관련이 있는 것이다. 즉, 조선철도 소속 경남선, 전라선 및 전북철도선은 국철 경전선에 연결되는 것, 조선철도 소속 경동선은 국철 경부선과 동해선을 연결하는 것, 또한 도문철도선은 국철 신설선인 도문선으로 계속되는 것이다. 모든 선들이 국유철도선과 연결되어 하나가 되면서 종래보다도 한층 존재가치를 높일 수 있기 때문에 이를 국가가 매수할 수 있는 이유가 된 것이다. 이 다섯 개의 노선 중 경동선, 전북철도선, 도문철도선의 3선은 궤도가 0.762m의 협궤선이기 때문에 매수 후에는 국유철도선과 마찬가지로 1.435m 표준궤로 개축할 계획으로, 각 선의 사정 및 정부 재정 정도에 의해 1927년 이후 5년 동안에 개축공사를 실시할 예정이었다.

이 사설철도 매수계획은 1927년에서 1931년까지의 기간 동안에 실시할 것이었다. 실제 다음과 같이 실시되었다.

선 이름	길이	매수실시
전북철도선	24.9km	1927. 10. 1.
조선철도 전남선	36.5km	1928. 1. 1.
조선철도 경동선	148.1km	1928. 7. 1.

☞ 앞 표에 이어서

선 이름	길이	매수실시
도문철도선	58.1km	1929. 4. 1.
조선철도 경남선	70.1km	1931. 4. 1.

12년계획이 사설철도에 끼친 영향

12년계획의 성립은 사설철도의 일부가 국가로 매수되어 국유철도로 모습만 바뀐 것은 아니었다. 사설철도는 정부의 보조금에 의해 어느 정도 안정된 기업이었으나, 영업실적은 개업 후 몇 년을 지나도 향상될 기미가 보이지 않아, 차후 보조기한이 지난 후에 배당이 줄어들지도 모른다는 불안감이 있었다. 게다가 조선 사정에 밝지 못한 일본의 투자자들은 투자를 기피하는 경향이 있었다. 이것을 막기 위해 보조율을 1할 정도로 증액해 달라는 요구도 있었지만, 설령 그렇게 한다고 해도 이것만으로는 보조기한이 지난 후의 문제는 해결되지 않는다. 이런 사정으로 사설철도 건설은 자금조달을 어려워하면서 지지부진한 상태가 계속되는 상황이었다. 이렇듯 앞날이 불투명한 시기에 12년계획은 사설철도의 일부를 매수하는 길을 열어 국면을 타개하는 의의를 갖게 되었다. 매수에 따른 보상액은 사설철도 미 개업선의 건설비로 충당할 수도 있으며, 사설철도에 대한 투자를 회수할 수도 있어 투자가가 안고 있던 불안함을 해소하는 데에 도움이 되는 것이었다.

또한 12년계획의 의회 결의 당시, 사설철도에 대한 보조를 강화하려는 희망사항도 있었으며, 보조율의 증가 또는 이익금의 일부 유보를 인정하여 배당의 증가를 기하는 등의 의견들이 의회 논의에서도 나와, 이후의 보조법 개정에 좋은 영향을 초래하리라는 것도 알 수 있었다.

사설철도 궤간의 표준궤 문제

한 가지 더 12년계획 성립 과정에서 제기된 문제는 사설철도의 궤간을 모두 표준궤로 채용할 것인가 하는 문제였다. 12년계획안에 대한 회의 심의 질의에

서 2, 3명의 의원들이,

질문 – 매수선 중 경동선, 전북철도선, 도문철도선은 협궤인데, 이것을 표준궤로 개축하는 것은 경제적이지 못한 것 같다. 예전에는 허가를 어떻게 해 준 것인가?

답변 – 현재 조선의 철도는 표준궤(1.435m), 협궤(0.762m)뿐이다. 건설 당시에 자금과 기타 이유로 이를 허가하였다.

장기적으로 보고 허가를 하였으므로, 그 당초에 가졌던 당시 방침을 알 수는 없지만, 앞으로도 지방 상황에 따라 표준궤와 협궤를 허가할 것이다. 이러한 방침으로 사설철도도 순차적으로 발달하리라고 생각한다. 이것은 철도정책이다.

질문 – 협궤를 매수하여 표준궤로 개축하는 것은 경제적이지 못한 것 같다. 앞으로도 협궤를 허가할 생각인가?

답변 – 종전에는 지방교통기관의 발달이 급히 필요했기 때문에 협궤를 허가한 것 같다. 현재는 간선 사이에 끼어 있게 되었으므로 매수하는 것이다.

앞으로 협궤는 건설비가 적다는 장점이 있으므로, 한 지방의 발달을 위해 필요가 있는 곳이 적지 않다고 생각한다.

이상과 같이 정부는 앞으로도 사설철도의 협궤는 건설비가 저렴한 장점 때문에 조기에 지방발전을 도모하기 위해 철도정책적으로 이를 채용한다는 취지인 것이다.

이 문제에 대해 감독관청의 입장에서 철도국 사와사키(沢崎) 총독과장이 견해를 발표하고 있으므로 그 요지를 참고로 기술해 두겠다.

"협궤철도를 몇 년이 경과한 후에 표준궤로 개축하는 것은 절대로 비경제적인 것이 아니라, 오히려 반대로 국가경제상 유리한 것이라고 할 수 있다. 이것을 숫자로 예를 들어보자면, 경험상을 볼 때 협궤선으로서 상당히 강도(強度)가 있는 노선이라고 해도 1.6km당 7만 엔 정도, 표준궤 선에서는 극히 일반적인 노선의 경우라도 1.6km당 12만 엔 정도의 건설비를 필요로 한다. 이 숫자에 근거하여 장래에는 표준궤로 개축할 필요가 있겠지만, 현재는 협궤로 충분하므로 이것을 협궤로 건설할 경우, 1.6km에 대해서 5만 엔이라는 자금을 절약할 수 있다. 반대로 표준궤로 건설한다면 1.6km당 5만 엔은 불필요한 돈이므로 이것을 잠자게 하는 것이 된다. 물론 개축을 할 때에 그 비용이 필요하게 되지만 협궤선 건설을 함으로써 투자되었던 7만 엔은 전부 무의미한 것이 되지 않고, 일부인 2만 엔 정도는 이용할 수 있으므로 그 차액인 5만 엔 정도가 무의미한 것이 되는 것이다. 이렇게 버려지는 비용과 앞에서 언급한 몇 년 동안 무의미한 비용은 어느 쪽이 큰 것일까? 잠자는 5만 엔은 10년이 지나면 연 8푼 이율을 감안하자면 12만 엔이 되므로, 개축을 함으로써 생기는 소모된(무의미해진) 5만 엔과 비교하면 차이는 너무나 확연하다.

또한 표준궤, 협궤 두 가지 철도의 영업비용에 대해서는 통상적인 경우 표준궤가 협궤에 비해 저렴하다. 그러나 이것은 수송량이 일정량 이상 있는 경우로, 일정량 이하인 경우에는 반대가 된다. 만일 수송량이 해마다 늘어나는 협궤에서는 수송할 수 없는 상태가 되었을 때에 표준궤로 개축한다고 생각하면 처음의 협궤시대의 영업비용은 표준궤로 부설하는 것보다 유리하다는 것은 자명한 사실이다. 다만 표준궤, 협궤 모두 철도의 접속을 위해 화물 적환비는 협궤의 경우 절대적으로 필요하게 되므로 이것만은 협궤가 불리하다고 할 수 있다. 그러나 환적비는 실제 적재량에 차급화물 1톤에 2전, 소량의 취급품까지 포함하여 평균 25전으로 보고, 취급량 연 10만 톤이라고 해도 2만 5천엔 정도인 것이다. 선로 연장 144.8km인 경동선을 예로 들어보도록 하자. 연 화물량은 7만 톤이다. 이것은 상당한 양인 것처럼 보이지만 이 철도가 가령 선로 연장 48.3km가 된 경우, 표준궤로 부설하는 경우 버려지게 되는 것은 1.6km당 5만 엔으로 150만 엔에 해당하게 되므로, 이 연간 이자 8푼으로 하여 해마다 12만 엔의 이자를 필요로 한다. 이것과 환적비를 비교한 것이니 문제가 되지 않는다.

따라서 협궤선 부설 후 몇 년 안 되어, 이것을 개축하는 경우에는 비경제적이지만 10년 이상 지난 후에 개축하는 경우에는 앞에서 설명한 대로 유리한 것이다. 이번에 매수하는 철도는 모두 개축까지 10년 이상 지나게 된 것이므로 문제가 없다. 앞으로도 협궤선 부설을 인정할 것인가 하는 문제에 대해서 긍정적이라는 것은 명백하다. 특히 조선과 같은 자본이 열악한 환경에서는 투자가 사장(死藏)되는 것을 가장 경계해야 할 것이다. 적어도 간선으로 인정

받지 못하는 선에 있어서는 소액의 자금으로도 충분한 협궤선을 건설하여 현재 가장 급선무인 철도를 놓는 일을 기해야 할 것이다." 등등

이것을 요약하면 다음과 같다.

1. 표준궤와 협궤의 건설비 차이는 크다.
2. 협궤로도 충분한데 표준궤를 부설한다면, 그 차액은 만일 협궤로 존재하는 기간만큼 돈을 잠자게 하는 것이 되므로 경제적으로 큰 손실이다.
3. 협궤를 표준궤로 개축할 때 협궤 건설에 들어간 비용 전체를 손해 보는 것은 아니다. 3할 정도는 활용된다.
4. 표준궤 접속 화물의 환적비는 큰 액수가 아니다.
5. 협궤로 있는 햇수가 얼마 되지 않은 상태에서 표준궤로 개축하는 것은 분명히 비경제적이지만, 10년 이상이 되면 경제적이다.

제4절 사업 개요

선로 연장

1919년부터 1930년까지 12년 동안 사설철도의 선로 연장은 〈표 11-17〉, 연도별 개업선 상황은 〈표 11-18〉로 나타내었다. 연간 개업한 거리는 평균 96.6km를 넘지 못하고 161km를 넘긴 것은 1930년뿐이다.

1930년 말의 개업선, 미 개업선 상황은 〈표 11-19〉, 또한 궤간 및 동력 상황은 〈표 11-21〉 및 〈표 11-22〉로 나타냈다.

이런 선로를 연장하는 중에 표준궤선(궤간 1.435m)은 개업선에서 66%를 점하고, 미 개업선을 포함한 경우에는 53%가 되었다. 마찬가지로 협궤선(궤간 0.762m)은 각각 34%와 47%가 되어 있다.

증기철도는 개업선에서 36%의 비율로, 미 개업선을 포함한 경우는 34%로 되어 있다. 마찬가지로 증기 · 가솔린 병용철도는 각각 53%와 58%로 되어 있다. 또한 전기철도인 경우는 마찬가지로 10%와 8%의 비율에 지나지 않는다.

또한 이 기간에 사설철도의 면허, 개업, 미 개업의 상황 외에 매수, 양도, 면허의 실효, 기타 변동은 〈표 11-23〉에서 간단명료하게 표시하였다.

〈표 11-17〉 사설철도의 누계년도 면허거리

(1919년~1930년 말, 단위 : km)

연도	연도 내		매수, 양도, 폐지에 의한 감소		차인 누계		비고
	면허선 (km)	개업선 (km)	면허선 (km)	개업선 (km)	면허선 (km)	개업선 (km)	
1918					746.5	228.5	1918년 말 현재
1919	1,498.10	17			2,244.70	245.5	
1920	477.4	62.6			2,722.20	308.1	
1921	-	66.3			2,722.20	374.4	
1922	-	85.2	16	16.2	2,706.10	444.8	
1923	33.7	116.5	39.9	25.1	2,699.90	536.2	
1924	-	104.6			2,699.90	640.8	
1925	61.1	106.5			2,761.10	747.3	
1926	101.3	37			2,862.50	784.3	
1927	286.7	91	560.5	25.1	2,588.70	850.3	
1928	-	91.7	493.5	184.4	2,095.20	757.6	
1929	78	127.2	144	59.8	2,029.20	825.1	
1930	18.9	252.1	74.1		1,974.00	1,077.20	
합계	2,555.70	1,178.00	1,159.50	310.7			

주) 면허선의 거리는 건설공사 시행에 따라 자주 변경되므로 개업선의 거리와 반드시 일치하는 것은 아니다.

철도명		1909~1918년 말		1919년 말		1920년 말		1921년 말	
		구간	거리 (km)	구간	거리 (km)	구간	거리 (km)	구간	거리 (km)
조선가스전기		부산진~동래	9.3						
전북철도		이리~전주	24.9						
함흥 탄광 철도	서호진선	함흥~서호진	16						
	장풍리선	장흥~장풍리	25.1						
개천철도		신안주~천동	36.8						
조선 철도	전남선								
	경남선								
	경동선	대구~포항~불국사	116.1	포항~학산	1.9			불국사~울산	30
	경북선								
	충북선							조치원~청주	22.6
	황해선			내토~상해	15.1	사리원~재령	21.5	재령~신천	13.5
	함남선								
	함북선								
도문철도						회령~상삼봉	41		
금강산전기철도									
조선경동철도									
조선경남철도									
남조선철도									
신흥철도									
천내리철도									
합계		228.5		17		62.6		66.3	
누계				245.5		308.1		374.4	
해당 연도 개업 거리				17		62.6		66.3	
매수, 양도, 폐지에 의한 감소 거리(△)									

☞ 앞 표에 이어서

철도명		1922년 말		1923년 말		1924년 말		1925년 말	
		구간	거리 (km)	구간	거리 (km)	구간	거리 (km)	구간	거리 (km)
조선가스전기									
전북철도									
함흥 탄광 철도	서호진선	함흥~ 서호진	△16.0						
	장풍리선			함흥~ 장풍리	△25.1				
개천 철도				마산~ 군북	29.4			군북~ 진주	40.5
조선 철도	전남선	송정리~ 담양	36.5						
	경남선								
	경동선	불국사~ 울산	△0.1	청주~ 청안	23.9	김천~ 점촌	59.8		
	경북선								
	충북선					화산~ 미력	8	미력~ 하성	15.2
	황해선			함흥~오로 오로~장풍	17 11.2				
	함남선								
	함북선								
도문철도		상삼봉~ 종성	9.4			종성~ 동관진	7.8		
금강산전기철도						철원~ 김화	28.8	김화~ 금성	22.2
조선경동철도		천안~ 예산	40.5	예산~ 광천	34.7			천안~ 안성	28.4
조선경남철도									
남조선철도									
신흥철도									
천내리철도									
합계		70.3		91.4		104.6		106.5	
누계		444.8		536.2		640.8		747.3	
해당 연도 개업 거리		86.5		116.5		104.6		106.5	
매수, 양도, 폐지에 의한 감소 거리(△)		△16.2		△25.1					

☞ 앞 표에 이어서

철도명		1926년 말		1927년 말		1928년 말	
		구간	거리(km)	구간	거리(km)	구간	거리(km)
조선가스전기				부산진~동래	0.1		
전북철도				이리~전주	△24.9		
함흥탄광철도	서호진선						
	장풍리선					송정리~담양	△36.5
개천철도							
조선철도	전남선						
	경남선			대구~학산	△0.1	대구~학산 / 불국사~울산	△147.8
	경동선					점촌~예천	25.4
	경북선						
	충북선					청안~충주	47.3
	황해선	오로~풍상 / 상통~함남 신흥	13.3 / 15.1			함남 신흥~함남 송흥	18.9
	함남선			고무산	35.7		
	함북선			신참			
도문철도				상삼봉~상삼봉교 중심	1.4		
금강산전기철도		금성~탄감리	8.5	탄감리~창도	8		
조선경동철도				안성~장호원	41.3		
조선경남철도							
남조선철도							
신흥철도							
천내리철도				용담~천내리	4.3		
합계		37		65.9		△92.6	
누계		784.3		850.3		757.6	
해당 연도 개업 거리		37		91		91.7	
매수, 양도, 폐지에 의한 감소 거리(△)				△25.1		△184.4	

☞ 앞 표에 이어서

철도명		1929년 말		1930년 말		계		비고
		구간	거리(km)	구간	거리(km)	구간	거리(km)	
조선가스전기						부산진~동래	9.4	
전북철도								1927년 10월 1일 국가가 매수하였다.
함흥탄광철도	서호진선							함흥~서호진 구간은 국가에 매수되어 1922. 12. 1. 폐지되었다.
	장풍리선							함흥~장풍 구간은 조선삼림철도에 양도되어 1923. 8. 25. 폐지되었다.
개천철도						신안주~천동	36.8	
조선철도	전남선							전남선은 1928년 1월 1일 국가가 매수하였다.
	경남선					마산~진주	70	
	경동선							경동선은 1928년 7월 1일 국가가 매수하였다.
	경북선					김천~예천	85.2	
	충북선					조치원~충주	93.9	
	황해선	신천~수교	28.9	학현~동해주	6.4	사리원~수교, 상해~동해주	131	
		신원~학원	22.0					
	함남선	함남 신흥~함남 송흥	△18.9			함흥~오로~장풍~풍상~함남 신흥	56.8	함남 신흥~함남 송흥은 1930년 2월 1일부터 신흥철도가 경영하게 된다.
	함북선	신참~무산	24.2			고무산~무산	60	1929년 4월 1일 국가가 매수하였다.

☞ 앞 표에 이어서

철도명	1929년 말		1930년 말		계		비고
	구간	거리(km)	구간	거리(km)	구간	거리(km)	
금강산전기철도	창도~화계	27.1	화계~금강구	13.3	철원~금강구	108.1	
조선경남철도	광천~남포	24.7	판교~장항	19.1	천안~남포 천안~장호원 ~장항	189	
조선경동철도			수원~이천	53.1	수원~이천	53.1	
남조선철도			순천~여수	40.2	순천~여수	160.1	
			순천~광주	119.8	순천~광주		
신흥철도	함남 신흥~ 함남 송흥	18.9				18.9	1930년 2월 1일 조선철도(주)에게서 양수함.
천내리철도					용담~천내리	4.3	1927년 11월 1일 국유철도에 대여되어 영업하게 된다.
합계	67.4		252.1		1,077.20		
누계	825.1		1,077.20				
해당 연도 개업 거리	127.2		252.1		1,159.50		
매수, 양도, 폐지에 의한 감소 거리(△)	△59.8				△310.7		

〈표 11-19〉 사설철도 개업선, 미 개업선 상황

(1930년 말 현재)

회사명	선명	개업선		미 개업선		비고
		구간	거리(km)	구간	거리(km)	
조선가스전기(주)		부산진~동래	9.4			협궤(0.762m)
개천철도(주)		신안주~천동	36.8			협궤(0.762m)
조선철도(주)	충북선	조치원~충주	93.9			
	경남선	마산~진주	70	진주~원촌	113.4	
	경북선	김천~예천	85.2	예천~안동	31	
	황해선	사리원~수교	64	수교~장연	19.3	협궤(0.762m)
		상해~내토	15.1	신천~저도	46.9	협궤(0.762m)
		화산~하성	23.3	신천~용담포	76.2	협궤(0.762m)
		신원~동해주	28.4	토성~해주	76.6	협궤(0.762m)

☞ 앞 표에 이어서

회사명	선명	개업선		미 개업선		비고
		구간	거리(km)	구간	거리(km)	
조선철도(주)	함남선	함흥~상통	30,4	상통~후주 고읍	205,9	협궤(0,762m)
		오로~장풍	11,2			협궤(0,762m)
		풍상~함남 신흥	15,1			협궤(0,762m)
		소계	56,8		205,9	
	함북선	고무산~무산	60	무산~합수	133	협궤(0,762m)
	계		497,1		702,8	
금강산전기철도(주)		철원~금강구	108,1	창도~화천	33,7	
				금강구~장연리	8,5	
	계		108,1		42,3	
조선경남철도(주)		천안~남포	100,1	남포~판교	24,3	
		판교~장항	19,1			
		소계	119,2		24,3	
		천안~장호원	69,8	장호원~여주	19,7	
	계		189		44	
남조선철도(주)		순천~여수	40,2	보성~용당	82,3	
		순천~광주	119,8	용소~삼영	40,2	
	계		160,1		122,6	
조선경동철도(주)		수원~이천	53,1	이천~여주	16,2	협궤(0,762m)
천내리철도(주)		용담~천내리	4,3			1927년 11월 국가가 대여함.
조선강삭철도(주)				경성부 본정~ 남산 산정	1,4	협궤(1,067m)
신흥철도(주)		함남 신흥~ 함남 송흥	18,9			협궤(0,762m)
합 계			1,077,20		929,5	

〈표 11-20〉 기간별 내역

궤간	표준궤 (1,435m)		협궤 (0.762m)		계	
	km	%	km	%	km	%
개업선	711	66	366.2	34	1,077.2	100
미 개업선	353.5	38	575.9	62	929.5	100
계	1,064.5	53	942.2	47	2,006.8	100

〈표 11-21〉 사철철도 궤간별 거리표

(1930년 말)

종별	개업선				미 개업선				합계			
	1,435m	1,067m	0.762m	계	1,435m	1,067m	0.762m	계	1,435m	1,067m	0.762m	계
거리 (km)	711	—	366.2	1,077.20	353.5	1.4	574.5	929.5	1,064.5	1.4	940.8	2,006.8
선로수	7	—	7	14	5	1	4	10	7	1	7	15
경영자	5	-	5	5	4	1	2	7	5	1	5	10

주) 1명의 경영자가 개업 · 미 개업선 및 2선로 이상을 가지고 있으므로, 경영자 수의 합계와 내역은 일치하지 않는다.

〈표 11-22〉 사철철도 동력별 거리표

(1930년 말)

종별	개업선				
	증기	증기가솔린 병용	전기	전기증기 병용	계
거리(km)	383.5	576.1	108.1	9.4	1,077.20
선로수	6	7	1	1	15
경영자	3	6	1	1	9

종별	미 개업선			
	증기	증기가솔린 병용	전기	계
거리(km)	297.4	588.3	43.7	929.5
선로수	4	5	2	11
경영자	2	4	2	6

☞ 앞 표에 이어서

종별	합계				
	증기	증기가솔린 병용	전기	전기증기 병용	계
거리(km)	680.9	1164.5	151.9	9.4	2,006.80
선로수	6	7	2	1	16
경영자	3	6	2	1	10

주) 1명의 경영자가 개업 · 미 개업선 및 2선로 이상 또는 동력을 달리하는 것을 가지고 있으므로, 경영자 수의 합계
와 내역은 일치하지 않는다.

〈표 11-23〉 사설철도 상황 일람표

회사명	면허선					
	구간		거리 km	궤간 m	동력	면허 날짜
	도명	지명				
조선가스전기주식회사	경상남도	부산진~동래	9.3	0.762	증기(전기)	1909. 6. 29.
전북철도주식회사	전라북도	이리~전주	24.9	0.762	증기	1913. 1. 9.
함흥탄광철도주식회사	함경남도	함흥~서호진	14.2	0.762	증기	1913. 9. 29.
		함흥시내	1.9	0.762	증기	1916. 9. -
		함흥~오로	14.8	0.762	증기	1919. 5. 14.
		함흥~장풍리	25.1	0.6	인력	1916. 9. 25.
계			56			
개천철도주식회사	평안남도	신안주~개천	29.6	0.762	증기	1916. 5. 13.
		개천~천동	7.2	0.762	증기	1917. 12. 3.
계			36.9			
조선철도 주식회사	경동선	경상북도 대구~학산	104.7	0.762	증기	1916. 2. 15.
		경상북도 경상남도 경주~울산	43.4	0.762	증기	1916. 2. 15.
		경상남도 울산~동래	55.8	0.762	증기	1916. 2. 15.
		경상남도 울산~장생포	8.2	0.762	증기	
	소계		212.2			
	충북선	충청남도 충청북도 조치원~충주	93.9	1.435	증기	1917. 8. 18.
	소계		93.9			
	전남선	전라남도 경상남도 송정리~마산	252.9	1.435	증기	1918. 7. 13.

☞ 앞 표에 이어서

회사명		면허선					
		구간		거리 km	궤간 m	동력	면허 날짜
		도명	지명				
	전남선	전라남도 경상남도	원촌~전주	74.9	1.435	증기	1918. 7. 13.
	소계						
	경남선		(마산~원촌)	(183.4)			
	소계			327.9			
	경북선	경상북도	김천~안동	116.3	1.435	증기	1919. 10. 16.
	소계			116.3			
	평북선	평안북도	맹중리~희천	123.9	1.435	증기	1919. 10 .16.
조선철도 주식회사	황해선	황해도	내토~상해	15.1	0.762	증기	1919. 5. 16.
			사리원~저도	82	0.762	증기	1919. 10. 10.
			석탄~해주	52.9	0.762	증기	1919. 10. 10.
			신원~하성	5.1	0.762	증기	1919. 10. 10.
			신천~용당포	76.2	0.762	증기	1919. 10. 10.
			이수~장연	29.9	0.762	증기	1919. 10. 10.
			토성~해주	76.6	0.762	증기	1929. 5. 30.
	소계			338.1			
	함남선	함경남도 평안북도	함흥~장진~ 후주 고읍	230.1	0.762	증기	1919. 6. 12.
		함경남도 평안북도	장진~만포진	120.2	0.762	증기	1919. 6. 12.
		함경남도	오로리~한대리	97.8	0.762		1920. 12. 10.
			풍상리~장풍리	2.7	0.762		1920. 12. 10.
	소계			450.9			
	함북선	함경북도	고무산~무산 ~합수	193.1	0.762	증기	1919. 6. 12.
		함경북도 함경남도	길주~혜산진	136.7	1.067	증기	1919. 6. 12.
	소계			329.9			
합계				1,993.40			
도문철도주식회사		함경북도	신회령~상삼봉	41 (39.9)	0.762	증기	1919. 3. 13.
			상삼봉~동관진	16	0.762	증기	1920. 3. 29.

☞ 앞 표에 이어서

회사명	면허선					
	구간		거리 km	궤간 m	동력	면허 날짜
	도명	지명				
도문철도주식회사	함경북도	동관진~온성	33.7	0.762	증기	1923. 11. 16.
계			90.9			
금강산전기철도주식회사	강원도	철원~화천	101.3	1,435	전기	1919. 8. 12.
		창도~장연리	48.2	1,435	전기	1926. 12. 27.
계			149.6			
조선경남철도주식회사	충청남도	군산 대안~ 안성	158.8	1,435	증기	1919. 9. 30.
	경기도					
	경기도	안성~여주	61.1	1,435	증기	1925. 9. 3.
계			219.9			
남조선철도주식회사	전라남도	순천~여수	38.6	1,435	증기	1927. 4. 5.
		순천~용당	135.1	1,435	증기	1927. 4. 5.
		용소~삼영	40.2	1,435	증기	1927. 4. 5.
		보성~광주	68.3	1,435	증기	1927. 8. 15.
계			282.4			
북선철도주식회사	함경북도	나진~훈융	136.7	1,435	증기	1920. 2. 27.
북선흥업철도주식회사	함경북도	회령~금동	74.8	1,435	증기	1920. 2. 27.
조선경동철도주식회사	경기도	수원~여주	69.3	0.762	증기	1920. 3. 3.
경춘전기철도주식회사	경기도	경성~춘천	79.8	1,067	전기	1920. 10. 18.
	강원도					
전라철도주식회사	전라남도	송정리~법성포	53.1	0.762	증기	1926. 3. 31.
천내리철도주식회사	함경남도	용담~천내리	4.3	1,435	증기	1927. 4. 20.
조선강삭철도주식회사	경기도	경성부 본정	1.4	1,067	전기	1929. 5. 22.
		남산 산정				
신흥철도주식회사	함경남도	함남 신흥	18.9	0.762	증기	1930. 1. 15.
		함남 송흥			가솔린	

☞ 앞 표에 이어서

회사명	개업선			미 개업선		비고
	구간	거리 (km)	개업 날짜	구간	거리 (km)	
조선가스전기 주식회사	부산진~동래	9.5	1909. 12. 19.			1912년 7월 11일 개량공사로 궤간 0.609m를 0.762m로, 10.0km를 9.3km로 변경하였다. 1915년 1월 30일 증기동력을 병용하였다. 1927년 개업 0.2km 증가하였다.
전북철도 주식회사	이리~전주	24.9	1914. 11. 17. 1915. 1. 15.			개업 연월일 항목에서 상단은 가영업일, 하단은 본 영업일을 말한다. 이 철도는 1927년 10월 1일 국가가 매수하였다.
함흥탄광철도 주식회사	함흥~서호진	14.2	1915. 12. 20.			함흥~서호진 구간은 국가에 매수되어 1922년 12월 1일 폐지되었다.
	함흥시내	1.9	1916. 12.			함흥~장풍리 구간은 1923년 8월 조선삼림철도주식회사에 양도하여 같은 해 12월 25일에 폐지되었다.
				함흥~오로	14.8	함흥~오로 구간은 1923년 8월 부설 허가가 실효(失效)되었다.
	함흥~장풍리	25.1	일부 1917. 10. 16. 전선(全線) 1918. 2. 12.			
계		41.1			14.8	

☞ 앞 표에 이어서

회사명		개업선			미 개업선		비고
		구간	거리(km)	개업 날짜	구간	거리(km)	
개천철도 주식회사		신안주~개천	29.6	1916. 5. 15.			1926년 11월 25일 회사조직으로 변경
		개천~천동	7.2	1918. 12. 1.			
계			36.8				
조선철도 주식회사	경동선	대구~하양	23	1917. 11. 1.	울산~동래	55.8	구 조선중앙철도 주식회사 경영, 1923년 9월 1일 합병으로 조선철도주식회사가 되었다.
		하양~포항	79.8	1918. 11. 1.	울산~장생포	8.2	경동선은 1928년 7월 1일 국가에 매수되었다.
		포항~학산	1.9	1919. 6. 25.			1927년 대구~학산 구간에서 개업 0.2km를 단축하였다.
		서악~불국사	13.3	1918. 10 .31.			
		불국사~울산	30 △0.1	1921. 10. 25.			1922년 불국사~학산 구간에서 개업 0.2km를 단축하였다.
	소계		147.8			64	
	충북선	조치원~청주	22.6	1921. 11. 1.			구 조선중앙철도 주식회사 경영, 1923년 9월 1일 합병으로 조선철도주식회사가 되었다.
		청주~천안	23.9	1923. 5. 1.			
		청안~충주	47.3	1928. 12. 25.			
	소계		93.9				

☞ 앞 표에 이어서

회사명		개업선			미 개업선		비고
		구간	거리 (km)	개업 날짜	구간	거리 (km)	
조선철도 주식회사	전남선	송정리~광주	14.9	1922. 7. 1.	담양~석현	5.1	전남선 및 경남선은 구 남조선 철도주식회사 경영, 1923년 9월 1일 합병으로 조선철도주식회사가 되었다.
	전남선	광주~담양			석현~원촌 ~전주	102.8	전남선은 1928년 1월 1일 국가가 매수하였다.
	소계		36.5			107.9	
	경남선	마산~군북	29.4	1923. 12. 1.	진주~원촌	113.4	면허는 전남선과 동일하다.
		군북~진주	40.5	1925. 6. 15.			
	소계		70			113.4	
	경북선	김천~상주	36	1924. 10. 1.	예천~안동	31	부설 허가 당초에는 궤간 1,067m였지만 공사시행 즈음에 변경하였다.
		상주~점촌	23.8	1924. 12. 25.			경북선 및 평북선은 구 조선산업철도주식회사 경영, 1923년 9월 1일 합병으로 조선철도주식회사가 되었다.
		점촌~예천	25.4	1928. 11. 1.			
	소계		85.2			31	
	평북선				맹중리~희천	123.9	평북선은 1927년부터 1928년 사이 부설 허가가 실효된 것으로 추측된다.

회사명		개업선			미 개업선		비고
		구간	거리 (km)	개업 날짜	구간	거리 (km)	
조선철도 주식회사	황해선	내토~상해	15.1	1919. 5. 20.	신천~저도	46.9	구 서선식산철도 주식회사 경영, 1923년 9월 1일 합병으로 조선철도주식회사가 되었다.
		사리원~재령	21.5	1920. 12. 21.	신천~용당포	76.2	
		재령~신천	13.5	1921. 11. 16.	수교~장연	19.3	
		화산~미력	8	1924. 9. 1.	토성~해주	76.6	
		미력~하성	15.2	1925. 9. 1.			
		신천~수교	28.9	1929. 9. 1.			
		신원~학현	22	1929. 12. 21.			
		학현~동해주	6.4	1930. 12. 11.			
	소계		131			219.1	
	함남선	만재교~오로	14.4	1923. 6. 10.	상통~고토	27.1	함남선은 구 조선삼림철도주식회사가 경영, 1923년 9월 1일 합병으로 조선철도주식회사가 되었다.
		만재교~함흥	2.5	1923. 8. 25.	고토~장진	95.1	
		오로~장풍	11.2		장진~후주 고읍	83.6	
		오로~상통	13.3	1926. 10. 1.	장진~만포진	120.2	장진~만포진 구간은 1927년 5월 부설 허가가 실효되었다.
		풍상~함남 신흥	15.1		함남 송흥~한대리	55.2	함남 송흥~한대리 간 1930년 1월 면허가 실효되었다.
		함남 신흥~함남 송흥	18.9	1928. 2. 1.			함남 신흥~함남 송흥 구간은 신흥철도주식회사로 양도되어 1930년 2월 1일 폐지되었다.
	소계		75.8			381.4	

☞ 앞 표에 이어서

회사명		개업선			미 개업선		비고
		구간	거리 (km)	개업 날짜	구간	거리 (km)	
조선철도 주식회사	함북선	고무산~신참	35.7	1927. 8. 20.	무산~합수	133	면허 당시의 궤간은 1.067m였으나 공사시행을 할 즈음에 0.762m로 변경되었다.
		신참~무산	24.3	1929. 11. 15.	길주~혜산진	136.7	길주~혜산진 구간은 1927년부터 3년 동안 부설 허가가 실효된 것으로 추정된다.
	소계		60			269.8	
	합계		700.5			1310.9	
도문철도주식회사		회령~상삼봉	40.2	1920. 1. 5. 1920. 4. 28.	동관진~온성	33.7	이 철도는 1921년 3월 31일 남만주 태흥합명회사에서 양수하였다. 1920년 공사 중에 기점 신흥령을 회령으로 이동하고, 선로를 1.1km 연장하였다.
		상삼봉~종성	9.4	1922. 12. 1.			상삼봉~동관진 구간 16.1km는 공사 시행으로 17.4km가 되었다.
		종성~동관진	7.8	1924. 11. 1.			이 철도는 1929년 4월 1일 국가가 매수하였다.
		상삼봉교 중심 ~상삼봉	1.4	1927. 11. 1.			
계			59.8			33.7	
금강산전기철도 주식회사		철원~김화	28.8	1924. 8. 1.	창도~화천	33.7	
		김화~금성	22.2	1925. 12. 20.	금강구~ 장연리	8.5	
		금성~탄감리	8.5	1926. 9. 15.			
		탄감리~창도	8	1927. 9. 1.			

☞ 앞 표에 이어서

회사명	개업선			미 개업선		비고
	구간	거리 (km)	개업 날짜	구간	거리 (km)	
금강산전기철도 주식회사	창도~현리	15.1	1929. 4. 15.			
	현리~화계	12	1929. 9. 23.			
	화계~금강구	13.3	1930. 5. 15.			
계		108.1			42.3	
조선경남철도 주식회사	천안~ 온양온천	14.6	1922. 6. 1.	남포~판교	24.3	천안~장항 간 증기동력, 가솔린 함께 사용 천안~장호원 간 증기동력만 사용
	온양온천~ 예산	25.9	1922. 6. 15.			
	예산~홍성	22	1923. 11. 1.			
	홍성~광천	12.7	1923. 12. 1			
	광천~남포	24.7	1929. 12. 1.			
	판교~장항	19.1	1930. 11. 1.			
	천안~안성	28.4	1925. 11. 1.	장호원~여주	19.7	
	안성~죽산	18.5	1927. 4. 16.			
	죽산~장호원	22.8	1927. 9. 15.			
계		189			44	
남조선철도주식회사	순천~여수	40.2	1930. 12. 25.	보성~용당	82.3	
	순천~광주	119.8	1930. 12. 25.	용소~삼영	40.2	
				보성~광주	68.3	1929년 3월 20일 보성~광주 구간의 면허 57.5km를 68.4km로 변경하였다.
계		160.1			191	
북선철도주식회사				나진~훈융	136.7	이 철도는 1927년부터 1928년 사이에 면허가 실효된 것으로 추정된다.
북선흥업철도주식회사				회령~금동	74.8	위와 같음.
조선경동철도주식회사	수원~이천	53.1	1930. 12. 1.	이천~여주	16.2	

☞ 앞 표에 이어서

회사명	개업선			미 개업선		비고
	구간	거리 (km)	개업 날짜	구간	거리 (km)	
경춘전기철도주식회사				경성~춘천	79.8	이 철도는 1926 년에 면허가 실 효된 것으로 추 정된다.
전라철도주식회사				송정리~ 법성포	53.1	이 철도는 1929 년 면허가 실효 된 것으로 추정 된다.
천내리철도주식회사	용담~천내리	4.34	1927. 11. 1.			이 철도는 1927 년 11월 1일 국 가가 대여하여 영업하였다.
조선강삭철도주식회사				경성부 본정 ~남산 산정	1.4	
신흥철도주식회사	함남 신흥~ 함남 송흥	18.9	1930. 2. 1.			이 철도는 조선 철도주식회사 함 남선의 일부를 양수한 것이다.

영업시설

열차운전 및 차량 : 1930년 12월 1일 현재를 기준으로 열차운전에 대해서, 조선철도주식회사 외 각 철도의 각 선로, 구간, 열차종류 등의 상황은 이 절 끝 부분에 나오는 표의 내용과 같다.

또한 남조선철도는 1930년 12월 25일 개업하여 이 표에서는 싣지 않았지만 1930년 말에는 운전을 하고 있으므로 특히 1931년 12월 1일 현재를 기준으로 한 것을 참고로 하여 실었다(1930년 12월 25일 이후 1931년 12월 이전의 기록은 해당되지 않는다).

다음으로 이 열차들의 운전속도는 궤간 1.435m인 표준궤선은 1시간 반 평균(도중 휴차(休車) 시분 포함) 25.7~35.4km, 0.762m인 협궤선에서는 14.5~24.1km 정도이다. 또는 가솔린 객차는, 표준궤선에는 38.6km, 협궤선

에서는 24.1~35.4km 정도이다. 궤간별로 보는 각 선로의 열차속도는 이 절
끝 부분에 나오는 표의 내용과 같다.

영업 중인 사설철도 보유차량의 차종 및 형식별 내역은 222페이지 이후의 표
에 기재한 대로이다.

여객 및 화물운임

사설철도의 운임은, 여객은 거리비례법(/km), 화물은 원거리체감법(누적 계
산법, 지대(地帶) 포함)을 채용하였다. 둘 다 국유철도와 동일하다. 또한 국유
철도와의 연락운수의 편리함을 위해 특별한 사정이 있는 경우를 제외하고 모
두 국유철도와 동일 규칙으로 취급하였다.

보통운임 : 임률은 여객의 경우 킬로미터마다 병등(보통)은 대부분 3전 1리,
특등은 대부분 4전 3리였다 평균적으로 병등 2전 9리 7모, 특등은 4전 1리 7모
였다. 화물의 경우 영업수지의 균형을 맞추기 위해 일본 지방철도의 예를 참
작하여 실제 거리에 7할에서 20할증의 화물 영업거리를 설정하고, 이 영업거
리에 국유철도와 동일한 임률을 적용하는 것이다.

특수운임 : 보통운임 외에 여객에 따라서는 정기(定期)승차, 회수(回數)승차,
단체승차, 객차 전세, 열차 전세 등의 특수운임이 있다. 또한 학교 교원, 학생,
맹아학교 교원 및 학생, 야스쿠니 신사에 참배하는 군인 및 군무원 유족, 박람
회 · 공진회(共進會) · 품평회 · 전람회 · 교육대회 · 강습회 등의 참가자, 이주
민, 취업자 할인, 피구호자 할인 등 각종 할인운임의 제도는 대체적으로 국유
철도와 동일하다.

화물 할인운임은 조선철도주식회사에서는 같은 회사 노선의 특종 제품에 대
한 할인운임이 있는 것 이외에 전 노선에 걸쳐 어류, 누에고치, 잠견(蠶繭), 포
장용 자루, 누에상자, 비료 및 박람회 · 공진회 · 품평회 등의 출품물품에 대한
할인이 있었다.

조선경남철도는 곡물 외에 42품종에 대해, 개천(价川)철도는 철광석 등 20품

종에 대해, 금강산전기철도는 아연 외에 15품종에 대해, 조선경동철도는 곡물 외에 17품종에 대해, 신흥철도는 선어(鮮魚, 신선한 물고기) 외에 34품종에 대해 모두 할인운임을 설정하고 있다.

주) 1930년은 미터법을 제정한 연도로, 운임관계는 km단위로 표시하고 있어 그것을 채용하였다.

영업성적

1919년부터 1930년까지 사설철도의 영업성적은 별책 통계표의 운수성적표 및 영업수지표를 참조하길 바란다.

운수성적표에 대해서는 각 회사, 각 노선별로 수치가 있다. 하지만 영업수지 에 대해서는 조선철도주식회사의 각 노선들은 합병 전의 수치만 있고 합병 후 에는 각 노선별 기록이 없으며, 같은 회사 종합 수치로 되어 있다. 또한 영업 수지표에서 지출에 대해서는 옛날 자료들이 일부 있지만, 그 후에 대한 기록 은 없다. 다만 보조성적에 있어서는 보조 시기인 1914년 이후 기록이 있으며, 이 중에는 각 회사의 지출란에 표기되어 있으므로 이것으로 파악할 수 있다. 다만, 조선철도주식회사는 총체적인 수치로 되어 있으므로, 각 노선별에 대해 서는 알 수 없다.

1930년 말 사설철도의 영업 상황은 창업 이후 상당한 연도가 지난 것들은 많지만, 그렇다고 해도 10년 이하가 대부분이다. 비보조 철도의 영업성적은 1918년 말의 상황과 기본적으로 큰 변화 없이 모두 발전 도상의 고난의 길을 걷고 있었다고 할 수 있다.

이상의 사업개황에 따라 별표로 열차운전 횟수, 각 노선 열차속도, 사설철도 차량수, 사설철도 임률표를 다음과 같이 일괄(一括)하였다.

〈별표〉 열차운전 횟수표

(1930년 12월 1일 현재)

철도명	선명	구간	열차종별	정기(定期) (왕복)	부정기(不定期) (왕복)	비고
조선철도	충북선	조치원~청주	혼합	6	–	
		청주~충주	혼합	4	–	
	경남선	마산~진주	혼합	4	–	
		마산~진주	화물	–	1	
	경북선	김천~점촌	혼합	5	–	
		점촌~예천	혼합	4	–	
	황해선	사리원~신천	여객	1	–	
		신천~수교	여객	상행 1	하행 1	
		사리원~신천	여객(가솔린)	5	3	
		신천~수교	여객(가솔린)	2	–	
		사리원~상해	여객(가솔린)	3	–	
		상해~학현	여객(가솔린)	3	–	
		사리원~상해	혼합	4	–	
		상해~신천	혼합	2	–	
		신천~수교	혼합	하행 1	상행 1	
		상해~신원(新院)	혼합	4	–	
		신원~학현	혼합	1	–	
		화산(花山)~ 내토(內土)	혼합	2	–	
		신원~하성	혼합	4	–	
		사리원~신천	화물	–	2	
		신천~수교	혼합	–	1	
		상해~신원	혼합	–	1	
		신원~하성	혼합	–	2	
		화산~내토	혼합	–	1	
	함남선	함흥~함남 신흥	여객(가솔린)	4	–	
		함흥~오로(五老)	혼합	3	–	
		오로~풍상	혼합	3	–	
		풍상~함남 신흥	혼합	2	–	
		오로~상통	혼합	2	–	
		풍상~장풍	혼합	2	–	

☞ 앞 표에 이어서

철도명	선명	구간	열차종별	정기(定期)(왕복)	부정기(不定期)(왕복)	비고
조선철도	함남선	함흥~함남 신흥	화물	–	1	
		풍상~장풍	화물	–	2	
	함북선	고무산~무산	혼합	2	–	
		고무산~신참(新站)	화물	1	상행 3회 하행 2회	
		신참~무산	화물	–	2	
조선경남철도		천안~온양온천	여객	2	–	
		천안~남포(藍浦)	여객(가솔린)	1	–	
		천안~대천	여객(가솔린)	1	–	
		천안~온양온천	여객(가솔린)	1	1	
		천안~예산	여객(가솔린)	–	1	
		서천~장항	여객(가솔린)	4	–	
		천안~남포	혼합	3	–	
		천안~장호원	혼합	3	–	
		판교~장항	혼합	3	–	
개천(价川)철도		신안주~개천	여객(가솔린)	4	–	
		신안주~개천	혼합	5	–	
		개천~천동	혼합	4	–	
		신안주~안주	화물	–	2	
		용흥리~개천	화물	2	2	
		개천~천동	화물	1	–	
금강산전기철도		철원~금강구	여객	1	–	
		철원~김화	혼합	5	–	
		김화~창도	혼합	4	–	
		창도~금강구	혼합	3	–	
		철원~김화	화물	–	상행 4회 하행 3회	
		김화~금강구	화물	–	1	
조선경동철도		수원~이천	여객(가솔린)	6	1	
		수원~이천	혼합	1	–	
		수원~이천	화물	1	1	
		수원~양지	화물	–	상행 1회 하행 –	
신흥철도		함남 신흥~함남 송흥	여객(가솔린)	2		

☞ 앞 표에 이어서

철도명	선명	구간	열차종별	정기(定期) (왕복)	부정기(不定期) (왕복)	비고
신흥철도		함남 신흥~ 함남 송흥	혼합	2		
		함남 신흥~ 함남 송흥	화물	–	상행 1회 하행 2회	
		송하~함남 송흥	화물	상행 1회 하행 2회	상행 2회 하행 –	
남조선철도		여수항~여수	여객	하행 2 상행 1	–	
		여수~순천	여객	3	–	
		순천~보성	여객	2	–	
		보성~전남 광주	여객	1	–	
		여수~보성	여객(가솔린)	3	–	
		보성~전남 광주	여객(가솔린)	4	–	
		여수~전남 광주	혼합	2	–	

주) 남조선철도는 1930년 12월 25일 개업으로 원칙적으로는 이 표에는 속하지 않지만, 참고를 위해 1931년 12월 1일 현재를 기준으로 하여 실었다. 이하 각 표에서 동일

〈별표〉 각 노선 열차속도

궤간 (m)	철도명	노선명	구간	최급 기울기	최소 곡선 반경 (쇄)	레일 중량 (kg/m)	평균시속	
							증기열차 (km/h)	가솔린 동차 (km/h)
1.435	조선철도	충북선	조치원~충주	1/60	15	27.2	28.8 이상	–
		경남선	마산~진주	1/40	15	27.2	28.8 이하	–
		경북선	김천~예천	1/40	15	27.2	35.2 이하	–
	조선경남철도		천안~남포	1/66	15	27.2	28.8 이하	38.4 이하
			판교~장항	1/66	15	27.2	25.6 이상	36.8 이상
			천안~장호원	1/66	15	27.2	28.8	–
	금강산전기철도		철원~금강구	1/20	15	27.2	(전기) 28.8 이상	
	남조선철도		여수~전남 광주	1/40	15	27.2	33.6 이상	28.8 이상
0.762	조선철도	황해선	사리원~신천	1/80	8	15.9	19.2 이상	33.6 이하
			신천~수교	1/100	10	20.4	22.4 이하	35.2 이하
			상해~학현	1/60	10	20.4	17.6 이상	33.6 이하

☞ 앞 표에 이어서　　　　　　　　　☞ 앞 표에 이어서

궤간 (m)	철도명	노선명	구간	최급 기울기	최소 곡선 반경 (쇄)	레일 중량 (kg/m)	평균시속 증기열차 (km/h)	평균시속 가솔린 ehd차 (km/h)
0.762	조선철도	황해선	신원~하성	1/66	10	15.9	20.8	-
			화산~내토	1/33	6	12.6	16 이하	-
		함남선	함흥~오로	1/80	8	20.4	19.2 이하	27.2 이상
			오로~함남 신흥	1/80	6	15.9	20.8 이하	33.6 이하
			오로~상통	1/75	8	15.9	17.6 이상	-
			풍상~장풍	1/75	6	15.9	16 이하	-
		함북선	고무산~무산	1/30	3.5	20.4	14.4 이하	-
	개천철도		신안주~개천	1/55	5	12.6	20.8 이하	28.8 이상
			개천~천동	1/60	7	13.6	22.4 이하	-
	조선경동철도		수원~이천	1/50	8	20.4	24 이상	30.4 이상
	신흥철도		함남 신흥~함남 송흥	1/30	8	13.6	14.4 이상	24 이상

〈별표〉 사설철도 차량수

1930년 12월 1일 현재(단위 : 량)

차량	형식	철도명 조선철도					
		충북선	경남선	경북선	황해선	함남선	함북선
기관차	탱크	6	6	6	16	11	10
객차	4륜보기	12	14	8	28	28	10
	4륜차				3		
	가솔린 동차 (4륜보기)				6	3	
	전동차 (4륜보기)						
	계	12	14	8	37	31	10
화차	유개(有蓋) - 4륜보기	39	15	13	34	45	10
	- 4륜차				35	2	
	무개(無蓋) - 4륜보기	4	4	9	70	40	40
	- 4륜차	13	15	8	16	74	

☞ 앞 표에 이어서

차량	형식	철도명					
		조선철도					
		충북선	경남선	경북선	황해선	함남선	함북선
화차	4륜차(광차)						
	계	56	34	30	155	161	50

차량	형식	철도명						합계
		조선경남철도	개천철도	금강산전기철도	조선경동철도	신흥철도	남조선철도	
기관차	탱크	8	6	–	4	4	8	85
객차	4륜보기	18	4	1	2	2	12	139
	4륜차		9		3			15
	가솔린 동차 (4륜보기)	4	2		5		5	25
	전동차 (4륜보기)			10				10
	계	22	15	11	10	2	17	189
화차	유개(有蓋) – 4륜보기	82		2	8	5	20	273
	– 4륜차		12	3		25	20	97
	무개(無蓋) – 4륜보기	20		5	24	10	2	228
	– 4륜차	30	16	3	10		5	190
	4륜차(광차)		64					64
	계	132	92	13	42	40	47	852

〈별표〉 사설철도 여객화물 임률표

(1930년 12월 1일 현재)

철도명		여객 1인 1km당		화물영업 km 할증률	화물 시종 단간 실 1km 1톤 당	화물 실 1km, 1톤 임금 산출 구간
		보통	특등			
		전(錢) 리(厘)	전(錢) 리(厘)	할(割)	전(錢) 리(厘) 모(毛)	
조선철도	충북선	3.1	4.3	12	5 2 8	전 노선에 해당
	경남선	3.1	4.3	12	4 9 6	전 노선에 해당
	경북선	3.1	4.3	12	3 2 2	전 노선에 해당
	황해선	3.1	4.3	12	5 2 4	사리원~수교 간의 거리 해당분을 게기(揭記)함.
조선철도	함남선	3.1	4.3	12	5 4 6	함흥~함남 신흥 간의 거리 해당분을 게기(揭記)함.
	함북선	3.1	–	20	6 3 1	전 노선에 해당
조선경남철도		3.1	4.9	13	4 2 7	천안~남포 간의 거리 해당분을 게기(揭記)함.
개천철도		3.1	–	7	4 4 2	전 노선에 해당
금강산전기철도		3.1	–	12	3 9 5	전 노선에 해당
조선경동철도		3.1	–	10	5 1 8	전 노선에 해당
신흥철도		3.1	–	12	6 2 3	전 노선에 해당
남조선철도		1.55	2.8	–	2 1 7	전 노선에 해당
평균		2.97	4.17	12.2	4 7 2	

제4장
만주사변 후의 사설철도

제1절 제2차 발흥(勃興)시대

　제1차 세계대전 후의 재계 호황을 계기로 갑자기 발흥기로 들어가게 된 조선의 사설철도는 새로운 노선의 면허, 회사 합병, 국유철도로 매수, 면허 실효 등의 많은 변천을 거쳤다. 또한 불황의 시대에도 발전을 계속하여 산업경제 등 국가 성장과 함께 계속 진전해 나가는 기세였다.

　일본과 대륙 사이에 있는 조선의 국유철도는 1931년 만주사변을 맞게 되면서 종래의 조선 개발이라는 기간적인 역할 외에 새로이 군사 수송이라는 중대한 역할을 맡게 되어 철도 건설, 시설(施設), 운수의 각 방면으로 확장 · 개선에 박차를 가하게 되었다. 그리고 1937년에는 중 · 일전쟁이 발발하여 사태는 급격하게 변동하여 한반도는 이른바 대륙 전진기지로서 전략상 중요한 지위를 가지게 되었다. 이것은 조선의 산업경제가 일본과 동일한, 아니 오히려 그 이상으로 중요해지면서 조선의 각 산업에 비약적인 발전을 초래하게 되었다. 이런 발전을 쫓아가면서, 또는 오히려 선구적으로 사설철도를 건설해 나가면서 운수에 있어서 제1차 세계대전 당시를 구가하는 진전을 보게 된다. 따라서 사설철도의 제2차 발흥시대는 1931년부터 1936년까지의 기간으로 보고자 한다. 이 동안의 면허 총 거리는 517.7km, 새로이 출현한 경영자 수는 특수한 경우를 포함하여 12명에 이른다. 기존 경영자 수가 10개 회사였으므로, 급격하게 배 이상으로 확대하기에 이르렀다. 제2차 발흥기로 보는 연유이다.

이 기간의 사설철도의 발전을 개설(概說)하자면 다음과 같다.

1931년 : 신흥철도(주)는 4월 30일 국철 함경선 함흥에서 서호리까지 연장 18.5km, 궤간 0.762m 증기와 전기철도의 부설면허를 얻었다. 함흥~서호진 구간에는 과거 함흥탄광철도(주)가 1913년 9월 29일 부설 허가를 얻어 1915년 12월 20일부터 영업을 개시하고 있었는데, 국철 함경선의 부설로 같은 구간을 병행한다는 이

강삭철도 특수전철기

유로 국가가 매수하여 1922년 12월 1일부터 폐지되었다. 그 후 서호진 지역이 조선질소비료 등의 공장지대로 발전하기에 이르면서, 함흥시가와 화물ㆍ여객의 교류가 왕성해져 다시 사설철도가 나타나게 된 것이다. 이어서 같은 회사는 이미 부설된 함남 송흥에서 도안까지의 구간 28.5km의 부설면허를 9월 15일 얻었다. 이 구간의 부전령(赴戰嶺)이라는 준험한 곳을 넘는데, 700m나 되는 해발고도 차이(標高差)가 나는 철도를 필요로 하여, 조선에서는 최초의 강삭철도(鋼索鐵道, 인클라인) 7.1km가 포함되었으며, 동력으로 전기를 추가한 것도 이 때문이었다. 이상, 이 연도 내의 면허는 1개 회사, 2건, 선로 연장 47km였다.

또한 개업한 선로를 보면, 금강산전기철도(주)는 7월 1일 이미 부설된 금강

구에서 내금강까지의 구간 8.6km를 개업하여, 이것으로 면허 전 노선 116.6km 개업을 완수하였다. 이것은 1919년의 면허 이래 12년, 처음 개업한 1924년 이래로 7년이 지난 후였다.

내금강정거장

조선경남철도(주)는 8월 1일 남포에서 판교까지의 구간 24.3km를 개업하였다. 조선철도(주)는 10월 16일 경북선의 예천에서 안동까지의 구간 32.8km를 개업함으로써, 면허 전 노선 118.1km의 개업을 완수하였다. 이것은 1919년의 면허 이후 12년, 첫 개업인 1924년 이래 7년이 지난 후였다. 황해선은 12월 11일 동해주에서 연안(延安)까지 45.1km 및 동해주에서 용당포까지의 구간 7.4km를 동시에 개업하였다. 조선경동철도(주)는 12월 1일 이천에서 여주까지의 구간 20.3km를 개업하였다. 이상 이 해에 개업한 회사는 4개 회사 6건, 선로 연장 138.5km였다.

1932년 : 남만주철도(주)는 8월 9일 국철 도문선 웅기(雄基)에서 나진까지 15.2km, 궤간 1.435m 증기철도 부설면허를 얻었다. 이것은 조선과 만주 직통의 수송로를 나진항에 수축(修築)하는 것과 동시에 실현할 것을 전제로 한 것이었다. 이 철도는 드디어 나진항이 완성되자 도문선과 연결되어 두만강을 남양 및 상삼봉 양쪽 국제교로 넘어 만주국 간도성을 통과하게 되는데, 전자는 목단강(牡丹江)에서 하얼빈으로, 후자는 길림에서 신경(新京)으로 이르

남양역

는 일대 교통로를 형성하는 웅대한 계획의 한 부분이 되는 것이었다. 이상 이 해에 면허는 1건뿐이었다.

개업 노선에 대해서 살펴보면 신흥철도(주)는 1월 15일 함남 송흥역을 하송흥까지 1km 이전하여 개업하였다. 이것으로 함남 신흥~함남 송흥 구간은 20km가 되었다. 조선철도(주)는 9월 1일 황해선의 기존 부설된 연안에서 토성까지의 34.1km를 개업하였다. 이것으로 국철 경의선으로 연결하는 역은 사리원 및 토성 두 곳이 되는데, 특히 토성역의 연결로 경성 방면과의 교통은 한결 더 편리해지게 되었다. 이상 이 해에 개업한 노선은 2사 2건, 선로 연장은 35.1km였다.

1933년 : 신흥철도(주)는 7월 4일 상통에서 구진리(舊津里)까지의 구간 62.9km의 부설면허를 얻었다. 이 구간은 구 조선삼림철도(주)(1923년 9월 1일 합병으로 조선철도(주)가 되었다)의 면허 노선이었는데 1931년에 면허는 실효되었다. 이상, 1933년에 면허는 1건이었다.

개업 노선에 대해서 살펴보면 신흥철도(주)는 5월 1일 서함흥(함흥)에서 천기리까지의 구간 14.9km 및 9월 10일 기존 부설된 함남 송흥에서 부전호반(赴戰湖畔)까지 30.6km를 개업하였다. 후자의 구간에는 부전령의 준험한 곳을 넘는 함남 송흥~부전령 7.1km의 전기동력의 강삭철도가 있는데, 조선에서

부전호

이런 종류의 시설은 최초로 실현된 것이 된다. 조선철도(주)는 7월 1일 황해선 동해주에서 해주까지 2.3km를 개업하였다. 조선경남철도(주)는 10월 20일 기존 부설된 장항에서 장항잔교(棧橋)까지 0.7km를 개업하였다. 이상 이 해 개업선은 3개 회사 4건, 선로 연장은 48.5km였다.

1934년 : 혼춘(琿春)철로고빈유한공사(= 주식회사, 1938년 6월 동만주철도(주)로 철도 및 부속물건을 양도하였다)는 함경북도 국철 위탁의 북선선(北鮮線) 훈융(訓戎)역에서 두만강 중심까지 1km, 궤간 0.762m의 철도부설 면허를 얻었다. 이 철도는 만주국 쪽 혼춘현 혼춘까지의 14.8km로 연속되는 것으로, 조선의 최북단 국제철도이다. 이상 1934년에 면허는 1건이었다.

개발 노선에 대해서 살펴보면 신흥철도(주)는 전년도 면허를 얻은 상통~구진리 구간의 상통에서 삼거(三巨)까지 15.1km를 9월 1일에 개업하였고, 이어 11월 1일 삼거에서 구진까지 46.7km를 개업하였다. 후자의 구간에서는 삼거~황초령 간 6.9km의 강삭철도가 있는데, 이는 전년도에 개업한 함남 송흥~부전령 간 7.1km의 강삭철도와 함께 조선의 특수철도이다. 이상 1934년에 개업한 노선은 1사 2건, 선로 연장은 61.8km였다.

1935년 : 다사도(多獅島)철도(주)는 1월 21일 국철 경의선의 종단(終端) 신의주에서 평안북도 다사도까지의 39.3km, 궤간 1.435m의 철도부설 면허를 얻었다. 신의주와 건너편인 만주 측 안동은 모두 압록강 유벌(流筏, 베어낸 나무를 강물로 띄워 보냄)의 집산지로, 황해로 통하는 배로 연결되는(舟運) 교통편으로 번영해 왔는데, 약 12월부터 다음해 3월까지의 겨울 기간은 압록강의 동결로 인해 이러한 경제활동이 모두 정지

다사도역

되는 단점을 가지고 있다. 그러나 하류 30km 정도 되는 다사도 부근은 혹한일 때도 얼지 않으므로, 이것을 이용할 수 있게 되면 1년 동안 경제활동이 가능해지는 것이다. 이것에 착안하여 철도부설을 하게 된 것이다. 다른 한편으로 다사도의 항구 건설도 진행되어 양쪽 계획이 진척되어 나갔다.

이어 같은 회사는 12월 10일 같은 철도의 양시(楊市)에서 분기하여 국철 경의선 남시(南市)까지 18km 지선의 부설면허를 얻었다. 이것으로 이 철도는 경의선 양쪽으로 접속하게 되어 경의선의 복선적인 역할도 맡게 되었다.

전라북도 군산부(群山府, 府는 당시의 행정구역임)에서는 부의 경영 사업으로서, 2월 28일 국철선 군산항역에서 같은 부 해망정(海望町)까지의 구간 임항(臨港) 철도 1km, 궤간 1.435m의 철도부설 면허를 얻었다. 이 철도는 같은 해 5월 11일 개통하였는데, 동시에 국가가 대여하여 국제선의 일부로 운영하였다.

조선경동철도(주)는 7월 5일 기존 부설된 여주에서 경기도 점동면까지 16km 노선에 이어 9월 23일 국철 경부선 수원에서 인천항까지 54km, 궤간 0.762m 증기, 가솔린 철도의 부설면허를 얻었다. 이 철도는 인천항과 수원을 연결하고 나아가 이미 부설된 노선을 통해 오지와의 중요한 교통로를 형성하는 것이 되었다. 조선철도(주)는 10월 10일 황해선 기존 면허 노선의 도중인 취야에서 옹진까지의 구간 25.2km의 철도부설 면허를 얻었다. 이상 1935년의 부설 면허는 4회사 6건, 선로 연장은 153.5km에 이른다. 개업 노선에 대해 살펴보면 남만주철도(주)는 11월 1일 웅기~나진 15.2km의 개업을 하였다. 혼춘(琿春)철로고빈유한공사는 11월 1일 훈융~두만강 중심 1km를 개업하였다. 이상 1935년의 개업 노선은 전술(前述)한 것과 같이 군산부영(群山府營)철도를 포함하여 3개 회사 3건, 17.2km였다.

1936년 : 삼척철도(주)는 3월 2일 강원도 동해안 정라(汀羅)에서 도계(道溪)까지의 35.7km, 궤간 1.435m의 철도부설 면허를 얻었다. 이 철도는 삼척지구의 무연탄 지하자원 개발을 주목적으로 하며, 그 수송기관으로서 계획된 것이다. 이 무연탄광은 지리적으로 교통이 불편한 강원도 오지에 있으며, 지역적으로도 불리한 조건이 많았으므로 개발이 늦어져 있었던 것으로 보인다. 일본전력회사는 발전연료의 확보를 위해 삼척탄광에 관심을 가지고 소유자인 조선무연탄 회사로부터 권리를 받아 개발에 착수, 삼척개발회사가 창립되어 채광을 시작하기에 이르렀다. 무연탄을 내지(內地)로 적출하는 항구는 처음 정라를 기점으로 하여 철도 면허를 얻었지만, 다음해 3월 25일 이것을 묵호(墨湖)로 변경하여 철도 연장도 6km 늘어나 전체 41.7km가 되었다.

경춘철도(주)는 7월 13일 경성부(京城府) 청량리에서 강원도 춘천까지의 구간 92.2km, 궤간 1.435m 증기와 경유(輕油)철도 부설면허를 얻었다. 춘천은 강원도 거의 중앙에 있는 도청소재지 및 주요 지방 도시로 철도부설 요청은 예부터 있었다. 1920년에 경춘전기철도(주)가 경성~춘천 간에 면허를 얻었지만 오랫동안 공사에 착수하지 못해 그만 1926년에 면허의 효력을 상실하였다. 그 후 철도부설에 대한 운은 따르지 못했는데, 드디어 이 시기에 이르러 다시 부설면허를 얻게 되었다. 춘천이 경성과 가까운 곳임에도 불구하고 철도의 혜택을 입지 못한 것은, 연선(沿線)의 농림산업 이외에는 두드러지는 산업 없이 춘천 이외에 특별한 도읍도 없었던 것이 주요한 이유인 것 같다. 그러나 조선에서 산업 개발이 진행되고 경제활동이 활발해진 기세로, 드디어 경성과 춘천의 관민(官民) 사이에서 철도부설에 대한 의지가 생겨나 자본금 1천만 엔의 철도회사가 탄생하였다. 면허는, 처음에는 경성 교외의 청량리에서 춘천까지 92.2km였는데, 1937년 6월 15일 사업계획서의 변경으로 기점을 경성부의 제기정(祭基町)으로 옮겨, 선로 연장이 95.6km가 되었다. 그러나 공사시행으로 결국 93.5km가 되었다.

조선의 수많은 사설철도 대부분이 일본 자본가에 의해 건설되었지만, 이 철도는 다음에 언급할 조선평안철도와 함께 조선에 거주하는 사람들과 조선 내 자본에 의해 태어나게 된, 이른바 순수한 조선산 사설철도라고 할 수 있는 것이었다.

평안철도 본사(진남포)

조선평안철도(주)는 9월 7일 국철 평남선 진남포(鎭南浦)에서 평안남도 귀성
(貴城)면 용강온천까지의 구간 35.7km, 궤간 1.435m의 철도부설 면허를 얻
었다. 이 철도는 연선 주변으로 광량만(廣梁灣)의 큰 제염(製鹽)장으로 산출하
는 소금 수송을 주요 목적으로 계획되었으며, 더불어 연선 주변 농산물의 수
송 및 용강온천 여객의 편의를 도모하기 위한 것이었다.

단풍(端農)철도(주)는 12월 26일 국철 함경선 단천(端川)에서 함경남도 천
남면 홍군리까지의 구간 74.5km, 궤간 1.435m의 철도부설 면허를 얻었다.
이 철도는 함경남도 동북부 오지의 전원(電源)개발이 주요 목적으로 장진강
수력전기회사의 언제(堰堤, 댐) 공사로 사용할 자재 수송을 위해 계획된 것인
데, 연선지방 개발보다는 오지의 삼림자원 개발에 공헌하게 되었다. 이상으로
1936년의 부설면허는 4개 회사 4건, 선로 연장은 238.1km에 이른다.

개업선에 대해서 살펴보면 신흥철도(주)는 3월 5일 기존 부설된 천기리(天機
里)~내호(內湖) 간 1.7km를, 이어서 12월 15일에는 내호~서호리 간 1.7km
를 개업하였다.

조선철도(주)는 8월 31일 황해선 기존 부설된 해주~동포 간 7.5km를, 이어
12월 11일 해주~취야 간 15.6km를 개업하였다. 이상 1936년 개업한 노선은
2회사 4건, 선로 연장 26.5km였다.

이상 1931년부터 1936년까지 6년 동안의 사설철도 부설면허 및 개업선의 상황을 개략적으로 서술해 보았다. 서술한 내용 이외의 변동 내용을 기술하자면 다음과 같다.

조선철도(주) 경남선은 부설 허가선 마산~원촌 간 183.4km 중, 개업선 마산~진주 간 70km는 1931년 4월 1일 국가가 매수하였고, 미 개업선도 동시에 부설 허가를 실효(失效)하였다. 금강산전기철도(주)의 미 개업선 창도~화천 간 33.8km는 1931년 2월 그 면허를 실효하였다.

조선경남철도(주)의 미 개업선 장호원~여주 간 19.8km는 1931년 2월 그 면허를 실효하였다.

조선철도(주) 함남선의 면허 노선 중 1919년 6월 12일 부설 허가를 받은 함흥~장진~후주 고읍 230.1km 중, 미 개업 구간으로 되어 있는 상통~장진~후주 고읍 구간에서 고토(古土)~장진 간 95.1km 및 장진~후주 고읍 간 83.7km는 1931년 3월에, 상통~고토 간 27.2km는 같은 해 7월에 그 부설 허가를 실효하였다. 또한 같은 회사 함북선 중에 미 개업 구간인 무산~합수 간 133.1km는 1931년 8월 그 부설 허가를 실효하였다.

개천철도(주)는 1916년 5월 3일 개업 이래 17년간에 걸쳐 영업을 계속해 왔던 신안주~천동(泉洞) 간 36.9km의 개업선 전 노선을 1933년 4월 1일 국가가 매수하여 회사가 소멸되었다.

신흥철도(주)는 1934년 11월 1일 개업한 삼거~구진 간 46.7km 중 종점 구진에서 얼마 안 되는 곳인 신대(新垈)까지의 12.4km는 1935년 7월, 신대에서 바로 앞인 사수(泗水)까지 3km는 같은 해 8월에 모두 장진강 수력전기 저수지 댐 공사 완성으로 침수(浸水)되어 선로가 제거되고 영업을 폐지하였다.

남조선철도(주)는 1927년 4월 5일 순천~여수 간 외에 두 구간 및 같은 해 8월 15일 보성~광주 간의 부설면허를 얻어 1930년 12월 25일 순천~여수 및 순천~광주 간 160km의 영업을 개시하였는데, 1936년 3월 1일 국가가 매수하면서 미 개업 구간의 면허도 실효하게 되어 회사는 소멸하였다.

조선강삭철도(주)는 1929년 5월 25일 경성부 본정(本町)~남산 산정 간 1.4km의 강삭전기철도의 부설면허를 얻었지만, 착공에 이르지 못하고 1933년 2월 면허를 실효하였다.

제2절 사업개황

선로 연장

1931년부터 1936년까지 6년간 사설철도의 선로 연장은 〈표 11-24〉에, 연도별 개업선의 상황은 〈표 11-25〉로 나타냈다. 연간 개업거리 평균은 56.6km이며, 100km를 넘은 것은 1931년뿐이었다.

1936년 말의 개업선, 미 개업선의 상황은 〈표 11-26〉에, 또한 궤간 및 동력별 상황은 〈표 11-27〉 및 〈표 11-28〉에 나타낸 대로이다. 이 선로들 중에 표준궤(1.435m)는 개업선에서 50% 이상, 미 개업선을 포함한 경우 53% 이상이었다. 또한 동력별로는 증기·경유 겸용철도는 개업선에서 75%, 미 개업선을 포함한 경우 80%가 되어 압도적인 강세를 나타냈으며, 기타는 10% 이하였다.

또한 이 기간의 사설철도의 면허, 개업, 미 개업의 상황 외에 매수, 양도, 면허의 실효 기타 변동은 〈표 11-29〉 일람표로 표시하였다.

웅라선의 첫 출발 열차

〈표 11-24〉 사설철도의 누계년도 면허선 거리

(1936년 말, 단위 km)

연도	연도 내		매수, 양도, 폐지로 인한 감소		차인 누계		비고
	면허선	개업선	면허선	개업선	면허선	개업선	
1930					1,973.9	1,076.8	1930년 말 현재
1931	47	138.5	569.7	70	1,451.2	1,145.3	
1932	15.2	35.1	1.4	–	1,465.0	1,180.4	
1933	62.9	48.5	36.9	36.9	1,491.0	1,192.0	
1934	1	61.8	–	–	1,492.0	1,253.8	
1935	153.5	17.2	16.5	15.4	1,629.0	1,255.6	
1936	238.1	26.5	282.7	160	1,584.4	1,122.1	
계	517.7	327.6	907.2	282.3			

주) 면허선의 거리는 건설공사 시행으로 종종 변경되어 개업선의 거리와는 일치하지 않는다.

〈표 11-25〉 사설철도 연도별 개업선로

(1931년~1936년, 단위 km)

철도명		1930년 말		1931년 말		1932년 말	
		구간	거리	구간	거리	구간	거리
조선가스전기		부산진~동래	9.5				
개천철도		신안주~천동	36.9				
조선철도	경남선	마산~진주	70	마산~진주	△70.0		
	충북선	조치원~충주	94				
	경북선	김천~예천	85.3	예천~안동	32.8		
	황해선	사리원~동해주	130.9	동해주~ 용당포~연안	52.5	연안~토성	34.1
	함남선	함흥~함남 신흥	56.6				
	함북선	고무산~무산	60.1				
금강산전기철도		철원~금강구	108	금강구~내금강	8.6		
조선경남철도		천안~장항~ 장호원	189	남포~판교	24.3		
조선경동철도		수원~이천	53.1	이천~여주	20.3		

☞ 앞 표에 이어서

철도명		1930년 말		1931년 말		1932년 말	
		구간	거리	구간	거리	구간	거리
남조선철도		여수~광주	160				
천내리철도		용담~천내리	4.4				
신흥철도		함남 신흥~ 함남 송흥	19			함남 송흥~ 하송흥	1
남만주철도(웅기선)							
혼춘철로							
군산부영철도							
합계		1,076.80		68.5		35.1	
누계				1,145.3		1,180.4	
해당 연도 개업 거리				138.5		35.1	
매수, 양도, 폐지에 의한 감소(△)				△70.0			

철도명		1933년 말		1934년 말		1935년 말	
		구간	거리	구간	거리	구간	거리
조선가스전기							
개천철도		신안주~천동	△36.9				
조선 철도	경남선						
	충북선						
	경북선						
	황해선	동해주~해주	2.3				
	함남선						
	함북선						
금강산전기철도							
조선경남철도		장항~장항잔교	0.7				
조선경동철도							
남조선철도							
천내리철도							
신흥철도		함남 송흥~ 부전호반~ 서함흥~천기리	30.6 14.9	상통~삼거 ~구진	61.8	사수~구진	△15.4
남만주철도(웅기선)						웅기~나진	15.2

☞ 앞 표에 이어서

철도명	1933년 말		1934년 말		1935년 말	
	구간	거리	구간	거리	구간	거리
혼춘철로					훈융, 두만강 중심	1
군산부영철도					군산항역~ 해망정	1
합계	11.6		61.8		1.8	
누계	1,192.0		1,253.8		1,255.6	
해당 연도 개업 거리	48.5		61.8		17.2	
매수, 양도, 폐지에 의한 감소(△)	△36.9				△15.4	

철도명		1936년 말		계		비고
		구간	거리	구간	거리	
조선가스전기				부산진~동래	9.5	
개천철도					–	1933. 4. 1. 국가가 매수
조선철도	경남선				–	1931. 4. 1. 국가가 매수
	충북선			조치원~충주	94	
	경북선			김천~안동	118.1	
	황해선	해주~동포~취야	23.1	사리원~해주~토성	242.9	
	함남선			함흥~함남 신흥	56.6	
	함북선			고무산~무산	60.1	
금강산전기철도				철원~내금강	116.6	
조선경남철도				천안~장항잔교, 천안~장호원	214	
조선경동철도				수원~여주	73.4	
남조선철도		여수~광주	△160.0		–	1936. 3. 1. 국가가 매수
천내리철도				용담~천내리	4.4	1927. 11. 1. 국가에 대여
신흥철도		천기리~내호~ 서호리	3.4	함흥~서호진~사수	115.3	
남만주철도(웅기선)				웅기~나진	15.2	
혼춘철로				훈융, 두만강 중심	1	

☞ 앞 표에 이어서

철도명	1936년 말		계		비고
	구간	거리	구간	거리	
군산부영철도			군산항역~해망정	1	1935. 5. 11. 국가에 대여
합계	△133.5		1,122.1		
누계	1,122.1				
해당 연도 개업 거리	26.5		327.6		
매수, 양도, 폐지에 의한 감소(△)	△160.0		△282.3		

〈표 11-26〉 사설철도 개업선, 미 개업선 상황

(1936년 말 현재, 단위 km)

회사명	노선명	개업선		미 개업선		비고
		구간	거리(km)	구간	거리(km)	
조선가스전기(주)		부산진~동래	9.5			협궤(0.762m)
조선철도(주)	충북선	조치원~충주	94.0			
	경북선	김천~안동	118.1			
	황해선	사리원~수교	64.1	수교~장연	17.7	협궤(0.762m)
		상해~내토	15.1	신천~저도	47	협궤(0.762m)
		화산~하성	23.3	신천~취야	53.3	협궤(0.762m)
		신원~용담포	35.8	취야~옹진	24.7	협궤(0.762m)
		해주~토성	81.5			협궤(0.762m)
		해주~취야	15.6			협궤(0.762m)
		해주~동포	7.5			협궤(0.762m)
		소계	242.9		142.7	협궤(0.762m)
	함남선	함남~상통	30.3			협궤(0.762m)
		오로~장풍	11.2			협궤(0.762m)
		풍상~함남 신흥	15.1			협궤(0.762m)
		소계	56.6			
	함북선	고무산~무산	60.1			협궤(0.762m)
	계		571.7		142.7	
금강산전기철도(주)		철원~내금강	116.6			
조선경남철도(주)		천안~장호원	69.8			
		천안~장항잔교	144.2			
	계		214			

☞ 앞 표에 이어서

회사명	노선명	개업선		미 개업선		비고
		구간	거리 (km)	구간	거리(km)	
조선경동철도(주)		수원~여주	73.4	여주~점동면	16	협궤(0.762m)
				수원~인천항	54	협궤(0.762m)
	계		73.4		70	
천내리철도(주)		용담~천내리	4.4			1927년 11월 국가에 대여
신흥철도(주)		상통~사수	46.4			협궤(0.762m)
		함남 신흥~부전호반	50.6			
		서함흥~서호리	18.3			
	계		115.3			
남만주철도(주)	웅라선	웅기~나진	15.2			
훈춘철로고빈(유)		훈융~도문교 중심	1			협궤(0.762m)
다사도철도(주)				신의주~다사도	37.6	
				남포~양시	18	
	계				55.6	
군산부영철도		군산항역~해망정	1			1935년 5월 11일 국가에 대여
삼척철도(주)				정라~도계	35.7	
경춘철도(주)				경성~춘천	92.2	
조선평안철도(주)				남포~용강온천	35.7	
단풍철도(주)				단천~홍군리	74.5	
합계			1,122.1		506.4	

〈표 11-27〉(1) 궤간별 명세

(단위 km, %)

궤간	표준궤(1,435m)		협궤(0.762m)		계	
	km	%	km	%	km	%
개업선	563.3	50	558.8	50	1,122.1	100
미 개업선	293.7	58	212.7	42	506.4	100
계	857	53	771.5	47	1,628.5	100

〈표 11-27〉(2) 사설철도 궤간별 거리표

(1936년 말, 단위 km)

종별	개업선			미 개업선			합계		
	1,435m	0.762m	계	1,435m	0.762m	계	1,435m	0.762m	계
거리	563.3	558.8	1,122.1	293.7	212.7	506.4	857	771.5	1,628.5
노선수	8	8	16	5	2	8	14	8	22
경영자	6	5	10	5	2	8	11	5	15

주) 한 경영자가 개업·미 개업선 및 두 개 선로 이상을 보유하므로, 경영자수의 합계와 내역은 일치하지 않는다.

〈표 11-28〉 사설철도 동력별 거리표

(1936년 말, 단위 km)

종별	개업선						미 개업선		
	증기	증기경유병용	전기	증기전기병용	증기전기경유병용	계	증기	증기경유병용	계
거리	80.7	838.3	116.6	55.9	30.6	1,122.1	35.7	470.7	506.4
점유비율 (%)	(7)	(75)	(10)	(5)	(3)	(100)	(7)	(93)	(100)
노선수	4	9	1	2	1	17	1	6	7
경영자	4	5	1	2	1	13	1	6	7

종별	합계					
	증기	증기경유병용	전기	증기전기병용	증기전기경유병용	계
거리	116.4	1,309.0	116.6	55.9	30.6	1,628.5
점유비율(%)	(7)	(80)	(7)	(4)	(2)	(100)
노선수	5	15	1	2	1	25
경영자	5	9	1	2	1	15

주) 한 경영자가 개업선·미 개업선 및 두 개 선로 이상 또는 동력이 다른 노선을 보유하므로, 경영자의 합계와 내역
은 일치하지 않는다.

〈표 11-29〉 사설철도 상황 일람표

(1931년~1936년)

회사명		면허선					
		구간		거리 (km)	궤간 (m)	동력	면허 연월일
		도명	지명				
조선가스전기(주)		경상남도	부산진~동래	9.3	0.762	증기 전기	1909. 6. 29.
개천철도(주)		평안남도	신안주~개천	29.6	0.762		1916. 5. 13.
			개천~천동	7.3	0.762		1917. 12. 3.
계				36.9			
조선철도 (주)	충북선	충청남도 충청북도	조치원~충주	94	1.435	증기 경유	1917. 8. 18.
	소계			94			
	경남선	경상남도 전라남도	마산~원촌	183.4	1.435	증기	1918. 7. 13.
	소계			183.4			
	경북선	경상북도	김천~안동	116.3	1.435	증기	1919. 10. 16.
	소계			116.3			
	황해선	황해도	내토~상해	15.1	0.762	증기 경유	1919. 5. 16.
			사리원~저도	82.1	0.762		1919. 10. 10.
			석탄~해주	52.9	0.762		1919. 10. 10.
			신원~하성	5.1	0.762		1919. 10. 10.
			신천~용당포	76.3	0.762		1919. 10. 10.
			신천~장연	29.9	0.762		1919. 10. 10.
			토성~해주	76.6	0.762		1929. 5. 30.
			취야~옹진	25.2	0.762 ·		1935. 10. 10.
	소계			363.2			
	함남선	함경남도 평안북도	함흥~장진 후주 고읍	230.1	0.762	증기 경유	1919. 6. 12.
		함경남도	오로~함남 신흥	23.6	0.762		1920. 12. 10.
			풍상~장풍	2.7	0.762		1920. 12. 10.
	소계			256.4			
	함북선	함경북도	고무산~무산~ 합수	193.1	0.762	증기	1919. 6. 12.
	소계			193.1			
합계				1,200.00			

☞ 앞 표에 이어서

회사명	면허선					
	구간		거리 (km)	궤간 (m)	동력	면허 연월일
	도명	지명				
금강산전기철도(주)	강원도	철원~화천	101.4	1,435	전기	1919. 8. 12.
		창도~장연리	48.7			1926. 12. 27.
계			150.1			
조선경남철도(주)	충청남도	군산 대안~안성	158.8	1,435	증기 경유	1919. 9. 30.
	경기도					
	경기도	안성~여주	61.1			1925. 9. 3.
계			219.9			
조선경동철도(주)	경기도	수원~여주	69.3	0.762	증기 가솔린	1920. 3. 3.
		여주~점동면	16.0		증기 경유	1935. 7. 5.
		수원~인천항	54.0			1935. 9. 23.
계			139.3			
남조선철도(주)	전라남도	순천~여수	38.6	1,435	증기	1927. 4. 5.
		순천~용당	135.2			
		용소~삼영	40.2			
		보성~광주	68.4			1927. 8. 15.
계			282.4			
천내리철도(주)	함경남도	용담~천내리	4.4	1,435	증기	1927. 4. 20.
조선강삭철도(주)	경기도	경성부 본정	1.4	1,067	전기	1929. 5. 22.
		남산 산정				
신흥철도(주)	합경남도	함남 신흥~ 함남 송흥	19.0	0.762	증기 경유	1930. 1. 15.
		함흥~서호리	18.5		증기 경유	1931. 4. 30.
		함남 송흥~도안	28.5		증기 전기 경유	1931. 9. 15.
		상통~서수	46.4		증기 전기	1933. 7. 4.
		(구진)	(62.9)			
계			128.9			
남만주철도(주) 웅기선	함경북도	웅기~나진	15.2	1,435	증기	1932. 8. 9.
혼춘철로고빈(유)	함경북도	훈융~ 두만강 중심	1.0	0.762	증기 경유	1934. 9. 18.

☞ 앞 표에 이어서

회사명	면허선					
	구간		거리 (km)	궤간 (m)	동력	면허 연월일
	도명	지명				
다사도철도(주)	평안북도	신의주~다사도	37.6	1,435	증기 경유	1935. 1. 21.
		남시~양시	18	1,435		1935. 12. 10.
계			55.6			
군산부영철도	전라북도	군산항역~해망정	1	1,435	증기	1935. 2. 28.
삼척철도(주)	강원도	정라~도계	35.7	1,435	증기	1936. 3. 2.
경춘철도(주)	경기도	경성(청량리)~춘천	92.2	1,435	증기 경유	1936. 7. 13.
	강원도					
조선평안철도(주)	평안남도	진남포~용강온천	35.7	1,435	증기 경유	1936. 9. 7.
단풍철도(주)	함경남도	단천~홍군리	74.5	1,435	증기 경유	1936. 12. 26.

회사명		개업선			미 개업선		비고
		구간	거리 (km)	개업 연월일	구간	거리 (km)	
조선가스전기(주)		부산진~동래	9.5	1909. 12. 19.			1912. 7. 11. 개량공사로 궤간 0.610m를 0.762m로, 거리 10km를 9.3km로 변경하였다. 1915. 1. 30. 동력 전기를 병용하였다. 1927년 개업 거리가 0.2km 증가하였다.
개천철도(주)		신안주~개천	29.6	1916. 5. 15.			1933년 4월 1일에 매수
		개천~천동	7.3	1918. 12. 1.			
계			36.9				
조선철도 (주)	충북선	조치원~청주	22.7	1921. 11. 1.			
		청주~청안	23.9	1923. 5. 1.			
		청안~충주	47.4	1928. 12. 25.			
	소계		94				

☞ 앞 표에 이어서

회사명		개업선			미 개업선		비고
		구간	거리 (km)	개업 연월일	구간	거리 (km)	
조선철도 (주)	경남선	마산~군북	29.4	1923. 12. 1.	진주~원촌	113.4	이 철도는 1918. 7. 13. 부설 허가를 받아 송정리에서 원촌을 경유 마산까지의 구간에 포함되는 것으로 송정리~담양 구간(담양~원촌 구간은 미개업)의 전남선은 1928. 1. 1. 국가의 매수로 인해 남게 된 것인데 이것도 1931. 4. 1. 국가가 매수하게 된다.
		군북~진주	40.6	1925. 6. 15.			
	소계		70.0			113.4	
	경북선	김천~상주	36.0	1924. 10. 1.			
		상주~점촌	23.8	1924. 12. 25.			
		점촌~예천	25.5	1928. 11. 1.			
		예천~안동	32.8	1931. 10 .16.			
	소계		118.1				
	황해선	내토~상해	15.1	1919. 5. 20.	신천~저도	47.0	
		사리원~재령	21.5	1920. 12. 21.	신천~취야	53.3	
		재령~신천	13.6	1921. 10 .16.	취야~옹진	24.7	
	황해선	화산~미력	7.9	1924. 9. 1.	수교~장연	17.7	
		미력~하성	15.4	1925. 9. 1.			
		신천~수교	29	1929. 11. 1.			
		신원~학현	22	1929. 12. 21.			
		학현~동해주	6.4	1930. 12. 11.			
		동해주~용당포	7.4	1931. 12. 11.			
		동해주~연안	45.1	1931. 12. 11.			
		연안~토성	34.1	1932. 9. 1.			
		동해주~해주	2.3	1933. 7. 1.			
		해주~동포	7.5	1936. 8. 31.			
		해주~취야	15.6	1936. 12. 11.			
	소계		242.9			142.7	

☞ 앞 표에 이어서

회사명		개업선			미 개업선		비고
		구간	거리 (km)	개업 연월일	구간	거리 (km)	
조선철도 (주)	함남선	함흥~만재교	2.5	1923. 8. 25.	상통~고토	27.2	1931년 7월 면허를 실효하였다.
		만재교~오로	14.5	1923. 6. 10.	고토~장진	95.1	1931년 3월 면허를 실효하였다.
		오로~장풍	11.2	1923. 8. 25.	장진~ 후주 고읍	83.7	1931년 3월 면허를 실효하였다.
		오로~상통	13.3	1926. 10. 1.			
		풍상~함남 신흥	15.1	1926. 10. 1.			
	소계		56.6			206	
	함북선	고무산~신참	35.7	1927. 8. 20.	무산~합수	133	무산~합수 구간 1931년 8월 면허를 실효하였다.
		신참~무산	24.4	1929. 11. 15.			
	소계		60.1			133	
합계			641.7			595.1	
금강산전기철도(주)		철원~김화	28.8	1924. 8. 1.	창도~화천	33.8	창도~화천 구간은 1931년 2월 면허를 실효하였다.
		김화~금성	22.2	1925. 12. 20.			
		금성~탄감리	8.6	1926. 9. 15.			
		탄감리~창도	8.0	1927. 9. 1.			
		창도~현리	15.1	1929. 4. 15.			
		현리~화계	12.0	1929. 9. 23			
		화계~금강구	13.3	1930. 5. 15.			
		금강구~내금강	8.6	1931. 7. 1.			
계			116.6			33.8	
조선경남철도(주)		천안~온양온천	14.7	1922. 6. 1.	장호원~여주	19.8	장호원~여주 구간은 1931년 2월 면허를 실효하였다.
		온양온천~예산	25.9	1922. 6. 15.			
		예산~홍성	22	1923. 11. 1.			
		홍성~광천	12.7	1923. 12. 1.			
		광천~남포	24.8	1929. 12. 1.			
		남포~판교	24.3	1931. 8. 1.			
		판교~장항	19.1	1930. 11. 1.			

하 앞 표에 이어서

☞ 앞 표에 이어서

회사명	개업선			미 개업선		비고
	구간	거리 (km)	개업 연월일	구간	거리 (km)	
조선경남철도(주)	장항~장항잔교	0.7	1933. 10. 20.			
	천안~안성	28.4	1925. 11. 1.			
	안성~죽산	18.6	1927. 4. 16.			
	죽산~장호원	22.8	1927. 9. 15.			
계		214			19.8	
조선경동철도(주)	수원~이천	53.1	1930. 12. 1.	여주~점동면	16	
	이천~여주	20.3	1931. 12. 1.	수원~인천항	54	
계		73.4			70	
남조선철도(주)	순천~여수	40.2	1930. 12. 25.	보성~용당	83.8	1936년 3월 1일 국가가 매수함.
	순천~광주	119.8	1930. 12. 25.	용소~삼영	40.2	
계		160			124	
천내리철도(주)	용담~천내리	4.4	1927. 11. 1.			1927년 11월 1일 국가에 대여
조선강삭철도(주)				경성부 본정 ~남산 산정	1.4	1933년 2월 면허 실효하였다.
신흥철도(주)	함남 신흥~ 함남 송흥	19	1930. 2. 1.			함남 송흥을 하송리까지 1km 이동한 것이다. 따라서 함남 신흥~함남 송흥 간은 20km가 되었다.
	함남 송흥~ 하송흥	1.0	1932. 1. 15.			
	함남 송흥~ 부전호반	30.6	1933. 9. 10.			
	서함흥~천기리	14.9	1933. 5. 1.			
	천기리~내호	1.7	1936. 3. 5.			
	내호~서호리	1.7	1936. 12. 15.			

☞ 앞 표에 이어서

회사명	개업선			미 개업선		비고
	구간	거리 (km)	개업 연월일	구간	거리 (km)	
신흥철도(주)	상통~삼거	15.1	1934. 9. 1.			장진강 수력발전 저수지 제방(댐) 공사 준공으로 수몰되어 신대~구진 간 12.4km는 1935년 7월, 사수~신대 간 3km는 1935년 8월 폐지되었다. 따라서 종점은 사수(泗水)가 되고 삼거~사수 거리는 31.3km가 되었다.
	삼거~사수	31.3	1934. 11. 1.			
	(구진)	(15.4)				
		(130.7)				
계		115.3				
남만주철도(주) 웅기선	웅기~나진	15.2	1935. 11. 1.			
혼춘철로고빈(유)	훈융~두만강 중심	1	1935. 11. 1.			
다사도철도(주)				신의주~다사도	37.6	
				남시~양시	18	
계					55.6	
군산부영철도	군산항역~해망정	1	1935. 5. 11.			1935년 5월 11일 국가에 대여
삼척철도(주)				정라~도계	35.7	1937년 3월 기점 정라를 묵호로 변경하여, 거리도 41.7km가 되었다.
경춘철도(주)				경성~춘천	92.2	당초 면허는 경성부 청량리~춘천 간 92.2km였는데, 1937년 6월 15일 사업계획서 변경으로 경성부 제기정~춘천 간 95.6km로 변경하였다.

☞ 앞 표에 이어서

회사명	개업선			미 개업선		비고
	구간	거리 (km)	개업 연월일	구간	거리 (km)	
조선평안철도(주)				진남포~ 용강온천	35.7	
단풍철도(주)				단천~홍군리	74.5	

영업시설

열차운전 및 차량 : 1936년 12월 1일 현재를 기준으로 열차운전에서 조선철도(주) 외 각 철도의 노선, 구간, 열차 종류에 대한 상황은 다음의 표와 같다. 또한 열차운행 상황은, 1934년까지는 모든 열차에 대한 운행상황을 설명하고 있으나, 1935년 이후의 기록은 주요 열차만을 기록하고 있어 상세한 내용은 알 수 없다. 따라서 참고로 1934년 12월 1일 현재를 기준으로 한 내용도 수록하기로 했다.

〈표 11-30〉(1) 열차운전 횟수표

(1936년 12월 1일 현재)

철도명	노선명	구간	열차종류	운전횟수 (왕복)	비고
조선철도	충북선	조치원~충주	여객(경유), 혼합	5	
	경북선	김천~경북 안동	여객(경유), 혼합	6	
	황해선	사리원~상해	여객, 혼합	11	이 외에 정기화물열차에는 객차를 연결하여 임시로 여객 취급을 하였다.
		상해~신천	여객, 혼합	6	
		신천~수교	여객, 혼합	5	
		상해~신원	여객, 혼합	5	
		신원~해주	여객, 혼합	6	
		토성~해주	여객, 혼합	5	
		해주~취야	여객, 혼합	4	

☞ 앞 표에 이어서

철도명	노선명	구간	열차종류	운전횟수 (왕복)	비고
조선철도	함남선	함흥~오로	여객(경유)	10	위와 동일
		오로~상통	여객(경유)	7	
		오로~함남 신흥	여객(경유)	3	
	함북선	고무산~무산	여객, 혼합	3	
금강산전기철도		철원~내금강	혼합	3	
조선경남철도		천안~장항잔교	여객(경유), 혼합	5	
		천안~장호원	여객, 혼합	4	
조선경동철도		수원~여주	여객(경유)	6	
신흥철도		함남 신흥~함남 송흥	혼합	4	
		함남 송흥~부전령	혼합	3	
		삼거~황초령	여객	4	
		황초령~사수	혼합	4	
		서함흥~서호리	여객(경유)	43	

〈표 11-30〉(2) 열차운전 횟수표

(1934년 12월 1일 현재)

철도명	노선명	구간	열차종류	운전횟수		비고
				정기 (왕복)	부정기 (왕복)	
조선철도	충북선	조치원~충주	여객(경유)	2	–	
		조치원~충주	혼합	3	–	
		조치원~청주	혼합	1	–	
	경북선	김천~경북 안동	여객(경유)	2	–	
		김천~경북 안동	혼합	3	–	
		김천~점촌	화물	–	하행 1회	
	황해선	사리원~상해	여객	2	–	
		사리원~상해	여객(경유)	5	–	
		상해~신천	여객	2	–	
		상해~신천	여객(경유)	2	–	
		상해~신천	혼합	3	-	
		신천~수교	여객	1.5	-	
		신천~수교	여객(경유)	1	-	

철도명	노선명	구간	열차종류	운전횟수		비고
				정기 (왕복)	부정기 (왕복)	
조선철도	황해선	신천~수교	혼합	1,5	–	
		신천~수교	화물	–	1	
		상해~신원	여객(경유)	3	–	
		상해~신원	혼합	5	–	
		상해~신원	화물	1	–	
		신원~해주	여객(경유)	4	–	
		신원~해주	혼합	2	–	
		해주~용당포	여객(경유)	2	–	
		해주~용당포	혼합	3	–	
		토성~해주	여객	2	–	
		토성~해주	혼합	1	–	
		토성~연안	여객(경유)	5	–	
		연안~해주	여객(경유)	3	–	
		사리원~상해	혼합	8,5	–	
		사리원~상해	화물	–	1	
		화산~내토	혼합	2	–	
		신원~하성	혼합	5	–	
		신원~하성	화물	–	1	
		신원~동해주	화물	–	1	
		토성~백천온천	화물	–	5	
		토성~동해주	화물	–	1	
		동해주~용당포	화물	–	1	
	함남선	함흥~오로	여객(경유)	12,5	–	
		함흥~오로	혼합	6	–	
		함흥~오로	화물	–	3	
		오로~상통	여객(경유)	6	–	
		오로~상통	혼합	2	–	
		오로~상통	화물	–	3	
		오로~함남 신흥	여객(경유)	4	–	
		오로~함남 신흥	혼합	2	–	
		오로~장풍	혼합	1	–	
		오로~장풍	화물	–	2	

☞ 앞 표에 이어서

철도명	노선명	구간	열차종류	운전횟수 정기 (왕복)	운전횟수 부정기 (왕복)	비고
조선철도	함북선	고무산~무산	혼합	2	–	
		고무산~신참	화물	4	–	
	경북선	신참~무산	화물	–	1	
금강산전기 철도		철원~내금강	혼합	3	–	
		철원~창도	혼합	1	–	
		철원~창도	화물	–	3,5	
		철원~김화	혼합	1	–	
		금화~창도	화물	–	하행 1회	
		화계~내금강	화물	–	2	
조선경남 철도		천안~장항잔교	여객	1	–	
		천안~장항잔교	여객(경유)	1,5	–	
		천안~장항잔교	혼합	2	–	
		천안~대천	여객(경유)	5	–	
		천안~예산	여객(경유)	1	–	
		천안~온양온천	여객(경유)	4	–	
		천안~장호원	여객(경유)	1	–	
		천안~장호원	혼합	2	–	
조선경동 철도		수원~여주	여객(경유)	5	–	
		수원~여주	화물	1	–	
		수원~이천	여객(경유)	1	–	
신흥철도		함남 신흥~함남 송흥	혼합	4	–	
		함남 송흥~함지원	혼합	4	–	
		함지원~호반	혼합	3	–	
		경흥(慶興)~함남 송흥	화물	–	2	
		송하~함남 송흥	화물	–	3	
		함지원~원풍	화물	–	1	
		상통~삼거	여객(경유)	6	–	
		상통~삼거	화물	5	–	
		삼거~황초령	여객	5	–	
		삼거~황초령	화물	16	–	
		황초령~구진	여객(경유)	5	–	
		황초령~구진	화물	3	–	
		황초령~고토	여객(경유)	1	–	

☞ 앞 표에 이어서

철도명	노선명	구간	열차종류	운전횟수		비고
				정기 (왕복)	부정기 (왕복)	
신흥철도		황토령~고토	화물	1	–	
		고토~구진	화물	–	1	
		서함흥~천기리	여객(경유)	23	–	
		서함흥~축항	화물	4	2	
남조선철도		여수항~전남 광주	여객	1	–	
		여수~전남 광주	여객	1	–	
		여수~전남 광주	여객(경유)	3	–	
		여수항~여수	여객(경유)	상행 1회	–	
		순천~여수항	여객(경유)	상행 1회	–	
		여수~여수항	혼합	하행 1회	–	
		보성~여수	혼합	2	–	
		보성~전남 광주	혼합	2	–	

다음으로 이 열차들의 운전속도를 살펴보면 증기열차는 표준궤선(궤간 1.435m)에서 평균시속 37~45km로, 협궤선(궤간 0.762m)에서는 22~38km이다. 경유동차는 표준궤선에서 37~46km로, 협궤선에서 31~40km이다. 또한 1934년까지는 모든 열차의 운전속도에 대해 설명하고 있지만, 1935년 이후에는 개략적으로 기록하고 있다. 따라서 참고로 1934년 12월 1일 현재를 기준으로 한 내용을 실었다.

경유동차 내부

경유동차 제4호

〈표 11-31〉 각 노선 열차 속도표

(1934년 12월 1일 현재)

궤간	철도명	노선명	구간	최급 기울기 (/1000)	최소곡선 반경 (m)	레일중량 (kg/m)	평균속도	
							증기열차 (km/h)	경유열차 (km/h)
1,435m	조선철도	충북선	조치원~ 충주	16.7	302	30, 37	37 이상	42 이상
		경북선	김천~ 경북 안동	25	300	30, 37	38 이상	42 이상
	금강산전기철도		철원~ 내금강	50	141	30, 35	37 이상	–
	조선경남철도		천안~장항	15.2	302	30	41 이상	41 이상
			천안~ 장호원	15.2	302	30	34 이상	41 이상
	남조선철도		여수항~ 전남 광주	25	300	30	37 이상	37 이상
0,762m	조선철도	황해선	사리원~ 신천	12.5	161	17	33 이상	37 이상
			신천~수교	10	201	22	36 이상	37 이상
			상해~해주	16.7	201	17, 22	21 이상	35 이상
			신원~하성	15.2	201	17	21	–
			화산~내토	30.3	121	14	15 이상	–
			토성~연안	12.5	300	22	33 이상	33 이상
			연안~해주	12.5	200	22	34 이상	34 이상
			동해주~ 용당포	10	101	22	19 이상	35 이상
		함남선	함흥~오로	12.5	161	12, 17, 22	21 이상	31 이상
			오로~ 함남 신흥	12.5	121	22, 17, 12	22 이상	35 이상
			오로~상통	13.3	161	17	19	34 이상
			풍상~장풍	13.3	121	17, 12	13 이상	–
		함북선	고무산~ 무산	33.3	70	22	17 이상	–
	조선경동철도		수원~이천	20	160	22	24 이상	38 이상
			이천~여주	12.5	300	22	27 이상	40 이상

☞ 앞 표에 이어서

궤간	철도명	노선명	구간	최급 기울기 (/1000)	최소곡선 반경 (m)	레일중량 (kg/m)	평균속도	
							증기열차 (km/h)	경유열차 (km/h)
0.762m	신흥철도		함남 신흥~ 함남 송흥	33.3	161	17, 15, 22	20 이상	–
			부전령~ 부전호반	25	101	12, 15, 22	16 이상	–
			상통~삼거	–	–	–	16 이상	29 이상
			삼거~구진	–	–	–	15 이상	20 이상
			서함흥~ 천기리	–	–	–	20 이상	33 이상

　영업 중인 사설철도의 보유차량에 대해서는, 이 장에서는 1936년 현재를 기준으로 해야 하지만 1933년 이후의 기록이 전혀 없으므로, 부득이 최종 연도 기록인 1932년 현재를 기준으로 한 기록을 싣도록 하겠다.

　각 회사의 열차별, 형식별 차량수는 다음 표와 같다.

보기차(반 강제 대형)

보기차(반 강제 중형)

〈표 11-32〉 사설철도 차량표

(1932년 12월 1일 현재, 단위 : 량)

차량	형식		철도명					
			조선철도					금강산
			충북선	경북선	황해선	함남선	함북선	
기관차	탱크		5	6	18	6	7	–
	텐더(tender, 탄수차)		–	–	–	–	3	–
	계		5	6	18	6	10	–
객차(客車)	사륜 보기차(bogie car)		11	8	34	21	10	1
	사륜차		–	–	2	–	–	–
	경유전차	사륜 보기차	–	–	6	–	–	–
		반 보기차	–	–	7	5	–	–
		사륜차	–	–	–	–	–	–
	전동객차 (사륜보기)		–	–	–	–	–	12
	계		11	8	49	26	10	13
화차(貨車)	유개(有蓋)	사륜 보기차	39	13	51	23	10	2
		사륜차	–	–	35	2	–	3
	무개(無蓋)	사륜 보기차	4	9	35	20	40	5
		사륜차	13	8	14	74	–	3
	광차(鑛車)	사륜 보기차	–	–	55	–	–	–
		사륜차	–	–	–	–	–	–
	계		56	30	190	190	50	13

차량	형식		철도명				합계
			조선 경남	조선 경동	신흥	남조선	
기관차	탱크		8	6	4	8	68
	텐더(tender, 탄수차)		–	–	–	–	3
	계		8	6	4	8	71
객차(客車)	사륜 보기차(bogie car)		20	2	2	12	121
	사륜차		–	2	2	–	6
	경유전차	사륜 보기차	2	7	–	3	18
		반 보기차	–	–	–	–	12
		사륜차	6	–	–	5	11
	전동객차 (사륜보기)		–	–	–	–	12
	계		28	11	4	20	180

☞ 앞 표에 이어서

차량	형식		철도명				합계
			조선 경남	조선 경동	신흥	남조선	
화 차 (貨 車)	유개 (有蓋)	사륜 보기차	94	12	5	20	269
		사륜차	–	–	23	20	83
	무개 (無蓋)	사륜 보기차	20	30	10	4	177
		사륜차	30	10	–	5	157
	광차 (鑛車)	사륜 보기차	–	–	–	–	55
		사륜차	–	–	–	–	–
	계		144	52	38	49	741

여객 · 화물 운임

사설철도에서 운임을 정하는 데에는, 여객은 거리비례법(km당)을, 화물은 거리체감법(누적계산법, 지대 포함)을 채용하고 있다. 두 가지 모두 국유철도와 동일하다. 또한 국유철도와 연대운수의 편의를 도모하기 위해 특수한 경우를 제외하고 대체적으로 국유철도와 동일 규칙으로 취급하고 있다.

보통운임 : 운임률은, 여객은 1km당 일반은 3전 1리, 특등은 4전 3리~4전 9리로, 특등의 평균은 4전 5리 5모(毛)이다.

화물은 일본 지방철도의 예를 참작하여, 실제 거리(km)에 12할~20할 증가시킨 화물영업 거리를 설정하고, 이 거리에 국유철도와 동일한 임률을 적용하는 것이다.

각 노선별 여객임률 및 화물 영업거리 할증률은 다음 표와 같다.

〈표 11-33〉 여객 · 화물 임률표

(1936년 12월 1일 현재)

철도명		여객 1인 1km당		화물 영업거리 할증률(~할)	비고
		일반(~전~리)	특등(~전~리)		
조선철도	충북선	3.1	4.3	12.0	
	경북선	3.1	4.3	12.0	

☞ 앞 표에 이어서

철도명		여객 1인 1km당		화물 영업거리 할증률(~할)	비고
		일반(~전~리)	특등(~전~리)		
조선철도	황해선	3.1	–	12.0	
	함남선	3.1	–	12.0	
	함북선	3.1	–	12.0	
금강산전기철도		3.1	4.7	12.0	
조선경남철도		3.1	4.9	13.0	
조선경동철도		3.1	–	12.0	
신흥철도		3.1	–	12.0	
평균		3.1	4.55	13.0	

특정임률 : 여객은 정기승차, 회수(回數)승차, 객차전세, 열차전세 등에 대한 특수운임을 정한다. 또한 학교 교원, 학생 및 박람회, 강습회 등의 참가자, 이주민, 취업자, 피구호자에 대한 할인 등 각종 할인운임 제도를 설정하였는데 대체적으로 국유철도와 동일하다.

화물은 생활필수품에 대한 특정할인 및 기타 산업 조장, 출화(出貨) 조장 등을 위한 각종 특정할인 임률을 설정하였다.

영업성적

1931년부터 1936년까지 사설철도의 영업성적에 대해서는 별책 통계표의 운수성적표 및 영업수지표와 같다.

운수성적표에 대해서는 각 회사, 각 노선별로 기록이 있다. 하지만 영업수지표는 조선철도(주)의 각 노선들은 합병 전의 기록은 있지만, 합병 후 각 노선별 기록은 없고 회사 종합 수치로 되어 있다. 또한 영업수지표에 대한 지출 수치는 옛날에는 일부 기록이 있지만, 그 후는 기록이 없다. 그러나 영업수지는 사업경영의 실태를 단적으로 보여주는 것이므로 빠뜨릴 수 없는 것이라고 생각된다. 따라서 수치 면에서 다소 정확성이 떨어지기는 하지만 사설철도의 보조성적표에 나타나 있는 수지(收支) 및 이익금란의 숫자를 이용하여 영업수지표를 작성하였다. 앞에 서술한 영업성적표에서 조선철도(주)의 수치가 각 노선별로 표시되어 있지 않은 것과 마찬가지로, 이 지출 숫자도 각 노선별로는 표시가 되지 않으므로 동일한 처리를 하였다.

1936년 말에 사설철도 상황은 창업 이래 상당한 햇수가 지난 것들이 많은데, 비 보조회사 이외 자립할 수 있는 실적을 보인 곳은 없다. 그러나 실적 추이를 볼 것 같으면, 모든 철도가 해를 거듭하면서 실적향상을 나타내고 있다고 할 수 있다.

1936년 말 각 회사의 실적 지표가 되는 숫자는 다음 표와 같다.

연도	이익금의 수입에 대한 비율(%)	이익금의 평균자본액에 대한 비율(%)	비고
1931	0.2513	0.0234	평균 자본액은 사설 철도보조 성적표에 의한다.
1932	0.1928	0.0191	
1933	0.1842	0.0213	
1934	0.2009	0.0273	
1935	0.2151	0.0341	
1936	0.2685	0.0464	

제5장
전시체제시대의 사설철도

제1절 전시 하의 통제

1937년 7월 7일 중·일전쟁이 일어나면서 전전(前戰)기지로도 볼 수 있는 한반도는 순식간에 48시간 모든 활동이 전쟁에 임박한 분위기를 띠게 되었다. 같은 해 5월 20일에는 철도국 군사 및 총동원 관계서류 취급규정, 같은 해 6월 19일에는 철도국 방공위원회 규정이 제정되었다. 같은 해 7월 16일에는 중국 북부 파견 부대수송이 시작되어 8월 4일부터 9월 30일까지는 전 노선에 걸쳐 평상시의 열차운전을 중지하고 군용열차가 주가 되는 임시열차 운행을 설정하였다. 9월 29일에는 방공법(防空法) 시행령이 공포되어 10월부터 실시되었다. 이렇게 전시체제 강화가 진행되는 중 군대 및 군인, 물자수송은 전쟁 수행의 중요 부문이 되는 철도 그리고 국유철도를 기간으로 한 사설철도에 중대한 영향을 미치게 된다.

따라서 사설철도에서도 군사수송 및 군수산업에 관련된 수송체제의 강화와 철도건설의 촉진, 철도시설의 개선 등이 급속하게 진행되어 갔다.

1937년 : 전년도에 면허를 얻은 삼척철도(주)는 공사를 시작할 즈음에 기점

인 정라를 묵호로 계획 변
경하여 3월 25일 묵호~
정라 간 6km를 연장하는
면허를 얻었다. 이것으로
면허 거리는 41.7km가 되
었다.

인천항역사

인천부(府)에서는 5월
27일 부의 경영으로 인천항에서 화수정까지 연장 2.2km, 궤간 1.435m 증기
철도 부설면허를 얻었다. 이 철도는 해륙수송의 편의를 증진하기 위해 항만시
설에 대한 확충 강화책의 일환이었다.

조선철도(주)는 7월 19일 충북선 기존 노선에서 충주에서 강원도 영월까지
83.6km의 연장선 면허를 얻었다. 이 철도는 국철 중앙선 제천에 접속하여 경
부선과 양쪽 노선을 연결하는 의의를 가지고 있으며, 강원도 오지까지 들어가
지방의 발전을 꾀할 뿐만 아니라, 장래에는 동해안까지 나가 국철 동해선과
연결하는 사명을 가지고 있었다.

조선경남철도(주)는 7월 22일 기존 부설된 장호원에서 강원도 원주까지의 구
간, 중앙선과 경부선을 연결하는 철도를 형성하는 46km의 연장선 면허를 얻
었다.

평북철도(주)는 9월 27
일 국철 경의선 정주(定
州)에서 북상하여 조선과
만주의 국경 압록강 근처
수풍동(水豊洞)까지 연장
115.1km, 궤간 1.435m
증기·경유 병용의 철도
부설 면허를 얻었다. 이

평북철도 대형기관차

철도계획의 직접적인 원인은 압록강 본류(本流)의 흐름을 막아 출력 200만 kW의 수력발전소 건설공사를 하는 데에 자재, 인원, 기타 수송을 목적으로 한 것이었다. 아울러 이는 평안북도 오지 및 연선 일대의 농업, 임업, 특히 지하자원 개발 등 산업, 경제의 발전에 많은 기대를 받으면서 국책으로서의 사명을 띠고 있었다. 또한 이 철도는 압록강을 건너 만주국 내의 압북(鴨北)철도와 접속하는 계획을 세우게 되는데, 조선과 만주를 연결하는 경의선의 복선(複線)적인 존재가 되어 최종적으로 압북철도가 북상하여 만주국 동부지역을 세로로 가로지를 건설예정선과 연결하여 통화(通化)까지 이르게 된다면 조선과 만주 양쪽에 걸치는 일대교통로를 형성하게 되는 것이었다.

덧붙여 말하자면 이 철도와 압북철도를 연결하는 압록강 가교(架橋)는 국제교가 되는 것으로, 1938년 2월 조선총독부 정무총감 및 만주국 교통부 대신의 협정 성립 후, 같은 해 6월 착공하여 이듬해 1939년 7월 준공하게 된다. 총 공사비는 약 100만 엔이었는데, 건설비 조달은 평북철도가 부담하고, 만주국 쪽과의 분담은 교량의 중심을 분계(分界)점으로 하여 도리 교각 위에 걸쳐 널빤지를 받치는 교항(부재, 橋桁)의 길이에 비례하는 실제비용 결산 금액에 따랐다. 공사는 평북철도(주)에서 실시하였는데, 콘크리트 공사는 혹한 시 전부 방한설비로 보온을 하고, 도리 트러스를 마지막으로 가설할 때 얼음 위에 발판(足場)을 만들었다. 그런데 해빙기로 들어가는 얼음이 얇은 시기라 위험을 무릅쓰고 감행하는 등 많은 어려움이 있었다.

가교 공사

서선중앙철도(주)는 12월 14일 국철 평양탄광선 승호리(勝胡里)역에서 북상, 평원선 신성천역을 횡단하여 오지인 평안북도 경계에 가까운 덕천까지 125.6km, 궤간 1.435m의 철도부설 면허를 얻었다. 이 철도는 주로 연선에 소재하는 무연탄광 개발을 위해 계획된 것이다.

서선중앙철도 연선 풍경

부산임항철도(주)는 12월 22일 부산진역에서 감만리(戡蠻里)역까지 5.5km, 궤간 1.435m의 철도부설 면허를 얻었다. 이 철도는 부산항의 좁고 험악한 화물취급시설, 좋지 않은 구비조건들을 보완하기 위해 계획된 것으로 완성 후에는 큰 효과를 발휘하게 되었다.

평양의 전차 및 버스

이상으로 1937년에 면허는 7건, 선로 연장은 384.0km, 신설회사는 5개 회사(1개 회사는 공영)나 되는 성황을 이룬다. 이것은 시국과 관련된 수력발전, 탄전의 개발 등을 주로 하는 산업발전을 위해 계획된 사업의 중요시설이 되는 것이었다.

다음으로 개업선에 대해 살펴보자. 조선철도(주)는 황해선에서 세 구간의 건설공사를 준공하였다. 즉, 1월 21일에는 기존 부설 수교에서 장연까지 17.7km, 5월 11일에는 동포에서 정도(鼎島)까지 0.7km, 계속하여 5월 19일에는 취야에서 옹진까지 24.7km 등 총 43.1km를 개업하였다.

조선경동철도(주)는 8월 6일 기존 부설된 수원에서 인천항까지 52km를 단숨에 개업하였다.

이상으로 1937년의 개업은 2개 회사 4건, 연장 95.1km가 되었다.

1938년 : 조선석탄공업(주)은 채굴 석탄의 반출 및 자재 등 기타 수송을 위해 1934년 면허를 얻어 1935년부터 수송을 개시한 탄광용 전용철도를 사설철도로 변경하는 계획으로 9월 9일 만철 위탁 북선선 아오지(阿吾地)에서 회암(灰岩)까지 연장 5.9km, 궤간 1.435m의 철도부설 면허를 얻었다. 회사는 1941년 조선인조석유(주)로 사명을 변경하였다.

인천부영철도는 4월 23일 인천항~화수정 간 2.2km를 개업하였다. 이 철도는 개업과 동시에 국가가 대여하여 국철 임항선으로 운영하였다.

조선평안철도(주)는 7월 10일 진남포~용강온천 간 34.7km를 개업하여 면허선 전 노선의 완성을 이루게 되었다.

조선석탄공업(주)은 9월 9일 아오지~회암 간 5.9km를 개업하였다. 이 철도는 앞에서 설명한 대로 기존에 부설한 전용철도의 시설을 일부 개수(改修)하여 사설철도로 변경한 것으로 면허와 동시에 개업을 하게 된 것이다.

이상 1938년의 면허는 1건, 연장 5.9km였다. 또한 개업은 3건으로 연장 42.8km였다.

1939년 : 북선척식(北鮮拓殖)철도(주)는 7월 21일 함경선 고무산에서 두만강변 무산까지 거리 60.6km, 궤간 1.435m의 철도부설 면허를 얻었다. 당시는 임전태세 하의 시국으로 철광석 수입이 곤란해지면서 철광석 자급은 국책으로 극히 중요해졌다. 따라서 무산의 철산(鐵山)에서 엄청난 증산을 계획하게 되었는데, 이 철광석을 수송하려면 기존의 조선철도 함북선은 협궤에다 급경사에 곡선반경도 작아서 도저히 수송력을 감당할 수 없는 상태였다. 이런 사정으로 함북선과 병행하는 이 철도가 면허를 얻었고, 건설 공사는 착실히 진행되어 불과 1년이 안 걸려 1940년 5월 1일 개업하게 되었다. 이와 동시에 함북선은 북선척식 철도에 보상 매수되어 폐지되었다. 또한 무산에 있는 철산 증산계획과 관련하여 청진에 일본제철공사의 신설 및 고무산~청진 구간의 국철의 일부 개량공사를 시행하는 등의 일련의 계획이 진행되어, 이 철도는 국책 수행상 각광을 받게 되었다.

서선중앙철도 송가역

서선중앙철도(주)는 7월 1일 승호리~석름(石廪) 간 29.6km, 이어서 11월 15일 석름~남강동 간 8.5km를 개업하였다.

경춘철도(주)는 7월 25일 성동(경성부)~춘천 간 93.5km를 개업하여 면허선 전 노선을 단숨에 완성

성동역

시킨 것이다. 이 철도는 당초 국철 경원선 청량리에서 춘천까지 92.2km였는

성동교

연선풍경

데 사업계획서 변경으로 기점을 제기정(경성부)으로 이전하여 95.6km가 되었다. 공사시행에 즈음하여 기점을 이동하게 되어 위와 같은 변경을 하게 된 것이다.

단풍철도(주)는 9월 1일 단천~홍군 간 80.3km를 개업하여 면허선 전 노선을 단숨에 완성시켰다.

평북철도(주)는 10월 1일 정주~압록강 중심 간 121.6km 및 지선(支線) 부풍~수풍 간 2.5km를 개업하여 단숨에 면허선 전 노선을 완성하게 된다.

다사도철도(주)는 11월 8일 신의주~다사도 간 39.5km의 면허선 전 노선을 개업하였다.

이상 1939년의 면허는 1건, 거리는 60.6km였다. 또한 개업은 5개 회사 6건, 연장 375.5km에 이르렀다.

다사도철도 본사(신의주)

1940년 : 전남광업(주)(1942년 종연실업(주)로 변경)은 2월 23일 국철 경

북선척식철도 대형기관차

전서부선 화순역에서 화순군 동면 복암리(福嚴里)까지 연장 11.8km, 궤간 1.435m 증기철도의 부설면허를 얻었다. 이 철도는 종점지역 일대에 매장되어 있는 무연탄광의 개발을 목적으로 계획되었는데, 탄광의 가치는 평안남도의 탄광들에 비해 떨어지지 않는 수준으로 기대를 받고 있었다.

서선중앙철도(주)는 6월 11일 덕천에서 장상리까지 15.3km의 부설연장면허를 얻었다.

북선척식철도(주)는 5월 1일 고무산~무산 간 60.4km를 개업하여 면허선 전 노선을 완성하였다.

삼척철도(주)는 8월 1일 묵호~도계 간 41.4km를 개업하여 면허선 전 노선을 완성하였다.

평북철도(주)는 10월 1일 기존 부설 부풍에서 수풍호반까지의 구간 4.1km의 지선(支線)을 개업하였다.

다사도철도(주)는 11월 1일 기존 부설 양시에서 국철 경의선 남시까지의 구간 18.5km를 개업하였다.

이상 1940년에 면허는 2건, 거리는 27.1km였다. 또한 개업은 4개 회사 4건, 거리 124.4km에 이른다.

1941년 : 조선인조석유(주)는 5월 1일 기존 부설선을 연장하는 회암에서 오봉동(梧鳳洞)까지의 구간 4.5km의 부설면허를 얻었다. 조선무연탄(주)은 6월

27일 채굴 무연탄 및 기타 자재 수송을 위해 함경선 문천역에서 영흥부두(埠頭)까지의 구간 10.3km, 궤간 1.435m의 철도부설 면허를 얻었다. 이 회사는 1944년 6월 영흥부두가 원산북항으로 개칭되고 항만 하역설비와 철도를 함께 운영하게 되면서 신설된 원산북항(주)으로 철도시설 일체를 양도하였다. 따라서 새로운 회사가 항만 하역과 수송을 일괄적으로 하게 되었다.

부산임항철도(주)는 2월 국철 부산역에서 감만리(戡蠻里)까지의 구간 5.5km를 개업하였다.

서선중앙철도(주)는 10월 1일 신성천~북창 간 36.1km 및 구정(九井)에서 분기하여 재동(梓洞)까지의 구간 4.4km를 개업하였다.

이상 1941년의 면허는 2건, 거리는 14.8km였다. 또한 개업은 2개 회사 3건, 거리 46km였다.

1942년 : 조선인조석유(주)는 9월 10일 기존 부설 회암에서 오봉동까지 4.5km의 연장선을 개업하였다.

서선중앙철도(주)는 9월 21일 기존 부설 평남강동에서 기존 부설 성천 구간을 연결하는 연장 30.3km를 개업하고, 이 철도는 이곳에서 승호리~북창 간이 전체 개통하여 108.9km의 철도를 형성하게 되었다.

종연실업(주)(구 전남광업(주))은 10월 1일 화순~복암 간 11.8km를 개업하였다.

인천부영철도는 기존 부설 화수정에서 송현정까지 연장하여 0.6km를 개업하였다. 개업날짜에 대한 기록이 없어 명확하지 않다. 따라서 이 구간의 면허는 인천항역에서 화수정까지의 구간 면허에 포함된다.

이상 1942년의 면허는 1건도 없으며, 개업은 4개 회사(공영 1곳) 4건, 연장 47.2km였다.

1943년 : 조선마그네사이트개발(주)은 함경남도 동북부에 있는 용양(龍陽) 광산의 마그네사이트 광석 반출용으로 전용철도 부설면허를 1940년 7월 9일 얻어 1942년 2월 1일부터 수송을 시작하였는데, 지방 일반 교통의 편의까지도보할 목적으로 이것을 사설철도로 변경하여 1943년 3월 25일 함경선 어해진(汝海津)역에서 용양리까지 59.7km, 궤간 1.435m의 철도부설 면허를 얻었다. 이 철도는 전용철도의 개축 공사를 하기만 하면 되므로, 같은 해 4월 1일에는 여해진역에서 동암까지 27.7km, 이어서 12월 4일에는 동암에서 용양까지 32km를 개업하여 면허선 전 노선을 완성시켰다.

신흥철도(주)는 8월 1일 기존 부설 신구룡역에서 흥남부두까지의 구간 2.1km의 지선(支線)을 개업하였다.

원산북항(주)(구 조선무연탄(주))은 12월 4일 함경선 문천역에서 원산북항까지의 구간 10.3km를 개업하였다.

이상 1943년의 면허는 1건, 연장은 59.7km, 개업은 3개 회사 4건, 연장은 72.1km였다.

1944년 : 장기전(長期戰) 태세는 해가 지날수록 긴박해지고, 1944년이 시작될 무렵 철도 업무는 군사수송으로 총괄된다고 해도 과언이 아닐 정도로 분주했다. 국철은 물론 사철에서도 사업 신설, 확장, 개축, 변경 등 사업시설의 형태 변동은 군사와 관련되지 않은 것은 아주 작은 것이라 할지라도 할 수 있는 여유가 없었으며, 관청 행정상으로도 허락을 받지 못하였다. 그러나 긴박한 시국 하에서 군 당국의 지령의 범주 안에 들어가는 면허신청이 계속되고 있었는지 아닌지에 대한 공식 기록은 없지만, 다음 2건에 대해서는 당시 관계자의 확인이 있으므로 여기에서는 면허선으로 취급하고자 한다.

조선철도(주)는 1944년 후반부터 국철 경경선 영주에서 동쪽의 내성(乃城)을 거쳐 춘양까지 연장 35.2km, 궤간 1.435m의 철도건설 공사를 진행하였다. 이 노선은 경상북도 동부지역의 철광석 및 기타 풍부한 지하자원 개발 그리고 앞으로 선로를 연장하여 삼척철도를 거쳐 동해선과 접속하고 경경선과 연결하려는 건설계획이 국철에서 이루어졌다.

서선중앙철도(주)도 국철 경의선 간리(間里)에서 서쪽의 장산리까지 10.6km, 궤간 1.435m의 철도건설 공사 중이었다. 이 노선은 평양 이북에 매장된 풍부한 무연탄전 개발을 위해 국철이 철도건설을 계획한 것이었다.

이상으로 1937년부터 1944년 말까지 면허선 및 개업선의 상황을 개설하였는데, 이외의 변동 사항에 대한 개요를 기술하면 다음과 같다.

조선가스전기(주)는 1935년 12월에서 1937년 12월 사이에 남선합동전기(주)로 개칭하여 1942년 8월 사설철도를 궤도로 변경하였다.

조선철도(주) 황해선 용당포역은 1937년에 해주항역으로 개칭, 1940년 6월 11일 해주~동포 간 7.5km 폐지, 1941년 상해역을 삼강역으로 개칭하였다.

조선철도(주) 함남선은 1938년 5월 1일 신흥철도(주)에 철도 및 부속물건 일체를 양도하였다.

혼춘(琿春)철로고빈(유)은 1934년 9월 19일 북선선 훈융역에서 두만강 중심 간 연장 1km의 부설면허를 얻어 만주국 길림성 혼춘을 종점으로 하는 연장 14.8km의 철도를 1935년 11월 1일 개업·영업하였는데 1938년 6월 설립된 동만주철도(주)로 철도 및 부속물건 일체를 양도하였다. 그리고 1939년 표준궤 개축으로 이 구간은 1.2km가 되었다.

신흥철도(주)는 천기리~내호 간 거리 1.7km였는데, 1939년 선로개량 공사로 1.9km가 되었다.

조선철도(주) 경북선 김천~경북 안동 간 118.1km는 경부와 경경 양 노선을 연결하는 교통상 중요 노선이 되어, 이것을 국유화하면 국철 양 노선의 가치는 한층 증대되므로 1940년 3월 1일 국가가 매수하였다.

북선척식철도(주)는 1940년 5월 1일 철도 개업과 동시에, 병행하여 영업하고 있던 조선철도(주) 함북선을 보상 매수하고 매수선은 폐지하였다.

신흥철도(주)는 장진강 수력발전 저수지의 침수로 1940년 사수역을 1.1km 삼거역 근처로 옮기고, 이 구간의 선로는 폐지하였는데 삼거~사수 구간은 30.2km가 되었다.

금강산전기철도(주)는 1942년 1월 1일 전시(戰時) 중의 전력사업계의 합동정책으로 경성전기(주)로 흡수 합병되었다. 철도는 같은 회사의 금강산전철선으로 되어 경영되었다.

조선경동철도(주)는 경의선의 복선화로 인해 이와 병행하는 신의주~양시~남시 간 33.9km의 철도가 1943년 4월 1일 국가에 매수되면서 남은 철도는 양시~다사도 간의 24.1km만이 남게 되었다.

조선철도(주)의 황해선은 1944년 4월 1일 전 노선 278.5km가 국가에 매수되었다. 이 철도 연선에는 내토역 부근의 은산면 광산 및 하성역 부근의 하성면 철산이 있으며, 채굴량은 연간 수십만 톤에 달하는 상황이었다. 전쟁으로 급박한 시대에 철광석의 생산과 그 수송은 가장 중요한 것으로, 매수 후 사리원~해주항 간 82.4km를 표준궤도로 개축하는 계획이 세워졌는데, 황해선 전 노선은 종전(終戰)까지 협궤선인 채로 영업을 계속하였다.

북선척식철도(주) 고무산~무산 간 60.4km의 철도는 1944년 4월 1일 국가에 매수되어 국철 무산선이 되어 철광석 수송으로 강력한 체제를 갖추었다.

서선중앙철도(주) 소속 승호리~신성천 간 68.4km의 철도는 1944년 4월 1일 국가에 매수되어 평양탄광선이 되었다. 따라서 같은 회사의 철도는 신성천~북창 간 및 구정~재동까지의 구간 40.5km 및 미 개업선 북창~장상리 간 32km가 되었다.

부산임항철도(주) 소속 부산진~감만리 간 5.5km의 철도는 1941년 11월 1일부터 국철로 대여되어 운영되었는데, 1944년 5월 1일 국가에 매수되어 국철 부산임항선으로 항만시설의 정비를 기하게 되었다.

제2차 세계대전의 장기화로 국내에서 전쟁 물자가 궁핍해지면서 정부는 궁여지책으로 전쟁수행에 비교적 영향이 적은 시설을 전용(轉用)하는 방침을 세웠다. 사설철도 중에 경성전기(주) 금강산전철선의 창도~내금강 간 49km는 1944년 10월 1일, 이어서 조선경남철도(주) 중 안성~장호원 간 41.4km는 같은 해 11월 1일에 선로시설을 철거하여 이 구간의 영업을 폐지하였다. 따라서 철거로 인해 발생한 궤조(軌條)는 국철 신설의 선로로 전용되었다.

남만주철도(주)가 국가로부터 대여하여 경영 중인 북선(北鮮)의 철도시설 및 웅기항만시설은 1945년 3월 31일 국가로부터 양도받아 상삼봉~웅기 간 180.0km 및 남양~두만강 중심 간 3.3km는 사설철도로 편입하게 되었다.

이것은 사설철도 자체의 변동은 아니지만 1944년 2월 11일 국철은 동해선의 일부 다른 노선들과 떨어져 존재하는 삼척~북평(北坪) 간 12.9km 철도를 이것과 접속하는 삼척철도(주)에 경영을 위탁하였다.

이것으로 이 회사는 자사선 41.4km와 함께 연장 54.3km의 철도를 경영하게 되었다.

제2절 사업개황

선로 연장

1937년부터 1944년까지 7년 동안 사설철도의 선로 연장은 〈표 11-34〉로, 연도별 개업선 상황은 〈표 11-35〉로 각각 표시하였다. 8년 동안 새로 개업한 영업거리는 국가로부터 양도받은 것을 포함하여 986.6km에 달하지만, 한편 국가가 매수한 것 및 영업 휴지(정지)가 된 것을 포함하면 733.4km가 되어, 이를 차감하여 253.4km의 증가로 인해 1944년 말의 개업 거리는 1,375.5km가 되었다.

1944년 말의 개업선 및 미 개업선의 상황은 〈표 11-36〉으로, 또한 궤간 및 동력별 상황은 〈표 11-37〉 및 〈표 11-38〉로 나타냈다.

이러한 선로 중에 표준궤(1.435m)는 개업선에서는 78%, 미 개업선을 포함한 경우 80%이다. 또한 동력별로는 증기ㆍ경유 병용 철도는 개업선에서 65%, 미 개업선을 포함한 경우 70%가 되어 있다.

또한 이 기간 동안 사설철도의 면허, 개업, 미 개업 상황 외에 매수, 양도, 영업휴지, 면허의 실효와 기타 변동을 〈표 11-39〉 일람표로 나타내었다.

1945년 8월 15일 현재 선로 연장 : 1944년부터 건설공사 중인 조선철도 영춘선 영주~춘양(春陽) 간 35.2km 중 영주~내성 간 14.3km는 1945년 8월 준공과 동시에 국가에 매수되고, 내성~춘양 간 20.9km는 미 개업선으로 남았다. 또한 서선중앙철도 장산리선 간리(間里)~장산리 간 10.6km도 8월 준공과 동시에 국가에 매수되었다.

따라서 8월 15일 현재를 기준으로 사설철도 개업선 총 거리는 1944년 말 1,375.7km에서 그대로 변화는 없으나, 미 개업선은 198.5km가 되었다.

또한 개업선 총 거리 1,375.5km 중 사철의 실질적인 경영에 속하는 것은 국가가 대여해 간 4개 노선 해당 부분(20.0km)을 제외하고 삼척철도가 위탁받은 해당 부분(12.9km)을 더하면, 차감 1,368.4km(표준궤선 106.9km, 협궤선 298.5km)가 된다. 각 회사별 내용은 권두(卷頭)에 게재한 조선철도 일람표와 같다.

1937년부터 1944년까지의 사설철도 면허선 거리는 다음의 표와 같다.

〈표 11-34〉 사설철도의 누계년도 면허선 거리표

(1937년~1944년, 단위 km)

연도	연도 내		매수, 양도, 폐지로 인한 감소		차인 누계		비고
	면허선	개업선	면허선	개업선	면허선	개업선	
1936					1,584.4	1,122.1	1936년 말 현재
1937	384	95.1	–	–	1,968.4	1,217.2	
1938	5.9	42.8	–	–	1,974.3	1,260.0	
1939	60.6	375.9	–	–	2,034.9	1,635.9	
1940	27.1	124.4	176.4	186.8	1,885.6	1,573.5	
1941	14.8	46	–	–	1,900.4	1,619.5	
1942	–	47.2	–	9.5	1,900.4	1,657.2	
1943	59.7	72.1	31.5	33.9	1,928.6	1,695.4	
1944	45.8	183.3	497.7	503.2	1,476.7	1,375.5	
계	597.9	986.8	705.6	733.4			

주) 면허선의 거리는 건설공사 시행으로 종종 변경되므로 개업선의 거리와 반드시 일치하지 않는다.

〈표 11-35〉 사설철도 연도별 개업선로표

(1937년~1944년, 단위 km)

철도명		1936년 말		1937년 말		1938년 말		1939년 말	
		구간	거리	구간	거리	구간	거리	구간	거리
남선합동전기		부산진~동래	9.5						
조선철도	충북선	조치원~충주	94.0						
	경북선	김천~안동	118.1						
	황해선	사리원~해주	242.9	옹진~장연	43.1				
	함남선	함흥~함남 신흥	56.6			함흥~함남 신흥	△56.6		
	함북선	고무산~무산	60.1						
	경동선								
	계		571.7						
(금강산전기철도) 경성전기		철원~내금강	116.6						
조선경남철도		천안~장항~장호원	214						
조선경동철도		수원~여주	73.4	수원~인천항	52.0				
천내리철도		용담~내천리	4.4						
신흥철도		함흥~서호진~사수	115.3			함흥~함남 신흥	56.6	천기리~내호	0.2
남만주철도		웅기~나진	15.2						
(혼춘철로) 동만주철도		훈융~두만강 중심	1					훈융~두만강 중심	0.2
다사도철도								신의주~다사도	39.5
군산부영철도		군산항역~해망정	1						
삼척철도									
경춘철도								성동~춘천	93.5
조선평안철도						진남포~용강온천	34.7		
단풍철도								단천~홍군	80.3
인천부영철도						인천항역~화수정	2.2		

☞ 앞 표에 이어서

철도명	1936년 말		1937년 말		1938년 말		1939년 말	
	구간	거리	구간	거리	구간	거리	구간	거리
평북철도							정주~ 압록강 중심	124.1
서선중앙철도							승호리~ 평남 강동	38.1
부산임항철도								
(조선석탄공업) 조선인조석유					아오지~회암	5.9		
북선척식철도								
(전남광업) 종연실업								
(조선무연탄) 원산북항								
조선마그네 사이트개발								
합계 1,122.1			95.1		42.8		357.9	
누계 1,122.1			1,217.20		1,260.00		1,635.90	
해당 연도 개업 거리			95.1		42.8		357.9	
매수양도 폐지 휴지에 따른 감소(△)								

철도명		1940년 말		1941년 말		1942년 말		1943년 말	
		구간	거리	구간	거리	구간	거리	구간	거리
남선합동전기						부산진~동래	△9.5		
조선 철도	충북선								
	경북선	김천~안동	△118.1						
	황해선	해주~동포	△7.5						
	함남선								
	함북선	고무산~무산	△60.1						
	경동선					여주~인천항	125.4		
	계								
(금강산전기철도) 경성전기									
조선경남철도									
조선경동철도						여주~인천항	△ 125.4		

☞ 앞 표에 이어서

철도명	1940년 말		1941년 말		1942년 말		1943년 말	
	구간	거리	구간	거리	구간	거리	구간	거리
천내리철도								
신흥철도	삼거~사수	△1.1					신구룡~ 흥남부두	2.1
남만주철도								
(혼춘철로) 동만주철도								
다사도철도	남시~양시	18.5					신의주~ 남시	△33.9
군산부영철도								
삼척철도	묵호~도계	41.4						
경춘철도								
조선평안철도								
단풍철도								
인천부영철도					화수정~ 송현정	0.6		
평북철도	부풍~ 수풍호안	4.1						
서선중앙철도			신성천~북창	40.5	평안 강동~ 신성천	30.3		
부산임항철도			부산진~ 감만리	5.5				
(조선석탄공업) 조선인조석유					회암~오봉동	4.5		
북선척식철도	고무산~무산	60.4						
(전남광업) 종연실업					화순~복암리	11.8		
(조선무연탄) 원산북항							문천~ 원산 북항	10.3
조선마그네 사이트개발							여해진~ 용양	59.7
합계 1,122.1	△62.4		46		37.7		38.2	
누계 1,122.1	1,573.50		1619.5		1,657.20		1,695.40	
해당 연도 개업 거리	124.4		46		47.2		72.1	
매수양도 폐지 휴 지에 따른 감소(△)	△186.8				△9.5		△33.9	

☞ 앞 표에 이어서

철도명		1944년 말		계		비고
		구간	거리	구간	거리	
남선합동전기					–	1942. 8. 궤도로 변경함.
조선철도	충북선			조치원~충주	94	
	경북선				–	1940. 3. 1. 국가가 매수함.
	황해선	사리원~해주	△278.5		–	1944. 4. 1. 국가가 매수함.
	함남선				–	1938. 5. 1. 신흥철도(주)로 양도함.
조선철도	함북선				–	1940. 5. 1. 북선척식철도(주)가 보상 매수함.
	경동선			여주~인천항	125.4	1942. 11. 1. 조선경동철도(주)로부터 양수함.
	계				219.4	
(금강산전기철도)경성전기		창도~내금강	△49.0	철원~창도	67.6	1942. 1. 1. 경성전기(주)와 합병함. 1943. 10. 1. 창도~내금강 간 영업정지
조선경남철도		안성~장호원	△41.4	천안~장항~안성	172.6	1944. 11. 1. 안성~장호 간 영업정지
조선경동철도					–	1942. 11. 1. 조선철도(주)로 양도함.
천내리철도				용담~천내리	4.4	1927. 11. 1 국가에 대여함.
신흥철도				함흥~서호리~사수	173.1	1938. 5. 1. 조선철도(주) 함남선을 양수함.
남만주철도		상삼봉~웅기	183.3	웅기~나진 / 웅기~상삼봉	198.5	1945. 3. 31. 상삼봉~웅기 구간 국가로부터 양수함.
(혼춘철로)동만주철도				훈융~두만강 중심	1.2	1938. 6. 동만주철도(주)로 양도함.
다사도철도				양시~다사도	24.1	1943. 4. 1. 신의주~남시 간 국가가 매수함.
군산부영철도				군산항역~해망정	1	1935. 5. 11. 국가에 대여함.
삼척철도				묵호~도계	41.4	
경춘철도				성동~춘천	93.5	

☞ 앞 표에 이어서

철도명	1944년 말		계		비고
	구간	거리	구간	거리	
조선평안철도			진남포~ 용강온천	34.7	
단풍철도			단천~ 홍군	80.3	
인천부영철도			인천항역 ~송현정	2.8	1938. 4. 23. 국가에 대여함.
평북철도			정주~ 압록강 중심	128.2	
서선중앙철도	승호리~ 신성천	△68.4	신성천~ 북창	40.5	1944. 4. 1. 승호리~신성천 간 국가가 매수함.
부산임항철도	부산진~ 감만리	△5.5		–	1944. 5. 1. 국가가 매수함.
(조선석탄공업) 조선인조석유			아오지~ 오봉동	10.4	
북선척식철도	고무산~ 무산	△60.4		–	1944. 4. 1. 국가가 매수함.
(전남광업) 종연실업			화순~ 복암리	11.8	1942. 용연실업(주)으로 개칭 1942. 10. 1. 국가에 대여함.
(조선무연탄) 원산북항			문천~ 완산북항	10.3	1944. 6. 원산북항(주)으로 양도함.
조선마그네사이트 개발			여해진~ 용양	59.7	
합계 1,122.1	△319.9		1,375.50		
누계 1,122.1	1,375.50				
해당 연도 개업 거리	183.3		986.8		
매수양도 폐지 휴지 에 따른 감소(△)	△503.2		△733.4		

〈표 11-36〉 사설철도의 상황

(1944년 말 현재, 단위 km)

회사명	노선명	개업선		휴지(정지)선		미 개업선		비고
		구간	거리	구간	거리	구간	거리	
조선철도(주)	충북선	조치원~충주	94,0			충주~영월	83,6	
	경동선	수원~여주	73,4			여주~점동면	16,0	협궤(0,762m)
		수원~인천항	52,0					협궤(0,762m)
	소계		125,4					
	영춘선					영주~춘양	35,2	
	계		219,4				134,8	
경성전기(주)	금강산 전철선	철원~창도	67,6	창도~내금강	49			
조선경남철도 (주)		천안~장항잔교	144,2					
		천안~안성	28,4	안성~장호원	41,4	장호원~원주	46,0	
	계		172,6		41,4		46,0	
신흥철도(주)		함흥~사수	75,6					협궤(0,762m)
		오로~부전호반	74,6					협궤(0,762m)
		풍상~장풍	2,3					협궤(0,762m)
		서함흥~서호리	18,5					협궤(0,762m)
		구룡리~부두	2,1					협궤(0,762m)
	계		173,1					
남만주철도 (주)	북선선	웅기~나진	15,2					
		웅기~상삼봉	180					국가로부터 양도함.
		남양~ 두만강 중심	3,3					국가로부터 양도함.
	계		198,5					
동만주철도 (주)		훈융~ 두만강 중심	1,2					
다사도철도 (주)		양시~다사도	24,1					
삼척철도(주)		묵호항~도계	41,4					이외에, 국철 로부터 위탁 받은 노선, 북평~삼척간 12,9km 있음.
경춘철도(주)		성동~춘천	93,5					

☞ 앞 표에 이어서

회사명	노선명	개업선		휴지(정지)		미 개업선		비고
		구간	거리	구간	거리	구간	거리	
조선평안철도(주)		진남포~용강온천	34,7					
단풍철도(주)		단천~홍군	80,3					
평북철도(주)		정주~압록강 중심	121,6					
		부풍~수풍	2,5					
		부풍~수풍호안	4,1					
	계		128,2					
서선중앙철도(주)		신성천~북창	36,1			북창~장상리	32,0	
	장산리선	구정~재동	4,4			간리~장산리	10,6	
	계		40,5				42,6	
조선인조석유(주)		아오지~오봉동	10,4					
조선마그네사이트개발(주)		여해진~용양	59,7					
천내리철도(주)		용담~천내리	4,4					국가에 대여
원산북항(주)		문천~원산북항	10,3					
종연실업(주)		화순~복암	11,8					국가에 대여
군산부영철도		군산항역~해망정	1					국가에 대여
인천부영철도		인천항역~송현정	2,8					국가에 대여
합계			1,375,5		90,4		223,4	

궤간별 내역

궤간	표준궤(1,435m)		협궤(0,762m)		계	
	거리(km)	비율(%)	거리(km)	비율(%)	거리(km)	비율(%)
개업선	1,077,0	78	298,5	22	1,375,5	100
미 개업선	207,4	93	16	7	223,4	100
계	1,284,4	80	314,5	20	1,598,9	100
휴지(정지)선	90,4		–		90,4	
합계	1,374,8	81	314,5	19	1,689,3	

〈표 11-37〉 사설철도 궤간별 거리

(1944년 말, 단위 km)

종별	개업선			미 개업선			합계		
	1,435m	0.762m	계	1,435m	0.762m	계	1,435m	0.762m	계
거리	1,077.0	298.5	1,375.5	207.4	16	223.4	1,284.4	314.5	1,598.9
(점유 비율 %)	(78)	(22)	(100)	(93)	(7)	(100)	(80)	(20)	(100)
노선수	19	2	21	3	1	4	19	2	21
경영자 수	19	2	20	3	1	3	19	2	20

주) 1. 한 경영자가 개업선·미 개업선을 함께 보유하거나 2개 노선 이상을 보유하는 경우가 있으므로 경영자 수의
합계와 내역은 일치하지 않는다.
2. 영업 휴지(休止, 정지)선은 제외한다.
3. 노선수에서도 한 노선이 개업구간과 미 개업 구간을 함께 갖고 있는 경우가 있으므로 합계와 내역은 일치하지
않는다.

〈표 11-38〉 사설철도 동력별 거리

(1944년 말)

종별	개업선					
	증기	증기 경유 병용	전기	증기 전기 병용	증기 전기 경유 병용	계
거리 (km)	340.3	891.7	67.6	45.3	30.6	1,375.5
(점유 비율 %)	(25)	(65)	(5)	(3)	(2)	(100)
노선수	9	11	1	1	1	23
경영자 수	9	10	1	1	1	20

종별	미 개업선					
	증기	증기 경유 병용	전기	증기 전기 병용	증기 전기 경유 병용	계
거리 (km)	–	223.4	–	–	–	223.4
(점유 비율 %)	–	(100)	–	–	–	(100)
노선수	–	4	–	–	–	4
경영자 수	–	3	–	–	–	3

☞ 앞 표에 이어서

종별	합계					
거리 (km)	340.3	1,115.1	67.6	45.3	30.6	1,598.9
(점유 비율 %)	(21)	(70)	(4)	(3)	(2)	(100)
노선수	9	11	1	1	1	23
경영자 수	9	10	1	1	1	20

주) 1. 한 경영자가 개업선·미 개업선을 함께 보유하거나 2개 노선 이상 또는 동력이 다른 노선을 보유하는 경우가
　　　있으므로 경영자 수의 합계와 내역은 일치하지 않는다.
　　2. 노선수에서도 한 노선이 개업구간과 미 개업 구간을 함께 갖고 있는 경우가 있으므로 합계와 내역은 일치하지
　　　않는다.

〈표 11-39〉 사설철도 상황 일람표

(1937년~1944년)

회사명		면허선					
		구간		거리 (km)	궤간 (m)	동력	면허 연월일
		도명	지명				
남선합동전기(주)		경상남도	부산진~동래	9.3	0.762	증기 전기	1909. 6. 29.
조선철도(주)	충북선	충청남도	조치원	94	1.435	증기 경유	1917. 8. 18.
		충청북도	충주				
		충청북도	충주	83.6	1.435	증기 경유	1937. 7. 19.
		강원도	영월				
	소계			177.6			
	경북선	경상북도	김천~안동	116.3	1.435	증기 경유	1919. 10. 16.
	소계			116.3			
	황해선	황해도	내토~상해	15.1	0.762	증기 경유	1919. 5. 16.
			사리원~저도	82.1	0.762	증기 경유	1919. 10. 10.
			석탄~해주	52.9	0.762	증기 경유	1919. 10. 10.
			신원~하성	5.1	0.762	증기 경유	1919. 10. 10.
			신천~용당포	76.3	0.762	증기 경유	1919. 10. 10.

☞ 앞 표에 이어서

회사명		면허선					
		구간		거리 (km)	궤간 (m)	동력	면허 연월일
		도명	지명				
조선철도(주)	황해선	황해도	이목(梨木)~장연	29.9	0.762	증기 경유	1919. 10. 10.
			토성~해주	76.6	0.762	증기 경유	1929. 5. 30.
			취야~옹진	25.2	0.762	증기 경유	1935. 10. 10.
	소계			363.2			
	함남선	함경남도	함흥~상통	30.3	0.762	증기 경유	1919. 6. 12.
	함남선	함경남도	오로~함남 신흥	23.6	0.762	증기 경유	1920. 12. 10.
			풍상~장풍	2.7	0.762	증기 경유	1920. 12. 10.
	소계			56.6			
	함북선	함경북도	고무산~무산	60.1	0.762	증기	1919. 6. 12.
	소계			60.1			
계				773.8			
금강산전기철도(주)		강원도	철원~창도	67.6	1.435	전기	1919. 8. 12.
			창도~장연리	48.7	1.435	전기	1926. 12. 27.
계				116.3			
조선경남철도(주)		충청남도	군산 대안	158.8	1.435	증기 경유	1919. 9. 30.
		경기도	안성				
		경기도	안성~장호원	41.4	1.435	증기 경유	1925. 9. 3.
		경기도	장호원	46.0	1.435	증기 경유	1937. 7. 22.
		강원도	원주				
계				246.2			
조선경동철도(주)		경기도	수원~여주	69.3	0.762	증기 경유	1920. 3. 3.
			여주~점동면	16.0	0.762	증기 경유	1935. 7. 5.
			수원~인천	54.0	0.762	증기 경유	1935. 9. 23.
계				139.3			

☞ 앞 표에 이어서

회사명	면허선					
	구간		거리 (km)	궤간 (m)	동력	면허 연월일
	도명	지명				
천내리철도(주)	함경남도	용담~천내리	4.4	1,435	증기	1927. 4. 20.
신흥철도(주)	함경남도	함남 신흥~ 함남 송흥	19.0	0.762	증기 경유	1930. 1. 15.
		함흥~서호리	18.5	0.762	증기 경유	1931. 4. 30.
		함남 송흥~도안	28.5	0.762	전기 경유	1931. 9. 15.
신흥철도(주)	함경남도	상통~사수	46.4	0.762	증기 전기	1933. 7. 4.
계			112.4			
남만주철도(주) 웅기선	함경북도	웅기~나진	15.2	1,435	증기	1932. 8. 9.
혼춘철로고빈(유)	함경북도	훈융~ 두만강 중심	1.0	0.762	증기 경유	1934. 9. 19.
다사도철도(주)	함경북도	신의주~다사도	37.6	1,435	증기 경유	1935. 1. 21.
		남시~양시	18.0	1,435	증기 경유	1935. 12. 10.
계			55.6			
군산부영철도	전라북도	군산항역~ 해망정	1.0	1,435	증기	1935. 2. 28.
삼척철도(주)	강원도	정라~도계	35.7	1,435	증기	1936. 3. 2.
		묵호~정라	6.0	1,435	증기	1937. 3. 25.
계			41.7			
경춘철도(주)	경기도	경성(청량리)~ 춘천	95.6	1,435	증기 경유	1936. 7. 13.
	강원도					
조선평안철도(주)	평안남도	진남포~ 용강온천	35.7	1,435	증기 경유	1936. 9. 7.
단풍철도(주)	함경남도	단천~홍군리	74.5	1,435	증기 경유	1936. 12. 26.
인천부영철도	경기도	인천항역~ 화수정	2.2	1,435	증기	1937. 5. 27.
평북철도(주)	평안북도	정주~수풍동	115.1	1,435	증기 경유	1937. 9. 27.
계			115.1			

☞ 앞 표에 이어서

회사명	면허선					
	구간		거리 (km)	궤간 (m)	동력	면허 연월일
	도명	지명				
서선중앙철도(주)	평안남도	승호리~덕천	125.6	1,435	증기 경유	1937. 12. 4.
		덕천~장상리	15.3	1,435	증기 경유	1940. 6. 11.
계			140.9			
부산임항철도(주)	경상남도	부산진~감만리	5.5	1,435	증기	1937. 12. 22.
조선석탄공업(주)	경상남도	아오지~회암	5.9	1,435	증기	1938. 9. 9.
		회암~오봉동	4.5	1,435	증기	1941. 5. 1.
계			10.4			
북선척식철도(주)	함경북도	고무산~무산	60.6	1,435	증기	1939. 7. 21.
전남광업(주)	전라남도	화순~복암리	11.8	1,435	증기	1940. 2. 23.
조선무연탄(주)	함경남도	문천~원산북항	10.3	1,435	증기	1941. 6. 27.
조선마그네사이트개발(주)	함경남도	여해진~용양리	59.7	1,435	증기	1943. 3. 25.
계			59.7			
조선철도(주)	경상북도	영주~춘양	35.2	1,435	증기	1944.
서선중앙철도(주)	평안남도	간리~장산리	10.6	1,435	증기	1944.

회사명		개업선			미 개업선		비고
		구간	거리(km)	개업 연월일	구간	거리(km)	
남선합동전기(주)		부산진~동래	9.5	1909. 12. 19.			조선가스전기주식회사에서 개칭함. 1942. 8. 궤도로 변경
조선철도 (주)	충북선	조치원~청주	22.7	1921. 11. 1.	충주~영월	83.6	
		청주~청안	23.9	1923. 5. 1.			
		청안~충주	47.4	1928. 12. 15.			
	소계		94.0			83.6	
	경북선	김천~상주	36.0	1924. 10. 1.			1940. 3. 1. 국가가 매수함.
		상주~점촌	23.8	1924. 12. 25.			
		점촌~예천	25.5	1928. 11. 1.			

☞ 앞 표에 이어서

회사명		개업선			미 개업선		비고
		구간	거리(km)	개업 연월일	구간	거리(km)	
	경북선	예천~안동	32.8	1931. 10. 16.			
	소계		118.1				
	황해선	내토~상해	15.1	1919. 5. 20.	신천~저도	47.0	1944. 4. 1. 국가가 매수 함.
		사리원~재령	21.5	1920. 12. 21.	신천~취야	53.3	
		재령~신천	13.6	1921. 11. 16.			
		화산~미력	7.9	1924. 9. 1.			
		미력~하성	15.4	1925. 9. 1.			
		신천~수교	29.0	1929. 11. 1.			
		신원~학현	22.0	1929. 12. 21.			
		학현~동해주	6.4	1930. 12. 11.			
		동해주~해주항	7.4	1931. 12. 11.			1937년 용당포는 해주항으로 개칭하였다.
		동해주~연안	45.1	1931. 12. 11.			
조선철도 (주)		연안~토성	34.1	1932. 9. 1.			
		동해주~해주	2.3	1933. 7. 1.			
	황해선	해주~동포	7.5	1936. 8. 31.			1940. 6. 11. 폐지
		해주~취야	15.6	1936. 12. 11.			
		수교~장연	17.7	1937. 1. 21.			
		동포~정도	0.7	1937. 5. 11.			
		취야~옹진	24.7	1937. 5. 19.			
			△7.5				
	소계		278.5			100.3	
	함남선	함흥~만재교	2.5	1923. 8. 25.			1938. 5. 1. 신흥철도(주)로 양도하였다.
		만재교~오로	14.5	1923. 6. 10.			
		오로~장풍	11.2	1923. 8. 25.			
		오로~상통	13.3	1926. 10. 1.			
		풍상~함남 신흥	15.1	1926. 10. 1.			
	소계		56.6				

☞ 앞 표에 이어서

회사명		개업선			미 개업선		비고
		구간	거리(km)	개업 연월일	구간	거리(km)	
조선철도 (주)	함북선	고무산~신참	35.7	1927. 8. 20.			1940. 5. 1. 북선척신철 도(주)에 보 상 매수되었 다.
		신참~무산	24.4	1929. 11. 15.			
	소계		60.1				
계			614.8				
금강산전기철도(주)		철원~김화	28.8	1924. 8. 1.			1942. 1. 1. 경성전기 (주)로 합병 되었다. 1944. 10. 1. 창도~내금 강 간 49km 는 영업휴지 (정지)하였 다.
		김화~금성	22.2	1925. 12. 20.			
		금성~탄감리	8.6	1926. 9. 15.			
		탄감리~창도	8.0	1927. 9. 1.			
		창도~현리	15.1	1929. 4. 15.			
		현리~화계	12.0	1929. 9. 23.			
		화계~금강구	13.3	1930. 5. 15.			
		금강구~내금강	8.6	1931. 7. 1.			
계			116.6				
조선경남철도(주)		천안~온양온천	14.7	1922. 6. 1.	장호원~원주	46.0	
		온양온천~예산	25.9	1922. 6. 15.			
		예산~홍성	22.0	1923. 11. 1.			
		홍성~광천	12.7	1923. 12. 1.			
		광천~남포	24.8	1929. 12. 1.			
		남포~판교	24.3	1931. 8. 1.			
		판교~장항	19.1	1930. 11. 1.			
		장항~장항잔교	0.7	1933. 10. 12.			
		천안~안성	28.4	1925. 11. 1.			
조선경남철도(주)		안성~죽산	18.6	1927. 4. 16.			1944. 11. 1. 안성~장호원 간 41.4km는 영업 휴지(정 지)되었다.
		죽산~장호원	22.8	1927. 9. 15.			
계			214.0			46.0	

☞ 앞 표에 이어서

회사명	개업선			미 개업선		비고
	구간	거리(km)	개업 연월일	구간	거리(km)	
조선경동철도(주)	수원~이천	53.1	1930. 12. 1.	여주~점동면	16.0	1942. 11. 1. 조선철도(주)로 모든 철도를 양도하였다.
	이천~여주	20.3	1931. 12. 1.			
	수원~인천항	52.0	1937. 8. 6.			
계		125.4			16.0	
천내리철도(주)	용담~천내리	4.4	1927. 11. 1.			1927. 11. 1. 국가에 대여하여 영업함.
신흥철도(주)	함남 신흥~함남 송흥	20.0	1930. 2. 1.			
	함남 송흥~부전호반	30.6	1933. 9. 10.			
	상통~삼거	15.1	1934. 9. 1.			
	삼거~사수	30.2	1934. 11. 1.			삼거~사수 간 개업 당시 31.3km는 1940년에 1.1km 감소하였다.
	서함흥~천기리	14.9	1933. 5. 1.			
	천기리~내호	1.9	1936. 3. 5.			천기리~내호 간 개업 당시 1.7km는 1939년 0.2km 증가하였다.
	내호~서호리	1.7	1936. 12. 15.			
신흥철도(주)	신구룡~흥남부두	2.1	1943. 8. 1.			
계		116.5				
남만주철도(주) 웅기선	웅기~나진	15.2	1935. 11. 1.			
	웅기~상삼봉	180.0				
	남양~두만강 중심	3.3	1945. 3. 31.			1945. 3. 31. 국가로부터 양수함.
계		198.5				

☞ 앞 표에 이어서

회사명	개업선			미 개업선		비고
	구간	거리(km)	개업 연월일	구간	거리(km)	
혼춘철로고빈(유)	훈융~ 두만강 중심	1.2	1935. 11. 1.			1938. 6. 동 만주철도(주) 가 설립되어 양도함. 1939. 11. 궤 간 1.435m 로 개축되어 조선 측 길 이가 1.2km 가 되었다.
다사도철도(주)	신의주~다사도	39.5	1939. 11. 8.			1943. 4. 1. 신의주~양 시~남시 간 33.9km는 국가에 매수 되었다.
	남시~양시	18.5	1940. 11. 1.			
계		58.0				
군산부영철도	군산항역~ 해망정	1.0	1935. 5. 11.			1935. 5. 11. 국가에 대여 하여 영업.
삼척철도(주)	묵호~도계	41.4	1940. 8. 1.			1944. 2. 11. 이 외에 국 철 동해선 의 일부 삼 척~북평 간 12.9km 철도 경영을 수탁 (受託)함.
계		41.4				
경춘철도(주)	경성(성동)~ 춘천	93.5	1939. 7. 25.			1937. 3. 25. 사업계획서 변경으로 기 점을 경성부 성동으로 변 경하였다.
조선평안철도(주)	진남포~ 용강온천	34.7	1938. 7. 10.			
단풍철도(주)	단천~홍군	80.3	1939. 9. 1.			

☞ 앞 표에 이어서

회사명	개업선			미 개업선		비고
	구간	거리(km)	개업 연월일	구간	거리(km)	
인천부영철도	인천항역~화수정	2.2	1938. 4. 23.			1938. 4. 23. 국가가 임차하여 영업함.
	화수정~송현정	0.6	1942.			개업날짜 불명
평북철도(주)	정주~압록강 중심	121.6	1939. 10. 1.			
	부풍~수풍	2.5	1939. 10. 1.			
	부풍~수풍호반	4.1	1940. 10. 1.			
계		128.2				
서선중앙철도(주)	승호리~석름	29.6	1939. 7. 1.	북창~덕천	16.7	승호리~신성천 간 68.4km는 1944. 4. 1. 국가에 매수됨.
	석름-평남 강동	8.5	1939. 11. 1.	덕천~장상리	15.3	
서선중앙철도(주)	평남 강동~신성천	30.3	1942. 9. 21.			
	신성천~북창	36.1	1941. 10. 1.			
	구정~재동	4.4	1941. 10. 1.			
계		108.9			32	
부산임항철도(주)	부산진~감만리	5.5	1941. 2.			이 철도는 처음 이케다 사츄(池田佐忠) 명의로 면허를 얻었으나 1939. 5. 주식회사로 변경하였다. 1941. 11. 1. 국가가 임차하여 영업함. 1944. 5. 1. 국가가 매수함. 개업일 기록 없음.

☞ 앞 표에 이어서

회사명	개업선			미 개업선		비고
	구간	거리(km)	개업 연월일	구간	거리(km)	
조선석탄공업(주)	아오지~회암	5.9	1938. 9. 9.			1941. 조선인 조석유(주)로 개칭함.
	회암~오봉동	4.5	1942. 9. 10.			
계		10.4				
북선척식철도(주)	고무산~무산	60.4	1940. 5. 1.			1944. 4. 1. 국가가 매수함.
전남광업(주)	화순~복암리	11.8	1942. 10. 1.			1942. 종연실업(주)로 개칭한 것으로 추정됨. 개업과 동시에 국가가 임차하여 영업을 함.
조선무연탄(주)	문천~원산북항	10.3	1943. 12. 4.			1944. 6. 원산북항(주)으로 양도함.
조선마그네사이트개발(주)	여해진~동암	27.7	1943. 4. 1.			이 철도는 같은 회사가 1940. 7. 9. 면허를 받은 전용철도를 사설철도로 변경하였다.
	동암~용양	32	1943. 12. 4.			
계		59.7				
조선철도(주)	–	–	–	영주~춘양	35.2	
서선중앙철도(주)	–	–	–	간리~장산리	106	

영업시설

열차의 운전 및 차량 : 1944년 10월 1일 현재를 기준으로 열차운전에서 조선철도(주) 외 각 철도의 노선, 구간, 열차종류에 대한 상황은 다음의 표와 같다. 또한 열차운행 상황은, 1934년까지는 모든 열차에 대한 운행상황을 설명하고 있으나, 1935년 이후의 기록은 주요 열차만을 기록으로 하고 있으므로 상세한 내용은 알 수 없다.

여기에 기재하지 않은 철도는 국철이 임차해 간 철도 등 특수한 것이라 기록이 없으므로 싣지 않았다. 이하 각 표에서도 동일하다.

다음으로 열차의 운전속도에 관한 내용으로, 증기열차의 평균 시속은 표준궤 (1.435m)선 37~45km, 협궤(0.762m)선 22~38km이다. 대연(代燃, 대체연료)동차는 표준선 27~45km이다.

또한 1934년까지는 모든 열차의 운전속도에 대한 기록이 있지만, 1935년 이후는 상기와 같은 개괄적인 기록으로 되어 있으므로 상세한 내용을 알 수는 없다.

각 철도의 보유차량에 대해서는 1933년 이후에는 전혀 기록이 없으므로 싣지 않았다.

〈표 11-40〉 열차운전 횟수표

(1944년 10월 10일 현재)

철도명	노선명	구간	열차종류	운전횟수(왕복)	비고
조선철도	충북선	조치원~충주	여객 및 혼합	3	
		조치원~청주	여객 및 혼합	1	
	경동선	수원~인천항	여객 및 혼합	4	
		수원~여주	여객 및 혼합	3	
경성전기	금강산전철선	철원~창도	혼합	3	
조선경남철도		천안~장항잔교	여객 및 혼합	2	
		천안~장호원	여객 및 혼합	2	
신흥철도		서함흥~서호리	여객 및 혼합	11	
		오로~함남 송흥	여객 및 혼합	4	
		함남 송흥~부전령	여객 및 혼합	3	
		부전령~부전호반	여객 및 혼합	2	
		함흥~오로	여객 및 혼합	9	

☞ 앞 표에 이어서

철도명	노선명	구간	열차종류	운전횟수(왕복)	비고
신흥철도		오로~삼거	여객 및 혼합	5	삼거~황초령 간에 대한 기록이 없어 명확하지 않음.
		황초령~사수	여객 및 혼합	3	
동만주철도		훈융~합달문(哈達門)	여객 및 혼합	3	
다사도철도		양시~다사도	혼합	6	
삼척철도		묵호항~삼척	혼합	4	
		묵호항~도계	혼합	3	
경춘철도		성동~춘천	여객 및 혼합	6	
		성동~퇴계원	여객 및 혼합	5	
조선평안철도		진남포~용강온천	여객 및 혼합	4	
단풍철도		단천~홍군	여객 및 혼합	3	
평북철도		정주~수풍	여객 및 혼합	3	
서선중앙철도		신성천~재동	혼합	2	
		신성천~북창	여객 및 혼합	3	
조선인조석유		아오지~오봉	여객 및 혼합	6	
원산북항		문천~원산북항	혼합	3	
조선마그네사이트개발		여해진~용양	혼합	3	

여객 · 화물 운임

사설철도에서 운임을 정하는 데에는, 여객은 거리비례법(킬로미터당)을, 화물은 원거리체감법(누적계산법, 지대 포함)을 채용하고 있다. 두 가지 모두 국유철도와 동일하다. 또한 국유철도와 연대운수의 편의를 도모하기 위해 특수한 경우를 제외하고, 대체적으로 국유철도와 동일 규칙으로 취급하고 있다.

보통운임 : 임률은, 여객은 동만주철도 및 조선인조석유를 제외하고 km당 3등석은 4전 8리, 2등석은 3등석의 2배로 하고 있다.

화물은 내지(內地, 일본)의 지방철도법의 예를 참작하여 예외를 제외하고는 실제 거리(km)에 7할~20할 증가시킨 화물영업 거리를 설정하고, 이 거리에 국유철도와 동일한 임률을 적용하는 것이다.

각 철도회사별 여객 임률 및 화물 영업거리 할증률은 다음 표와 같다.

〈표 11-41〉 여객화물 운임표

(1944년 10월 1일 현재)

철도명		여객 1인 1km당		화물 영업거리 할증률 (~할)	비고
		3등(~전~리)	2등(~전~리)		
조선철도	충북선	4.8	3등의 배	7	
	경동선	4.8	–	7	
경성전기 금강산전철선		4.8	3등의 배	7	
조선경남철도		4.8	3등의 배	7	
신흥철도		4.8	–	7	
동만주철도		4.2	8	20	
다사도철도		4.8	–	7	
삼척철도		4.8	–	7	
경춘철도		4.8	3등의 배	7	
조선평안철도		4.8	–	7	
단풍철도		4.8	–	7	
평북철도		4.8	–	7	
서선중앙철도		4.8	–	7	
조선인조석유		특정	–	특정	
조선마그네사이트 개발		4.8	–	13	
원산북항		4.8	–	7	

특정임률 : 여객은 정기승차, 회수(回數)승차, 객차전세, 열차전세 등에 대한 특수운임을 정한다. 또한 학교 교원, 학생 및 박람회, 강습회 등의 참가자, 이 주민, 취업자, 피구호자에 대한 할인 등 각종 할인운임 제도를 설치하였는데 대체적으로 국유철도와 동일하다.

화물은 생산력 확충물자 및 생활필수품에 대한 필요에 따라 특정 또는 할인 운임을 적용하였다.

영업성적

1944년 및 종전(終戰)까지의 실적 기록은 없으므로 1943년 기록이 조선에서 사설철도 최후의 기록이 된다. 1937년부터 1943년까지 사설철도의 영업성적은 별책 통계표의 운수성적표 및 영업수지표의 내용대로이다. 운수성적에 대해서는 각 회사, 각 노선별로 기록이 있지만, 영업수지에 대해서는 기록이 없다. 영업수지는 사업경영의 실태를 단적으로 보여주는 것이므로 빠뜨릴 수 없는 자료로 생각된다. 따라서 수치 면에서 다소 정확함이 떨어지기는 하지만, 사설철도의 보조성적으로 나타나는 수지 및 수입금란의 숫자를 이용하여 영업수지표를 작성하였다. 또한 조선철도(주) 해당 부분은 보조성적표에서도 각 노선별로 표시되어 있지 않으므로, 영업수지표에서도 동일한 처리를 하였다.

사설철도 개업 이래 장기간에 걸쳐 경영이 계속되었는데, 오래된 경우에는 20년을 넘는 경우도 있다. 적자로 경영 곤란에 빠지지는 않았지만 대부분 보조철도로, 보조대상에서 제외되어 독립경영을 하게 된 것은 아니다. 그러나 그 발자취를 볼 것 같으면 운수성적표 및 경영수지표에서와 같이 실적이 향상하고 있는 것은 분명하다. 그 신장률 추이는 다음의 표와 같다.

〈표 11-42〉 수송수량(輸送數量)으로 보는 추이

연도	여객인원 (천명)	전년도 대비 신장률 (전년도를 1로 봄)	1937년 대비 신장률 (1937년도를 1로 봄)	화물수량 (천톤)	전년도 대비 신장률 (전년도를 1로 봄)	1937년 대비 신장률) (1937년도를 1로 봄)
1937	9,466	-	-	2,660	-	-
1938	11,418	1,206	1,206	3,021	1,136	1,136
1939	17,195	1,506	1,817	4,334	1,435	1,630
1940	23,519	1,368	2,485	7,280	1,680	2,737
1941	24,254	1,031	2,562	8,235	1,131	3,096
1942	25,023	1,032	2,644	8,774	1,065	3,299
1943	31,013	1,239	3,276	7,702	0,878	2,896

〈표 11-43〉 운수수입으로 보는 추이

연도	1일 1km당 운수수입 (엔 전)	전년도 대비 신장률 (전년도를 1로 봄)	1937년도 대비 신장률 (1937년도를 1로 봄)	비고
1937	17.53			
1938	19.6	1.118	1.118	
1939	31.82	1.623	1.815	
1940	43.7	1.373	2.493	
1941	47.73	1.092	2.723	
1942	56.43	1.182	3.219	
1943	64.12	1.136	3.658	

주) 수송수량에 있어서도 1일 1km 평균 인원 및 톤(ton) 수량에 의해 계산해야 하지만, 인원 합계, 총 화물 톤 합계 기록이 없으므로 절대 수치를 사용하였다.

1939년과 1940년은 여객, 화물의 수량 및 km당 수입에서 특히 높은 신장률을 나타내고 있는데, 이것은 전쟁수행에 따른 각종 산업의 급격한 진전을 말해주는 것이다. 그러나 이것은 1941년 이후 반대로 신장률이 현저하게 저조해지고 있다. 특히 1943년의 km당 수입은 여하튼간에 화물톤수는 반대로 전년도보다 감소하고 있다.

이것을 철도 회사별로 살펴보면 화물의 톤수에 있어서,

연도	감소한 철도	같은 해 증가한 철도
1943년	조선철도(약간 감소)	다사도철도(약간 증가)
	경성전기 금강산전철선	삼척철도(격증)
	신흥철도	북선척식철도
	경춘철도	
	조선평안철도	
	단풍철도	
	평북철도(격감)	
	서선중앙철도	

감소한 철도가 대다수이므로 결국 1943년은 전년도보다 12% 이상 감소한 것이 된다. 이 현상은 전쟁 후기로 들어가면서 제반 물자 부족, 생산 저하와 철도운영상의 필요 자재도 부족하여 수송이 생각만큼 이루어질 수 없었던 증거라고 할 수 있다. 또한 1939년과 1940년을 최고점으로, 이후의 철도수송실적의 하향은 무엇을 말해주는 것일까? 1941년 12월 8일 태평양전쟁 돌입시점에 철도수송이 하강기로 들어가고 있다는 것은 진정 기이하다고 여기지 않을 수 없다.

사설철도 총괄표

1944년 10월 10일 현재를 기준으로, 각 회사 자본 및 면허선의 상황은 다음의 표와 같다.

〈표 11-44〉 사설철도 각 회사 자본 및 면허선 상황

(1944년 10월 1일 현재)

경영 회사명	주요 사무소 소재지	자본금 및 건설비 (천엔)	불입금 및 기타 (천엔)	면허선			비고
				개업(km)	영업 폐지 미 개업(km)	계(km)	
조선철도 (주)	경성	자본 54,500	불입 17,650 / 사채 16,100 / 차입 8,939	219.4	83.6	303.0	1923년 9월 1일
경성전기 (주)	철원	철도건설비 11,944	건설비 11,944	금강산전철선 67.6	휴지(정지) (창도~내금강) 49.0	116.6	1942년 1월 1일 금강산전기철도(주)를 발행
조선경남 철도(주)	천안	자본 9,750	불입 9,750 / 사채 10,000 / 차입 250	214.0	46.0	260.0	
신흥철도 (주)	흥남	자본 2,000	불입 1,520 / 차입 12,231	173.1		173.1	
조선평안 철도(주)	경성	자본 2,500	불입 1,250 / 차입 2,410	34.7		34.7	

☞ 앞 표에 이어서

경영 회사명	주요 사무소 소재지	자본금 및 건설비 (천엔)	불입금 및 기타 (천엔)	면허선			비고
				개업(km)	영업 폐지 미 개업(km)	계(km)	
서선중앙 철도(주)	경성	자본 15,000	불입 12,000	40.5	32.0	72.5	
			차입 29,760				
경춘철도 (주)	경성	자본 10,000	불입 5,000	93.5		93.5	
			사채 9,800				
			차입 2,899				
단풍철도 (주)	하기천	자본 8,000	불입 8,000	80.3		80.3	
			차입 3,585				
평북철도 (주)	경성	자본 10,000	불입 10,000	128.2		128.2	
			차입 17,000				
다사도 철도(주)	신의주	자본 3,000	불입 1,500	24.1		24.1	
			차입 7,848				
조선마그 네사이트 개발(주)	경성	자본 8,700	불입 8,700	59.7		59.7	
			차입 20,230				
삼척철도 (주)	경성	자본 7,500	불입 7,500	54.3		54.3	
			차입 11,152				
이상 보조철도 계		자본 130,950	불입 81,870	1,189.40	210.6	1,400.00	
			사채 35,900				
			차입 116,304				
		건설비 11,944	건설비 11,944				
			계 247,018				
남만주 철도(주)	대련	건설비 13,124	건설비 13,124	15.2		15.2	
동만주 철도(주)	혼춘	자본 (10,000)	불입 (7,500)	1.2		1.2	
조선인조 석유(주)	아오지	건설비 2,350	건설비 2,350	10.4		10.4	
원산북항 철도(주)	경성	철도건설 비 3,174	건설비 3,174	10.3		10.3	
이상 비보조철 도 계		건설비 18,648	건설비 18,648	37.1		37.1	

☞ 앞 표에 이어서

경영 회사명	주요 사무소 소재지	자본금 및 건설비 (천엔)	불입금 및 기타 (천엔)	면허선			비고
				개업(km)	영업 폐지 미 개업(km)	계(km)	
합계		자본 130,950	불입 82,870	1,226.50	210.6	1,437.10	
			사채 35,900				
			차입 116,304				
		건설비 30,592	계 235,074				
			건설비 30,592				
			계 265,666				
군산부영 철도	군산	건설비 41	건설비 41	1		1	1935년 5월 11일 임대
천내리 철도(주)	천내리	자본 200	불입 200	4.4		4.4	1927년 11월 1일 임대
			차입 50				
인천부영 철도	인천	건설비 120	건설비 120	2.2		2.2	1938년 4월 23일 임대
종연실업 (주)	광주	건설비 1,500	건설비 1,500	11.1		11.1	1942년 10월 1일 임대
이상 국가가 임차하여 영업 계		건설비 1,661	불입 200				
			차입 50	18.7		18.7	
		자본 200	건설비 1,661				

제6장
사설철도 매수(買收)

제1절 개요

조선에서 국가가 사설철도를 매수한 역사는 1906년 통감부 설치 후 국가가 통일적인 경영을 위해 경부와 경인 양 철도를 매수한 것이 처음이다. 이 시대의 매수사정은 후에 매수하게 되는 이유와는 전혀 다른 것이라는 것은 국철편에서 설명하는 바와 같이 분명하다. 그리고 이후 오랫동안 매수를 한 사례가 없었는데, 쇼와시대(1926~1988)가 시작되면서 국가의 철도건설 사업이 진행됨에 따라, 국유철도 구간에 끼어 있는 여러 노선의 사설철도를 국책상 국가가 통일 운영하기 위해 매수를 할 필요가 생기게 된 것이다.

1926년 제59회 제국의회에서 이른바 조선철도 12년계획이 성립되었고, 국가가 새로이 건설하는 노선 외, 사설철도의 전북철도 외 4개의 노선이 매수 계획에 들어가 있다. 정부는 1927년 이후 1931년까지 계속 매수를 실시하는데 매수예산은 건설, 개량계획 예산과 분리하여 교부(交付)공채(公債)로 지급하기로 하였다. 조선철도 12년계획 성립 경과 중에 사설철도 매수에 대해서는 여러 가지 논의가 이루어졌다. 조선에서 사설철도는 국철 대행의 의미를 가지고 건설에 대한 면허를 얻은 경우가 많았으며, 국유철도 건설의 진척에 따라 사설철도와의 연관되는 면이 증가하여 수송계통 정비상 이러한 사설철도를 국가가 매수할 필요가 있었던 것이다. 또한 사설철도 매수 문제에 대해서는 제3장 제3절에서 기술하였으므로 여기에서는 생략한다.

위와 같은 사정으로 1933년에는 1931년 이후 국가가 빌려서 영업 중이었던 개천철도를, 1936년에는 국철 경전선 및 전라선과의 관련으로 남조선철도를, 1940년에는 국철 경부선과 같은 경경선 사이에 끼어 있는 조선철도 소속 경북선을, 1943년에는 국철 경의선과 병행하여 복선 역할을 지닌 다사도철도의 일부 신의주~남시 구간을, 1944년에는 국철선과의 수송로상 조선철도 소속 황해선 및 북선척식철도 및 서선중앙철도의 일부 승호리~신성천 간을, 또한 부산임항철도는 국철 부산임항선으로, 이상 8개의 노선과 1945년 8월 종전 직전에 조선철도 소속의 영춘선의 일부 영주~내성 간 및 서선중앙철도의 장산선이 국가에 매수되었다.

제2절 매수 사설철도

매수 사설철도의 개요는 다음과 같다.

매수 연월일	회사명	매수구간	거리(km)	매수가격(엔)	비고
1927. 10. 1.	전북철도주식회사	이리~전주	24.9	900,000	
1928. 1. 1.	조선철도주식회사	송정리~담양	36.5	3,122,530	
1928. 7. 1.	조선철도주식회사	대구~학산	147.8	7,134,690	조선철도 12년계획으로 매수함.
		경주~울산			
1929. 4. 1.	도문철도주식회사	회령~동관진	59.5	5,804,690	
		상삼봉~삼봉교			
1931. 4. 1.	조선철도주식회사	마산~진주	70	7,573,477	
1933. 4. 1.	개천철도주식회사	신안주~천동	36.9	700,000	

매수 연월일	회사명	매수구간	거리(km)	매수가격(엔)	비고
1936. 3. 1.	남조선철도주식회사	전남 광주~여수항	160	10,797,270	
1940. 3. 1.	조선철도주식회사	김천~안동	118.1	8,072,911	
1943. 4. 1.	다사도철도주식회사	신의주~남시	33.9	불명	
1944. 4. 1.	조선철도주식회사	황해선	278.5	불명	
1944. 4. 1.	북선척식철도주식회사	고무산~무산	60.4	불명	
1944. 4. 1.	서선중앙철도주식회사	승호리~신성천	68.4	불명	
1944. 5. 1.	부산임항철도주식회사	부산진~감만리	5.5	불명	
1945. 8. -	조선철도주식회사	영주~내성	14.3	불명	
1945. 8. -	서선중앙철도주식회사	간리~장산리	10.6	불명	
	합계		1,125.30		

주) 다사도철도 이후의 매수가액(買受價額)에 대한 기록은 없다.

이러한 매수 노선 중 전북철도의 이리~전주 구간, 조선철도의 대구~포항 간 및 경주~울산 구간, 도문철도의 회령~동관진 간 및 상삼봉~삼봉교 구간 및 개천철도의 신안주~천동 구간은 궤간 0.762m의 협궤선이었는데, 매수 후 에는 순차적으로 궤간 1.435m의 표준궤로 개축공사를 실시하여 종전(終戰)시 기에는 개천선 신안주~개천 구간을 제외하고 표준궤선 영업을 하였다. 또한 남조선철도는 부대사업이었던 자동차운송사업도 동시에 매수되어 국철의 직 영사업이 되었다.

제11편
육운행정

제2부 자동차 교통사업 부문

제1장
총설

제1절 연혁 및 감독법규

자동차와 도로의 관계는 철도와 선로의 관계와 마찬가지이다. 자동차사업이 발전하는 데 도로발달이 전제가 되지 않으면 성립되지 않는 것은 말할 필요도 없다. 조선의 도로는 대한제국시대에는 도로라고 할 수 있을 만한 것이 거의 없었다. 총독부 설치 이후 도로개수 계획이 세워져, 우선 5개년계획의 계속사업으로 정비가 진행되었다. 다이쇼시대(1912~1925)로 들어가면서 조선의 자동차는 해마다 수를 늘려나갔는데, 이것은 그 배후에 운행을 가능하게 한 도로의 정비보급이 있었음을 말해주는 것이다.

조선에 처음으로 자동차가 수입된 것은 1911년으로 이왕직(李王職)에 1량, 총독부에 1량 등 모두 관청소속이었다. 자동차를 영업용으로 사용한 것은 1912년 4월 경성부에서 오리이 가이치(織居加一)가 승용자동차 임대영업을 개시하여 1량 1시간 5엔의 요금으로 일반의 요구에 따른 것이 그 효시(嚆矢)이다. 당시 시가지에서는 인력거와 수레, 말이 교통수단이었는데 자동차의 출현은 진정 경이롭기 그지없었다.

승합자동차 영업은 1912년 8월 경상북도 대구에 거주하던 오쓰카 긴지로(大塚金次郞)가 대구, 경주, 포항 사이에 부정기적으로 영업을 개시한 것이 시작인데, 1913년부터 1914년에 걸쳐 오리이 가이치(織居加一) 외 2명이 황해도 사리원~해주 간, 평안남도 평양~진남포 간, 진남포~광량만 간, 평안북도 신의주~의주 간, 충청남도 천안~온양 간, 경상북도 김천~상주 간, 충청남도 공주~조치원~충청북도 청주 간에 순차로 정기승합 자동차 영업을 개시하였다. 이 구간은 당시 이미 상당한 교통량을 가지고 있었으므로 수년 후에 모두 사설철도가 개설된 경우가 많다. 이 무렵부터 가까스로 조선 전체 각지에 자동차 영업 열기가 고조되었는데, 계속해서 경상남도에서는 마산~진주 간, 진주~삼천포 간, 전라남도에서는 송정리~광주 간, 순천~여수 간, 광주~목포 간, 전라북도에서는 전주~남원 간, 경기도에서는 경성~장호원 간, 경성~강원도 춘천 간 및 경기도 벽란도~황해도 해주 간으로 이어지며 승합자동차 영업이 개시되었다. 이러한 기세로 조선 전체에 순차적으로 영업 범위가 확대되어 사업자수와 노선수도 증가하였다. 1912년에 승합자동차 사업자수는 1, 영업노선 거리는 104km에 지나지 않았는데, 1917년에는 사업자 수 10, 노선거리 1,029km 이상이 되었다.

이 시대 자동차에 대한 행정은 1915년에 경무총감부령 제6호로 자동차에 관한 일반적인 단속 규제가 공포되었는데, 이 중에 자동차운송영업에 관한 몇 조의 규정이 있었다. 단속 관청으로는 각 도의 경무부장, 경찰서장, 헌병분대 등으로, 도의 경무부장이 자동차 영업허가 및 기타 중요한 행정 처분을 하는 경우에는 관계된 도(道)의 장관과 상의하도록 되어 있었다.

그러나 자동차 영업자가 점점 늘어남에 따라 사회·공공에 미치는 영향도 커지게 되어 여러 가지 문제들도 발생하게 되었다. 마침 1919년 조선에서 지방행정제도의 개정이 있어 헌병경찰제도의 폐지로 인해 도지사로 소관이 이동되는 등의 개혁이 이루어질 때에, 각 도에서 제각각 이루어졌던 자동차에 대한 행정적인 통일을 기하게 되어 같은 해 7월 앞에서 기술한 경무총감부령은 폐지되고, 이를 대신하여 총독부령 제112호에 의해 새로이 자동차 단속규칙이 제정되었다. 그러나 그 내용은 대체로 이전 규칙과 대동소이한 것이었다. 그 주요 조항을 간략히 정리하면 다음과 같다.

자동차단속규칙(초)

제1조 본령에서 자동차로 칭하는 것은 원동기를 이용하여 궤도를 수단으로 삼아 운전하는 차량을 말한다.

제13조 자동차를 수단으로 하는 운송업 또는 자동차의 임대업을 영위하는 자는 아래 각 호의 사항을 구비하여 주된 영업소 소재지를 관할하는 도지사에게 제출하여 허가를 받아야 한다.

1. 본적, 주소, 이름, 연월일

2. 영업, 종류, 승합자동차 영업, 화물자동차 영업, 임대자동차 영업 종류

3. 영업소

4. 운임 또는 임대료

5. 영업 개시 연월일

6. 1년 동안의 수지 개산(概算)

일정한 노선 또는 구간에 의한 자동차운송영업 원서에 있어서는 전항 각 호의 사항 이외에 아래 각 호의 사항을 기재해야 한다.

1. 영업노선 또는 영업구간

2. 발차 도착(発著) 지점, 정류소, 발차 도착시간

3. 차량의 구조개요

제1항 제2호에서 제4호 또는 전항 제1호 또는 제2호 사항을 변경하고자 할 때에는 도지사에게 제출하여 허가를 얻어야 한다.

이상 이 규정은 우선 자동차의 정의와 그 사업의 적용범위를 정하고 있는데, 기타 다음과 같이 각 항에서 정해져 있다.

1. 도로통행에 관한 제한에 대해서

2. 차량의 구조 및 사용에 대해서

3. 운전수의 면허제도 및 의무, 취업지역 변경, 운전수의 고용 및 해고, 사고발생 경우의 조치에 대해서

4. 감독 및 벌칙에 대해서

이 단속규칙의 운용에 대해서는 총독부훈령 제44호로 각 도에서의 취급절차가 제정되었다.

이 단속규칙은 자동차 영업의 건전한 발달을 도모하기 위한 것임은 물론이지만, 규칙 운용에서 도로의 축조 및 유지에 이르는 영향 및 궤도사업에 미치는 영향에 대해서 충분히 고려하였다. 승합자동차 영업허가에 있어서는 도로교통 단속과의 관계, 도로의 실체 등에 대한 도로관리자의 의견을 요구하고, 운행도로를 자세히 조사하여 도로, 교량의 보호와 도로교통 보안상 많은 배려를 하였다. 허가출원에 대해서 경합을 하는 경우에는 신중한 고려를 하도록 하였다. 특히 기존 궤도사업에 미치는 영향이 있을 때에는, 양 사업이 양립하는 것이 가능한 경우에만 허가하도록 하고, 궤도사업과 출원 경합을 하는 경우에는 지방교통상황을 자세히 조사하여 허가를 결정하는 등 운용에 있어서 신중을 기하였다.

그러나 다이쇼시대(1912~1925) 말기부터 쇼와시대(1926~1988) 초기 동안 자동차운송영업은 보급·발달하여 일반 민중에게 대단한 편의를 제공하였으나 공동사업으로서 운임의 적정화, 설비의 개선을 기하는 등 교통행정적인 면에서 본다면, 경찰 단속을 기본으로 한 단속규칙에서는 아무리 운용에 만전을 기했다고 하더라도 불충분한 것이 사실이었다. 조선 각지에 급속하게 보급된 승합자동차 영업은 여러 곳에서 사설철도 및 궤도와 경합상태를 벌이게 되고 철도, 궤도에 영향을 끼치는 사례가 나타나게 되었다. 감독관청으로서 철도국은 이러한 사태를 그대로 방치할 수 없으므로, 자동차 영업에 관한 제반 조사

연구를 진행하기로 하였다. 즉, 1928년 철도국은 감독과원을 철도성 감독국으로 파견하여 자동차운송사업에 대한 감독기구, 관계법령, 행정사무처리 등 상세한 조사를 하여 조선에서 같은 사업의 실정에 대응하는 시책을 자세히 연구하게 하였다. 당시 일본에는 여러 가지 경위를 거쳐 1928년 11월 25일 철도성 관제가 일부 개정되었는데 철도대신이 지방철도, 궤도, 자동차 기타 육상운송 감독에 관한 사무를 주관하도록 하였다. 이것은 앞으로의 지방철도, 궤도 외에 새로이 자동차 기타 육상운송에 대한 감독이 더해진 것으로, 육상운수 기관에 관한 감독행정상의 획기적인 변화였다.

조선에서도 일본의 모든 정세를 통해 육상에서의 각종 운수기관을 중앙에서 통제할 필요를 인지하고, 총독부는 1931년 경(警) 제483호 정무총감통첩을 발하여, 각 도지사가 자동차의 노선을 정하는 사업에 관한 중요 처분을 할 때에는 일단 총독부에 보고하도록 하였다. 그에 대한 중요처분은 다음과 같은 것이다.

1. 영업 노선 또는 구간의 노선 연장 36km 이상이 되는 경우
2. 영업 노선 또는 구간이 2도(道) 이상 걸치게 되는 경우
3. 경성부, 부산부, 평양부, 대구부 내에서 영업을 하는 경우
4. 철도, 궤도, 자동차 기타 일정 노선 또는 구간에 의한 교통기관과의 경쟁선이 된다고 인정되는 경우

이러한 조치 외에 행정지도로 사설철도, 궤도사업자에 대해서는 이와 병행하는 자동차운송사업은 적극적으로 매수(買收)하여 스스로 겸업하도록, 또는 관련하는 자동차운송사업과는 연결 운수 또는 여러 종류의 협정을 체결하여 경쟁 완화를 도모하는 등 철도, 궤도사업 경영의 안정을 기하도록 하였다.

자동차 단속규칙 제정 이후 자동차 영업에 따르는 제반 정세에 대응하는 조치로서 훈령, 통첩, 행정지도 등 위의 규칙을 운용하여 처분해 왔는데, 이러한

고식적(姑息的)인 조치로는 철도, 궤도와 병행하는 공공교통기관으로 성장한 자동차운송사업을 적절하게 조종하거나 감독하는 것이 곤란해졌다.

당시 일본에서는 이 문제에 관해 어떤 상황이었을까? 자동차 교통사업에 관한 감독권은 형식적으로는 체신대신에게 속해 있었지만, 실제는 각 현의 지사 주관으로 위임되어 있었다. 그런데 1927년 8월 체신대신의 자동차 영업허가에 관한 지사 훈령이 단서가 되어 육상운송 감독권을 둘러싼 내정, 체신, 철도의 3성 사이에 다툼이 일어나게 되었는데, 이 문제는 같은 해 11월 행정제도 심의회 보고에 근거하여 각의(閣議) 결정으로 해결되었다. 이로써 육상운송의 감독권은 체신성에서 철도성으로 이관되어 1928년 11월 25일 철도성관제가 일부 개정되었고, 철도대신은 지방철도, 궤도 외 자동차 기타 육상운송에 관한 감독을 하게 되었다. 이어 1931년 4월 1일 자동차 교통사업법이 공포되어 1933년 10월 1일부터 시행되었다. 이렇게 일본에서 자동차운송사업에 관한 행정의 기본적인 변혁은 조선에도 당연히 영향을 끼치게 되었다. 조선에서의 일반적인 여론은, 제반 정세로 판단하건대 철도와 궤도, 자동차와 관련된 문제는 종래의 미온적인 조치로 얼버무릴 것이 아니라, 기본적으로 철도국에서 이들을 통괄하여 공공사업으로 하고, 그 감독권을 장악하여 통일적인 행정이 되도록 하지 않으면 해결되지 않는 것이었다. 이를 지지하듯 전 조선의 상공회의소, 자동차관계 각종 단체 및 자동차사업 경영자 등 각 방면에서 자동차교통사업법이 조선에서 시행되도록 하는 열렬한 요망이 이어졌으며, 조선에서 유력한 신문들도 같은 취지의 논설을 게재하는 등 여론은 일제히 같은 방향으로 크게 움직이는 정세가 되었다. 총독부 관련 각 기관인 행정조정위원회에서는 이 문제를 중시하여 신중하게 조사연구를 한 결과, 1931년 9월 9일 이것을 총독부에서 자동차운송사업의 주무관청을 철도국으로 결정하였다. 철도국은 제반사항들을 준비하여 가까스로 1932년 7월 30일 칙령 제202호로 철도국 관제의 일부를 개정하였다. 즉, 종래의 철도, 궤도 외 자동차운송 및 기타 육상운송 사업의 감독사무를 아울러 관장하게 된 것이다. 이른바 '육상운송'

중에는 자동차운송사업, 삭도(索道, 케이블카)사업, 무궤도전차사업 및 소운송업 등을 포함하게 되었다. 이 관제개정에 따라 같은 해 8월 총독부 훈령 제53호 '자동차운송영업의 허가 등에 관한 건'을 공포하여 일정 노선에서의 자동차운송영업 허가 및 기타 중요한 처분에 대해서 도지사는 다음 사항을 조선총독에 보고하여 처리하도록 하였다.

자동차운송영업 허가 등 보고에 관한 건(초록)

제1조 일정 노선 또는 구간에서 자동차운송업을 하여 아래의 각 호의 하나에 해당하는 것을 자동차 단속규칙(이하 규칙으로 칭함) 제13조 제1항의 규정에 따라 허가를 할 때에는 조선총독에 보고하여야 한다.

1. 노선 또는 구간 노선의 총 연장 30km 이상에 이르는 경우(이하 생략)

제2조 전조에서 규정하는 자동차운송영업에 관해, 아래의 각 호의 허가 또는 처분을 위한 경우에는 조선총독에 보고해야 한다.

2. 운임의 변경 및 운전 횟수의 증가로 발차시간의 변경, 이 변경으로 인한 철도, 궤도, 자동차 및 기타 일정 노선 또는 구간에 의한 교통기관과 경쟁이 될 우려가 있는 것에 대한 허가(이하 생략)

이상과 같은 조치로 자동차운송영업의 발달 및 통제와 철도, 궤도와의 협조 연락을 기하게 되었다.

그러나 자동차운송영업의 감독 및 사업통제의 철저를 기하기 위해서는 준거(準據)법령 정비가 급선무였으며, 철도국에서는 1932년 이래 법령입안을 진행하고 있었으므로 1933년 9월 제령 제19호 조선자동차교통사업령을 공포하기에 이르렀다. 동령은 일부 특별한 규정을 제외하고는 자동차교통사업법(1931년 4월 1일 법률 제52호 공포, 1933년 10월 1일 시행)에 의한 것이었다.

여기에 조선자동차교통사업령를 제정하게 된 이유서 일부를 살펴보면 "자동차를 통한 운전교통의 발달은 최근 몇 년 동안 현저하며, 특히 일반교통의 용도로 함께 하기 위한 노선을 정해 정기(定期)적으로 자동차를 운행하여 여객 또는 화물을 운송하는 것 및 자동차전용도로에 있어서는 이 효용은 철도 및 궤도와 비견하여 교통기관으로서 중요한 일정위치를 점한다. 따라서 면허사업으로 일면의 특별한 감독을 함과 동시에 다른 한편으로 조장을 함으로써 건전한 발달을 도모할 필요가 있다."라고 주지(主旨)하였다.

동령(同令)의 주요 내용은 다음과 같다.

1. 일반교통의 용도로 노선을 정해 정기적으로 자동차를 운행하여 여객 또는 화물을 운송하는 사업을 자동차운수사업으로 하고, 일반자동차도를 개설하여 유상 또는 무상으로 이것을 전적으로 자동차의 일반교통 용도로 사용하는 사업을 자동차 도로업으로 하여, 이 양 사업은 총독의 면허를 얻도록 하였다.
2. 자동차운수사업에는 사업계획을 작성하여 운행계획, 수지계획, 시설계획 등을 명확하게 하도록 하였다.
3. 공익상 필요한 경우에는 운임, 요금 기타 사업계획의 변경 및 기타 사업자와 연락 운송을 하게 하는 등 총독이 명령할 수 있도록 하였다.
4. 자동차운수사업의 양도, 합병 또는 폐지, 휴지(休止)에 대해서는 총독의 허가를 얻도록 하였다.
5. 자동차교통사업재단의 저당제도를 설치하였다.
6. 각종 명령위반에 대한 벌칙 및 교통방해에 관한 형벌을 규정하였다.
7. 국영 자동차 운수업 및 자동차도로 사업에 대해서는 여러 가지의 예외규정을 정하도록 하였다.

이것을 요약하자면, 종래에 단순한 경찰단속대상이던 사업에서 철도, 궤도와 동격의 공공사업으로서 보호조장을 기함과 동시에 상당한 책임을 가지도록 하였으며, 조선의 특수사정을 고려하여 소송, 재단저당, 등기 등에 대해서 일본 법령과 비교하여 여러 가지 차이를 두고 설치하게 되어 있다.

조선자동차교통사업령은 당시의 자동차 교통사업 실정에 대응하는 법제상 획기적인 것이었는데, 동령은 모든 자동차 교통사업을 대상으로 한 것은 아니었다. 즉, 정해진 노선의 자동차운송사업만을 대상으로 하고, 기타는 대상 외로 하여 '자동차운송사업 이외의 자동차에 의한 운송사업'은 부속명령에 위임되었다. 이 부속명령의 내용은 극히 간단한 것으로 각 도지사에 위탁된 채로 신 입법(新立法)의 새로운 정책의 대상이 되지는 못하였다.

애당초 자동차운송사업이 법 규제의 대상이 된 것은 철도, 궤도에 영향을 미치는 사태가 생겼기 때문이라고 생각할 수 있다. 그렇지 않고 자동차운송사업의 독자적인 영역에서 발달한다고 가정한다면 법 규제가 이루어지는 시기는 훨씬 이후가 되었으리라고 추측된다. 자동차운송사업이 발달하여 교통상 철도, 궤도와 마찬가지로 공공적인 역할을 가지게 된다면 법 규제를 받게 되는 것은 당연한 것이며, 게다가 그 시기는 빨리 도래한 것이라고 생각할 수 있다. 그 이유는 자동차운송사업 중 일정 노선을 정기적으로 운행하는 자동차운송사업이 이와 병행하는 철도, 궤도에 직접 영향을 주는 사태가 생김으로써 철도, 궤도의 보호조장을 목적으로 하여 감독을 하는 철도국의 행정적인 문제를 야기한 것이라고 생각할 수 있다. 이것은 자동차운송사업의 법 규제의 역사로 볼 때 충분히 생각할 수 있는 것이다. 따라서 같은 사업령으로 자동차운수사업 이외의 자동차운송사업을 대상으로 할 필요는 없다고 판단되는 까닭이라고 볼 수 있다. 즉, 철도, 궤도에 영향이 없는 자동차운송사업은 종래와 다름없이 지방적 경찰단속의 행정으로 충분한 것이었다. 이런 사실로 인해 이 사업령은 자동차 교통사업을 조장한다기보다는 자동차통제정책이라는 비판을 받기도 하였다.

1933년 9월 제령 제19호에서 조선자동차교통사업령이 공포되고, 동령 시행을 위해 1934년 12월 총독부령으로 동령시행규칙 이하 각종 부속법규를 공포하여 모두 1935년 4월 1일부터 시행하기에 이르렀다.

다음에 부속법규의 개요를 서술해 보겠다.

1. 조선자동차교통사업령 시행규칙

본 규칙은 사업령 시행에 필요한 일반적인 절차를 규정하였다.

2. 동 사업령 직권위임규정

사업령에 규정하는 조선총독의 권한 일부를 철도국장 및 도지사에게 위임 규정하였다.

3. 조선자동차운수사업 표준규정

노선의 폭에 따라 자동차에 일정 여객좌석 정원을 보유하도록 하고 또한 사업의 상태에 따라서 자동차의 사용차량수를 정하였다.

4. 조선자동차운수사업 회계규정

운수상 제반 수입의 범위, 흥업(사업의 시작) 및 영업에 관련된 비용의 분할, 기타 사업을 겸업하는 경우에 개업비, 영업비, 영업수입의 분할 방법 및 차량가격의 상환 등에 관하여 규정하였다.

5. 조선자동차 운수규정

철도영업법의 철도 운수규정에 해당하는 규정이다.

운임, 요금, 운송조건의 공고, 자동차 종사원의 제복착용, 영업소 및 정류소에 공시해야 할 사항, 차량의 검사, 여객의 승차를 거절할 수 있는 경우, 여객의 준수사항, 차내 지참 물건의 제한, 물품운송의 의무 등 자동차에 의한 운수영업상 사항을 규정하였다.

6. 조선여객자동차 설비규정

운수사업용 자동차의 구조설비에 관한 규정으로, 차량은 낮은 바닥 구조를 사용할 것, 차량의 높이, 여객좌석 정원의 폭, 입석을 설치하는 경우 등을 규정하였다.

7. 조선자동차운수사업 자동차 등록규정

자동차 운수사업 중 주식회사가 경영하는 경우에는 한 대당 일정 양식으로 등록을 받도록 할 것, 등록사무는 도지사 주관으로 할 것을 규정하였다.

8. 조선자동차도 구조규정

자동차도를 일반 자동차도, 전용자동차도의 2종으로 구별하여 각 구조에 관한 규정으로,

자동차도로의 폭, 노면, 경사, 곡선반경, 노면의 포장, 경계표 신호기, 조명장치 및 기타 교통시설과의 평면교차 방법 등에 관하여 규정하였다.

9. 조선자동차 운송사업규칙

자동차 운수사업 이외, 자동차에 의한 운송사업에 관한 준거 규정으로, 운송사업은 일반적으로는 도지사가 면허 및 기타 처분을 하고, 일정 노선에 의한 자동차운송사업은 철도국장이 면허 및 기타 처분을 하도록 규정하였다.

10. 조선자동차교통사업령 취급절차

사업령시행규칙에 의해 도지사가 작성하는 조사서의 기재사항, 총독에 대한 보고 또는 그지시 받은 사항, 철도국장에게 보고할 사항 등을 규정하였다.

1932년 8월 총독부 훈령 제53호는 폐지하였다.

주) 19호는 총독부령, 10호는 총독부훈령

이 사업령 시행으로 자동차 교통사업 이용자와 가장 관련이 깊은 자동차 운행에 관한 횟수, 시간, 계통, 운임요금 등 공익상 필요가 있는 경우 감독관청은 명령을 발할 수 있게 하였는데, 이용자의 보호를 한층 강화한 것이다. 특히 운임과 요금에 대한 자동차운송사업의 발생 당초부터의 경위를 살펴보면 쇼와(1926~1988)시대로 들어가서도 아직 사업자의 자유설정으로 위탁된 상태였지만, 사업령 시행을 할 때에

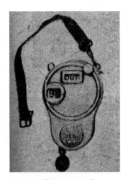
레지스터(임금 계산기)

도 운임과 요금에 대해서는 일정 기준을 마련한 정도에 지나지 않았다. 그러나 1937년 중·일전쟁 발발 이후 자동차에 의한 수송수요가 점증한 것에 대응하여 자동차의 차량 증가가 쫓아가지 못하고 수급 균형이 깨져 자동차 운임이 폭등하는 사태가 생겼다. 이에 대한 대응책으로 적정한 운임(요금)을 설정, 이를 준수시킬 필요를 인정하여 1940년 감독관청은 최고운임을 기준으로 하는 인가운임제를 실시하도록 하였다.

또한 사업령에서 자동차도로 사업이 처음으로 인정받게 되었다. 당시 아직 이 사업은 존재하지 않았으며 앞일을 예측한 것으로 여겨지는데, 그다지 필요하리라 생각하지 않았던 이 사업에 대해서 상세한 규정이 이루어졌다고 해서 불필요한 점에 힘을 기울이고 불가결한 점에는 힘을 쓰지 않았다는 비판을 받게 되었다. 게다가 이 사업은 종전(終戰)까지 출원자도 없어, 사업이 출현되는 것을 보지 못하고 끝나게 되었다.

여기서 조선자동차교통사업령(이하 사업령이라 함) 시행 전의 자동차단속규칙(이하 규칙이라 함)에 대해 언급하지 않으면 안 된다. 이 규칙은 1919년 7월 제정 이래 오랜 시간동안 실시되어 온 것은 이미 서술한 대로이지만, 사업령 제정으로 1933년 전면적으로 개정되었다. 그 요점은 사업감독규정 영역이 사업령으로 이전되고, 기타 자동차의 구조장치 및 운전보안에 관한 규정이 규칙 중에 남게 되었고, 또한 다음 사항이 새롭게 담겨졌다.

1. 자동차의 종류는 소형자동차를 더하여 보통 및 특수 자동차에 비해 완화 규정을 두었다.
2. 자동차의 길이, 폭, 높이에 관한 제한규정을 새로 정하였다.
3. 다른 차의 견인에 관하여 제한을 정하였다.
4. 운전면허의 종류를 보통, 특수, 소형으로 나누어 새로운 취업면허의 제도를 설치하였다.
5. 기타 운전방법 등의 규정을 정비하였다.

이 규칙에 근거하여 각 도지사는 자동차단속령시행규칙을 제정하여 지방의 실정에 맞는 단속을 실시하였다.

이후 1938년에 일부 개정되어 취업면허제도를 폐지하고 운전면허 적용구역의 제한을 없애 조선 전체적으로 확대 적용되도록 하였다. 이후에는 개정 없이 종전(終戰)까지 경과하였다.

되돌아보면 자동차 교통사업의 발생부터 많은 우여곡절을 거쳤는데, 그동안 행정관청 기구의 확립과 법체제의 정비 등으로 자동차 교통사업은 해마다 순조로운 발달을 거듭하여 산업, 경제, 국민생활상의 철도, 궤도와 나란히 많은 공헌을 하게 되었다. 특히 중·일전쟁 발발 이후에는 한층 그 진가를 인정받게 되었는데, 화물자동차는 그 기동성을 발휘하여 수송력 증강에 현저한 공헌을 할 정도였다.

중·일전쟁은 종식할 기미가 없이 더욱 확대되면서 전시 동안의 수송은 점점 중요성을 띠게 되는데, 특히 화물자동차의 정비는 국방상으로도 극히 필요한 것이었으며 수송력 증강을 위해서도 시급한 업무가 되었다. 그러나 화물자동차업계는 요청에 충분히 응할 수 있는 상태가 아니었다. 이로써 자동차사업 전반에 걸친 새로운 구상을 할 필요, 새로운 사태에 적응하기 위한 관계법령을 개정할 필요에 봉착하게 되었다. 마침 일본에서 1940년 4월 자동차교통사업법의 제반 정세에 대응하는 주목할 만한 개정이 이루어졌다.

이 법 개정의 요점을 적어보면 다음과 같다.

1. 화물운송사업에 대해서는 업종별 규정을 폐지하고, 하나의 사업으로 법 규제를 하여 동 사업에 대해서는 기존보다도 더욱 강력한 행정지도 및 통제를 할 기반을 만든 것이다.
2. 자동차운송사업에 조합제도를 도입, 사업의 건전한 발달을 도모하기 위해 업종별 조합 및 동 연합회 설립을 인정하였다.

조합이 행하는 사업은 조합원의 사업에 필요한 물자 구입, 공동설비의 설치 및 운임, 운수 기타 조합원의 사업에 관한 통제 및 조합원의 사업에 관한 지도, 연구 및 조사 등을 주로 하였다. 또한 필요에 따라서는 조합원의 사업에 필요한 자금을 대부해 주고 채무 보증 등을 하는 것이었다.

3. 사업에 대한 보조 제도를 창설하고, 화물자동차운송사업 및 사업조직에 대해 보조를

하기로 하였다. 화물자동차운송사업은 영세업자가 많고, 연료 및 기타 자재 부족, 대체연료 등으로 인한 높은 비용 등으로, 경영이 악화되는 경향이 현저하여 이에 대한 보조를 하고, 총체적인 수송설비의 정비를 목적으로 한 것이었다. 또한 조합에 대한 보조에 대해서는 조합원 사무에 대한 지도, 통제를 하는 등의 조합 사업을 위해 조성하는 것이었다.

또한 종래의 사업재단 저당제도는 버스 사업에만 적용하는 것이었는데, 다른 사업에도 확장 적용하도록 하여 사업운영상 금융의 원활함을 꾀하도록 하였다.

4. 현행법 시행 후의 운용에서 구비되지 못한 여러 가지 문제들을 개정하였다.

조선에서도 이 법의 개정 취지 및 조항에 근거하여, 조선자동차교통사업령 및 부속규정의 개정정비에 착수하여, 1941년 1월에 개정사업령을 공포하고 2월부터 시행하였다.

그 개정내용의 요점은,

1. 자동차교통사업령 시행규칙(개정)
2. 자동차운송사업조합 및 동 연합회에 대한 보조규칙
3. 화물자동차운송사업보조규칙
4. 여객자동차운송사업, 설비, 운수 및 회계규칙(이상 신규)
5. 기타 각 규칙에 따른 세부 사항의 개정

이상과 같이 개정법령이 시행되어, 이에 근거한 제반 절차들이 정무총감으로부터 각 도지사에게 전달되어 자동차 보조사무의 개시 및 화물자동차 및 여객자동차의 조합설립 준비가 진행되었다. 화물자동차연합은 1941년 11월에, 여객자동차조합은 1942년 4월에 조직되었다.

전시(戰時) 국면의 진행 상황을 보면, 육상수송능력 강화를 한층 더 요구되는 사태가 되어 자동차교통사업법은 1943년 3월 자동차교통사업조합의 강화를 중심으로 전면적인 개정을 공포한 것에 따라 같은 해 9월 조선교통사업령 및 이 법령 운용에 관한 각 부속명령을 개정하여 실시하였다. 이어 같은 해 12월 1일 교통국 관제시행에 의한 종래의 철도, 궤도, 자동차 및 기타 육상운송의 감독 외 항공, 항만, 해사(海事) 등 전 교통관례행정을 주관하는 교통행정의 일원화와 통일화를 기하였다. 이 사업령 개정과 행정기구개혁으로, 드디어 급박한 시국에서 수송능력 유지를 위한 강력한 체제 만들기를 하게 된 것이다.

제2절 자동차 교통사업 개황

여객자동차 운송사업

자동차 단속규칙에 의한 행정을 해온 1912년부터 1935년까지 자동차에 의한 영업종류는 승합자동차영업과 여객자동차 임대영업 등 두 종류로, 전자는 사업자수와 그 영업노선의 총 연장거리, 후자는 그 사업자수만이 기록되어 있다.

이어서 1935년 4월 1일 조선자동차교통사업령이 시행되어 이 법령으로는 사업종류별로 정기 노선, 정기 운행하는 자동차운수사업만이 대상이 되었고, 기타 업종은 종전의 자동차단속규칙에 의해 규제되었다.

나아가 이 법령은 1941년 2월 대 개정을 하여, 규제대상 사업종류는 거의 대부분의 업종에 이른다. 그 종류별은 여객자동차운수사업(종전과 같은 정의)과 여객자동차운송사업으로, 후자는 세분하여 관광여객자동차운송사업(정기 노선, 부정기 운행), 단체여객자동차운송사업(구간을 정하고, 단체여객의 운송), 보통여객자동차운송사업(구역을 정하고 일반여객의 운송, 이른바 전세택시업)의 세 종류로 되어 있다.

이상과 같이 법 규제를 받는 업종은 시대에 따라 변모해 나갔다. 기록에 남아

있는 것들과 비교해 보면 종류와 일치하지 않는 부분도 있는데 그대로 기재해
보면 다음과 같다.

〈표 11-45〉(a) 여객자동차 교통사업 상황표

연도	승합자동차		여객자동차 임대업자	비고
	업자(인)	노선 연장 (km)		
1912	1	104.4	1	
1913	2	177.6	1	
1914	3	483.3	1	
1915	5	526.6	1	
1916	7	930.4	1	
1917	10	1,029.10	2	
1918	19	1,851.00	4	
1919	35	3,432.10	4	
1920	81	7,014.50	10	
1921	119	9,338.00	14	
1922	154	11,784.20	27	
1923	206	13,744.10	32	
1924	267	17,648.00	51	
1925	264	13,528.50	98	
1926	250	13,528.50	80	
1927	262	15,064.00	83	
1928	281	24,024.50	114	
1929	298	25,880.10	142	
1930	301	26,693.70	237	
1931	277	27,636.10	262	
1932	262	28,273.40	261	
1933	246	29,022.30	252	
1934	233	29,489.10	234	
1935	222	26,858.70	260	

〈표 11-45〉(b) 여객자동차 교통사업 상황표

연도	여객자동차운수사업		부정기유람여객자동차 운송사업		전세 여객자동차 사업자(인)	비고
	사업자(인)	노선 연장 (km)	사업자(인)	노선 연장 (km)		
1936	193	26,854,90	8	112,7	249	
1937	159	26,235,40	8	102,7	260	
1938	152	26,197,00	3	141,9	256	
1939	132	25,590,60	4	143,9	145	
1940	124	25,879,20	3	128,9	132	
1941	122	30,983,70	3	104,5	124	
1942	105	24,016,40	3	94,9	104	
1943	103	23,983,30	3	94,9	101	1944년 4월 30 일 현재
1944	18	22,394,20	3	94,9	15	

주) 1. 〈표 11-45〉는 1935년 4월 1일 조선자동차교통사업령 시행 이전의 사업종류에 따른다.

〈표 11-46〉은 이 법령 시행 이후의 사업종류에 따른다.

2. 연도별은 매년 12월 31일 현재를 기준으로 한다.

또한 이 개황에 대한 각 도별 내역이 있는데, 자동차단속규칙 시대 마지막 인 1935년 3월 31일 현재(〈표 11-46〉(a)), 조선자동차교통사업령 시행 후 최 초 연도, 즉 1936년 12월 31일 현재(〈표 11-46〉(b)), 이 법령 대 개정을 시행 한 1941년 전후의 1939년(〈표 11-46〉(c))(1940, 1941년은 기록이 없다) 및 1942년(〈표 11-46〉(d)) 기록을 실었다.

〈표 11-46〉(a) 자동차 교통사업 상황표(도별)

(1935년 3월 31일 현재)

도명	승합자동차사업		여객자동차 임대사업자(인)	비고
	사업자(인)	영업노선(km)		
경기도	35	3,746,70	82	
충청북도	5	1,173,00	4	
충청남도	14	1,450,10	14	

☞ 앞 표에 이어서

도명	승합자동차사업		여객자동차 임대사업자(인)	비고
	사업자(인)	영업노선(km)		
전라북도	16	1,791.20	16	
전라남도	37	3,041.30	14	
경상북도	8	2,336.30	11	
경상남도	33	2,857.10	67	
황해도	14	2,688.10	13	
평안남도	15	2,011.40	13	
평안북도	12	2,989.60	6	
강원도	15	3,386.10	7	
함경남도	19	1,379.40	12	
함경북도	11	640.9	16	
계	234	29,491.20	275	

주) 이 표는 조선자동차교통사업령 시행 전인 1935년 3월 31일 현재를 기준으로 한 것으로 다른 표의 숫자와 일치하지 않는다.

〈표 11-46〉(b) 자동차 교통사업 상황표(도별)

(1936년)

도명	자동차운수사업		자동차운송사업(정노선)		자동차운송사업
	여객자동차운수사업		부정기유람승합자동차사업		전세여객사업
	사업자(인)	영업노선(km)	사업자(인)	영업노선(km)	사업자(인)
경기도	32	3053.5	1	32	75
충청북도	5	1241.8	–	–	4
충청남도	11	1535.8	–	–	10
전라북도	13	1672.4	–	–	14
전라남도	30	2452.7	–	–	11
경상북도	6	2248.3	–	–	10
경상남도	22	2953.2	–	–	58
황해도	15	2086	–	–	12
평안남도	16	2042	–	–	17
평안북도	8	2570.1	–	–	6
강원도	15	2936.6	–	–	11
함경남도	12	1461.6	4	80.7	12

☞ 앞 표에 이어서

| 도명 | 자동차운수사업 | | 자동차운송사업(정노선) | | 자동차운송사업 |
| | 여객자동차운수사업 | | 부정기유람승합자동차사업 | | 전세여객사업 |
	사업자(인)	영업노선(km)	사업자(인)	영업노선(km)	사업자(인)
함경북도	8	600.9	-	-	9
계	193	26854.9	5	112.7	249

주) 1. 이 표는 1936년 12월 31일 현재를 기준으로 한다.
　2. 앞에서 게재한 여객자동차 교통사업 상황표(〈표 11-45〉(b))의 부정기유람여객자동차운송사업 사업자수와 이 표의 숫자와는 일치하지 않는데, 어느 쪽이 타당한지는 명확하지 않기 때문에 그대로 두었다.

〈표 11-46〉(c) 자동차 교통사업 상황표(도별)

(1939년)

| 도명 | 자동차운수사업 | | 자동차운송사업(정노선) | | 자동차운송사업 |
| | 여객자동차운수사업 | | 부정기유람승합자동차사업 | | 전세여객사업 |
	사업자(인)	영업노선(km)	사업자(인)	영업노선(km)	사업자(인)
경기도	18	2,398.60	1	28.8	21
충청북도	5	1,265.10	–	–	4
충청남도	8	1,486.90	–	–	8
전라북도	11	1,685.00	–	–	12
전라남도	17	2,193.30	–	–	12
경상북도	5	2,279.90	2	66.1	8
경상남도	14	2,534.20	–	–	27
황해도	9	2,066.40	–	–	17
평안남도	15	2,103.90	–	–	4
평안북도	6	2,761.00	–	–	6
강원도	7	2,498.60	–	–	6
함경남도	8	1,595.00	1	49	10
함경북도	9	722.7	–	–	10
계	132	25590.6	4	143.9	145

주) 이 표는 1939년 12월 31일 현재를 기준으로 한다.

〈표 11-46〉(d) 자동차 교통사업 상황표(도별)

(1942년)

도명	자동차운수사업		자동차운송사업(정노선)		자동차운송사업
	여객자동차운수사업		부정기유람승합자동차사업		전세여객사업
	사업자(인)	영업노선(km)	사업자(인)	영업노선(km)	사업자(인)
경기도	14	22,403.3	1	28.8	13
충청북도	5	1,199.6	–	–	4
충청남도	8	1,598.4	–	–	8
전라북도	10	1,759.4	–	–	11
전라남도	11	2,082.4	–	–	13
경상북도	5	2,411.3	2	66.1	8
경상남도	6	582.1	–		19
황해도	9	2,081.1	–		17
평안남도	12	2,137.4	–		3
평안북도	6	2,919.0	–		5
강원도	5	1,255.4	–		6
함경남도	8	1,579.7	–		10
함경북도	7	649.6	–		9
계	106	42658.7	3	94.9	126

주) 1. 이 표는 1942년 12월 31일 현재를 기준으로 한다.
   2. 앞에서 게재한 여객자동차 교통사업 상황표(〈표 11-45〉(b))의 여객자동차 운수업 및 전세여객자동차사업자
      란의 숫자가 일치하지 않는데, 이유가 명확하지 않으므로 그대로 두었다.
      또한 경기도의 여객자동차운수사업, 영업노선 거리는 다른 표와 비교해 보아도 현저하게 차이가 나는데, 상
      기의 불일치 이유는 여기에 원인이 있는 것으로 사료된다.

여객자동차 교통사업은 후술(後述)의 내용처럼 통제(統制)로 1944년 4월을 목
표로 대략 각 도별 1사업자 단위로 통합되었다(다음 페이지 〈표 11-47〉, 〈표
11-48〉 참조).

승합여객자동차 운임 : 승합여객자동차사업의 운임에 대해서는 1940년 3월
31일 현재를 기준으로 하는 기록이 있다.

여객자동차운수사업(승합자동차)의 운임은 일부 도시 및 근교 교통을 목적

으로 하는 것에는 균일제 또는 구간별 제도가 있지만, 지방교통을 목적으로 하는 것은 대체로 거리비례법을 채용하고 있다. 도별 km당 평균운임을 살펴보면 다음과 같다.

도별	km당 운임(전)	도별	km당 운임(전)
경기도	3.2	황해도	3.9
충청북도	4.2	평안남도	3.7
충청남도	4.1	평안북도	4.8
전라북도	3.5	강원도	4.7
전라남도	3.5	함경남도	4.9
경상북도	3.3	함경북도	4.6
경상남도	3.8	평균	4.2.6

주) 이 표는 1940년 3월 31일 현재를 기준으로 한다.

〈표 11-47〉 여객자동차운수사업

(1944년 5월 1일 현재)

도명	사업자명	공식자본금(만 엔)	불입자본금(만 엔)	영업노선(km)
경기도	경성여객자동차(주)	300	300	1,536.90
경기도	경성전기(주)	380	380	63.44
충청북도	충북여객자동차(주)	116	52	765.6
충청남도	충남여객자동차(주)	300	300	1,487.90
전라북도	전북여객자동차(주)	200	200	1,688.60
전라남도	전남여객자동차(주)	320	320	1,755.24
전라남도	제주자동차(주)	50	50	182.3
경상북도	경북여객자동차(주)	364	184	1,091.50
경상남도	경남여객자동차(주)	300	236	1,595.32
경상남도	남선합동전기(주)	2,168	1,743	26.88
황해도	황해여객자동차(주)	140	140	2,063.60
평안남도	평남교통(주)	300	300	1,614.10
평안북도	평북여객자동차(주)	230	230	2,490.30
강원도	강원여객자동차(주)	300	300	2,597.10
함경남도	함남여객자동차(주)	260	260	2,364.80

☞ 앞 표에 이어서

도명	사업자명	공식자본금(만 엔)	불입자본금(만 엔)	영업노선(km)
함경북도	함북여객자동차(주)	250	250	950.36
경상북도	대구부			44.1
함경북도	청진부			76.2
계				22,394.24

주) 여객자동차운수사업은 버스사업임.

<표 11-48> 여객자동차운송사업

(1944년 5월 1일 현재)

도명	사업자명	공식자본금(만 엔)	불입자본금(만 엔)	영업노선(km)
경기도	경성교통(주)	290	290	
경기도	인천교통(주)	19	19	
충청북도	충북여객자동차(주)	116	52	
충청남도	충남여객자동차(주)	300	300	
전라북도	전북여객자동차(주)	200	200	
전라남도	전남여객자동차(주)	320	320	
전라남도	제주자동차(주)	50	50	
경상북도	경북여객자동차(주)	364	184	
경상남도	경남여객자동차(주)	300	236	
황해도	황해여객자동차(주)	140	140	
평안남도	평남교통(주)	300	300	
평안북도	평북여객자동차(주)	230	230	
강원도	강원여객자동차(주)	300	300	
함경남도	함남여객자동차(주)	260	260	
함경북도	함북여객자동차(주)	250	250	

주) 여객자동차운송사업은 택시 및 부정기 노선 여객자동차운송사업(3 업자, 택시 겸업)을 포함한다.

수송실적 : 승합여객자동차의 수송인원 실적은 1938년, 1939년, 1940년 3년 동안의 기록이 존재하는데, 내용은 다음과 같다.

〈표 11-49〉 여객자동차(버스) 수송 인원표

도명	1938년(인)	1939년(인)	1940년(인)	비고
경기도	23,574,690	29,491,491	32,376,924	
충청북도	718,453	764,894	759,069	
충청남도	605,105	630,555	698,542	
전라북도	1,981,015	2,126,460	2,318,190	
전라남도	2,868,770	3,087,116	3,540,375	
경상북도	6,141,498	7,459,960	8,496,640	
경상남도	4,493,311	4,556,506	4,708,750	
황해도	2,075,805	2,288,496	2,688,964	
평안남도	4,924,356	5,329,716	6,013,728	
평안북도	839,158	857,034	747,348	
강원도	2,159,673	2,014,900	2,612,909	
함경남도	4,885,001	5,066,712	5,122,884	
함경북도	4,785,820	5,113,280	4,026,708	
계	60,052,655	69,187,120	74,111,031	

주) 이 표의 3년 동안은 조선자동차교통사업령 개정 전의 시대로 여객자동차운수사업, 부정기유람여객자동차운송사업, 여객전세자동차운송사업 등 세 종류가 있는데, 표제에 버스라고 되어 있어 여객자동차운수사업만으로 해석해야 하는지에 대한 의문이 들지만, 이것을 다른 자료들과의 비교를 통해 확인할 수 있는 방법은 없다.

화물자동차 운송사업

화물자동차운송사업이 출현한 것은 이미 기술한 대로 1926년으로, 자동차 단속규칙에 따라 화물자동차 영업과 임대화물자동차 영업의 2종류로 되어 있다. 전자에 대해서는 사업자수와 그 영업 노선거리, 후자에 대해서는 사업자수의 기록밖에 남아 있지 않다.

이어서 1935년 4월 1일 조선자동차교통사업령이 시행되어 이 법령에 의해 화물자동차운송사업은 정노선에 의해 정기적으로 운송을 하는 사업만을 화물자동차운수사업으로 규제하고 기타 화물자동차운송사업은 종전의 자동차 단속규칙에 따라서 규제되는 것이다.

여기에서 화물자동차운수사업은 중앙에서 통괄하는 것이 되었는데, 그 업태

(業態)에 대한 기록은 사업자수 및 영업노선의 거리로만 되어 있으며, 화물자동차운수사업 이외의 부정기화물자동차운송사업 및 전세화물자동차사업에 대해서도 전자는 사업자수 및 영업노선 거리, 후자는 사업자수의 기록밖에 없다. 이 내용들은 다음과 같다.

〈표 11-50〉(a) 화물자동차 교통사업 상황표

연도	화물자동차		화물자동차임대업자 (인)	비고
	업자(인)	노선길이(km)		
1926	45	3,629.4	–	
1927	83	5,552.9	–	
1928	129	11,598.4	–	
1929	168	17,886.9	–	
1930	221	22,483.5	–	
1931	250	26,002.7	78	
1932	242	26,439.1	188	
1933	238	26,385.6	244	
1934	234	27,579.2	409	
1935	241	25,398.6	501	

주) 이 표의 숫자는 매년 12월 31일 현재를 기준으로 한다.

〈표 11-50〉(b) 화물자동차 교통사업 상황표

연도	물품자동차운수사업		부정기화물자동차운송사업		화물자동차	비고
	사업자(인)	노선길이 (km)	사업자(인)	노선길이 (km)	임대업자(인)	
1936	32	5,040.9	177	22,180.2	431	
1937	29	5,045.5	177	20,074.3	442	
1938	26	4,986.3	128	17,637.7	375	
1939	24	4,993.5	101	18,134.7	293	
1940	22	4,940.6	88	18,123.7	181	
1941	138	–	88	23,766.0	138	
1942	116	–	–	–	–	

☞ 앞 표에 이어서

연도	물품자동차운수사업		부정기화물자동차운송사업		화물자동차	비고
	사업자(인)	노선길이 (km)	사업자(인)	노선길이 (km)	임대업자(인)	
1943	99	–	–	–	–	
1944	1	–	–	–	–	

주) 1. 이 숫자는 매년 12월 31일 현재를 기준으로 한다.
　　2. 1941년 2월 조선자동차교통사업령의 개정으로 물품자동차운수사업은 구간화물자동차운송사업이 되었고, 부정기화물자동차운송사업도 여기에 포함되었다.
　　　따라서 1941년 이후는 개정 후의 숫자를 나타낸다.
　　3. 숫자가 없는 난은 명확하지 않다.
　　　또한 이 개황(槪況)에 대해서는 각 도별로 내용이 있으므로, 법 규제 개혁이 있었던 연도의 것을 참고로 살펴보자면 다음과 같다. 자동차 단속규칙시대 마지막인 1935년 3월 31일 현재를 기준으로 하는 것(〈표 11-51〉), 조선자동차교통사업령 시행 후 최초의 연도, 즉 1936년 12월 31일 현재를 기준으로 하는 것(〈표 11-52〉), 이 법령 대 개정을 시행한 1941년 전후의 1939년 기준(〈표 11-53〉)(1940, 1941년은 기록이 없다) 및 1942년의 것(〈표 11-54〉)을 실었다.

〈표 11-51〉 자동차 교통사업 개황(도별)

(1935년 3월 31일 현재)

도명	화물자동차사업		화물자동차 임대사업자(인)	비고
	사업자(인)	영업노선(km)		
경기도	21	2,175.4	24	
충청북도	7	784.8	7	
충청남도	13	1,039.7	55	
전라북도	19	1,848.0	22	
전라남도	57	3,041.3	3	
경상북도	7	1,980.5	189	
경상남도	22	1,880.1	88	
황해도	20	3,623.5	20	
평안남도	18	2,625.0	29	
평안북도	16	2,997.5	1	
강원도	15	2,666.2	10	
함경남도	10	1,432.0	6	
함경북도	11	647.1	12	
계	236	26,741.1	466	

주) 화물자동차사업은 모두 부정기 노선 사업이었다.

〈표 11-52〉 자동차 교통사업 상황(도별)

(1936년 3월 31일 현재)

| 도명 | 자동차운수사업 | | 자동차운송사업(정노선) | | 자동차운송사업 |
| | 물품자동차운수사업 | | 부정기화물자동차사업 | | 임대화물사업 |
	사업자(인)	영업노선(km)	사업자(인)	영업노선(km)	사업자(인)
경기도	5	646.3	13	950.6	41
충청북도	–	–	7	1,092.5	9
충청남도	3	238.9	8	786.6	58
전라북도	1	191.3	17	1,940.6	36
전라남도	1	26.1	32	3,338.6	11
경상북도	1	615	8	1,502.1	101
경상남도	8	414.6	15	1,529.3	93
황해도	2	149.4	18	2,455.6	25
평안남도	–	–	19	2,666.5	34
평안북도	8	1,866.1	10	2,328.3	2
강원도	–	–	8	2,170.9	10
함경남도	2	771.7	9	693.2	5
함경북도	1	121.5	13	725.4	9
계	32	5,040.9	177	22,180.2	434

주) 이 표는 1936년 12월 31일 현재를 기준으로 한다.

〈표 11-53〉 자동차 교통사업 상황(도별)

(1939년)

| 도명 | 자동차운수사업 | | 자동차운송사업(정노선) | | 자동차운송사업 |
| | 물품자동차운수사업 | | 부정기화물자동차사업 | | 전세화물사업 |
	사업자(인)	영업노선(km)	사업자(인)	영업노선(km)	사업자(인)
경기도	5	663.6	10	990.6	54
충청북도	–	–	4	1,196.4	6
충청남도	3	238.9	4	786.6	35
전라북도	1	173.9	1	1,267.3	3
전라남도	1	25	15	2,753.9	5
경상북도	1	615	6	1,506.2	87

☞ 앞 표에 이어서

도명	자동차운수사업		자동차운송사업(정노선)		자동차운송사업
	물품자동차운수사업		부정기화물자동차사업		전세화물사업
	사업자(인)	영업노선(km)	사업자(인)	영업노선(km)	사업자(인)
경상남도	4	328.3	9	1,108.00	45
황해도	–	–	17	1,637.80	23
평안남도	–	–	1	1,781.10	7
평안북도	6	1,880.90	9	1,283.20	2
강원도	–	–	7	2,328.00	9
함경남도	2	970.9	7	708.7	7
함경북도	1	97	11	786.9	10
계	24	4,993.50	101	18,134.70	293

주) 이 표는 1939년 12월 31일 현재를 기준으로 한다.

〈표 11–54〉 자동차 교통사업 상황(도별)

(1942년)

도명	자동차운송사업(정노선)		자동차운송사업	비고
	구간화물자동차사업		전세화물사업	
	사업자(인)	영업노선(km)	사업자(인)	
경기도	10	1,614.5	3	
충청북도	3	1,168.9	3	
충청남도	5	1,125.5	29	
전라북도	1	1,465.4	1	
전라남도	9	2,508.8	7	
경상북도	2	1,955.5	4	
경상남도	5	1,927.4	11	
황해도	14	2,643.9	14	
평안남도	1	2,016.6	4	
평안북도	9	2,949.4	1	
강원도	7	2508	11	
함경남도	8	1,557.8	7	
함경북도	10	902.5	7	
계	84	24,344.2	102	

주) 앞에서 게재한 화물자동차 교통사업 상황표(〈표 11–52〉)의 사업자수와 일치하지 않는 이유는 명확하지 않다.

주체별 자동차 교통사업 개황 : 사업주체별 개황에 대해서 마침 1944년 6월 1일 현재를 기준으로 하는 기록이 있으므로 내용을 살펴보면 다음과 같다.

후술(後述)의 내용과 같이 통제(統制)로 1944년 2월 11일 조선 전체가 단일 회사로 통합되어 조선화물자동차통제주식회사가 설립되었다.

〈표 11-55〉 화물자동차운송사업

(1944년 5월 1일 현재)

도별	사업자명	자본금(만 엔)	비고
경기도	조선화물자동차통제(주)	4,000	

〈표 11-56〉 지사(支社) 및 영업소

도별	지사	특정 영업소	영업소	비고
경기도	1	1	21	
충청북도	1	3	12	
충청남도	1	2	19	
전라북도	1	3	14	
전라남도	1	3	21	
경상북도	1	3	14	
경상남도	1	2	30	
황해도	1	2	16	
평안남도	1	1	15	
평안북도	1	2	16	
강원도	1	2	17	
함경남도	1	1	13	
함경북도	1	-	9	
계	13	25	217	

화물자동차 운임 : 화물자동차운송사업의 운임에 대해서는 1940년 3월 31일 현재를 기준으로 하는 기록이 있다. 운임은 물품화물자동차운수사업 및 부정 기화물자동차운송사업과 전세화물 자동차사업의 업종별 인가 운임으로 되어 있는데 도별로 차이가 있으며, 동일하지 않다. 인가운임은 확정 운임이 아니

라, 변동 폭이 있는 최고액 표시 운임제도로 되어 있다. 평균적인 숫자를 살펴보면 다음과 같다.

〈표 11-57〉 화물자동차 운임표

사업 종별	거리제 운임	시간제 운임
물품화물자동차운수사업	1리(4km) 1관 : 3리~1전 7리	
부정기화물자동차운송사업	1km 0.5톤 : 26전 ~66전 5리	
전세화물자동차사업	1톤 반차 1리 : 1~3엔	1톤반차 1시간당 3~6엔
	1톤 차 1km : 11전 6리~41전 6리	1톤차 1시간당 2~4엔
		1톤차 5시간당 12~30엔

주) 1. 인가운임은 확정운임이 아니라 폭이 있는 최고운임제이다.
　　 2. 각 도(道)가 동일하지 않지만 대체적으로 평균적인 수치이다.
　　 3. 1940년 3월 31일 현재를 기준으로 한 것으로 보인다.

수송실적 : 화물자동차에 의한 수송 톤수에 관한 1938년, 1939년, 1940년 등 3년에 걸친 기록이 존재하는데, 내용은 다음과 같다.

〈표 11-58〉 화물자동차(트럭) 수송 톤수

도명	1938년(톤)	1939년(톤)	1940년(톤)	비고
경기도	668,441	749,000	775,215	
충청북도	72,308	87,010	93,072	
충청남도	308,380	309,843	340,080	
전라북도	64,798	161,734	152,240	
전라남도	247,378	226,291	244,644	
경상북도	790,494	773,850	567,360	
경상남도	272,148	279,680	300,186	
황해도	91,160	99,584	118,465	
평안남도	298,383	272,256	284,399	
평안북도	289,383	266,862	264,768	
강원도	135,696	160,632	236,368	

☞ 앞 표에 이어서

도명	1938년(톤)	1939년(톤)	1940년(톤)	비고
함경남도	166,689	179,595	195,334	
함경북도	122,110	132,849	136,170	
계	3,527,368	3,699,186	3,708,301	

주) 이 표의 3년 동안은 조선자동차교통사업령 개정 전의 시대로 물품자동차운수사업, 부정기화물자동차운송사업, 전세화물자동차운송사업의 종류가 있었는데, 표제에 '트럭'이라고 되어 있어, 물품자동차운송사업을 가리키는 것인지, 아니면 다른 업종도 포함을 하고 있는 것인지에 대한 의문이 들지만, 다른 자료들과 비교하여 확인할 방법이 없다.

제2장
자동차 교통사업의 전시통제

제1절 통제의 개요

자동차는 원래 개개의 수송을 목적으로 한 것이었는데, 기동성이라는 장점으로 발달하게 되어 총체적인 수송능력이 철도, 궤도의 대량 수송에 비견되는 세력을 가지게 되었다. 그래서 철도, 궤도와 나란히 국가통제로, 육상수송의 종합적인 관리 속에서 운용될 필요가 생기면서 앞 장에서 설명한 대로 법적 규제체제가 정비된 것이다.

자동차운송사업이 이러한 지위까지 발전하게 되었지만 사실상 경영규모가 작고 사업자수는 난립되어 있으며, 운영에 있어서도 경제성이 낮아 종합적인 수송능력 발휘에는 많은 문제점들이 있었다. 그런데다 평상시에는 철도, 궤도의 보완적인 역할을 하므로 이런 상태도 어쩔 수 없는 것이었지만, 전시(戰時) 시국으로 변해 가고 철도, 궤도의 수송능력 부족을 보완하면서 더욱 자동차의 기동력을 제대로 발휘하여 독자적인 분야에서 수송능력을 기대하지 않을 수 없는 사태에 이르게 된 것이다.

1937년 중·일전쟁 발발 이후 조선에서 육상교통은 군사수송의 비중이 점차 높아져갔다. 이때 자동차 교통사업의 수송능력 증강은 커다란 명제가 되었는데, 연료 및 기타 물자부족은 이것을 가로막는 원인이 되었다. 이 상반되는 두 가지 요인을 해결하는 길은 자동차 교통사업의 운영통제 외에는 생각할 수 없는 것이었다. 전시통제 하에서의 목적은 다음 4개 항목으로 요약되었다.

1. 난립상태에 있는 사업을 정리, 통합하여 사업의 체질개선을 기하고 경영기반을 튼튼하게 한다. 다음으로 각 사업체를 연합하여 종합적인 수송능력의 향상을 기하도록 한다.
2. 연료를 비롯하여 제반 자재를 가장 효과적으로 사용하기 위해 물자의 통제를 실시하도록 한다.
3. 수송하는 물자 및 인원이 실로 전력 증강에 필요한 것 이외에는 극도로 저지하는 수송통제를 실시한다.
4. 사업 운영에서 각 사업간 조정, 협조, 연결, 공용, 제한 등을 하여 총체적인 수송능력의 증강, 경제성 향상을 기하도록 한다.

이러한 통제는 목적에 따라서 단독적으로, 또는 여러 가지를 한꺼번에 실시하여 변해가는 제반 정세에 대응하면서, 처음에는 완만하였지만 점차 강화되어 나갔다.

자동차 교통사업이 발전해 나가는 과정을 볼 것 같으면, 당초에는 극히 소규모 영세사업으로 보유차량 한 대와 같은 최소규모의 업자가 대다수를 차지하였는데, 특히 화물자동차업자는 이런 경향이 현저했다. 정부는 법규정비와 행정지도로 사업의 건전한 발전을 위해 노력해 왔는데, 화물자동차업자는 1933년에도 여전히 업자의 92.5%가 개인기업으로 그 보유차량은 평균 1.6대이었다. 1935년 조선자동차교통사업령이 공포되어 획기적인 사업육성 조장의 행정을 시행하였는데, 대체적으로 사태는 주시할 만한 변혁이 없었다.

1937년 전시체제에 들어가면서 수송능력 증강은 수송기관에 부과된 지상명령이 되었다. 우선적인 대책으로는 영세사업의 합병, 매수 등에 의한 통합을 진행하여 사업규모의 절대적인 확대와 강화를 기하는 행정지도를 하여 시책의 실효를 추구하였지만, 현실은 목표를 밑도는 상태였다.

1940년 정부는 '자동차운송사업 합동요강'을 발령하여 구체적인 방법을 제시하는 등 사업 통합을 종용하는 강력한 지도를 하였다. 거의 1년이 지난 후에는 효과가 나타나 90% 이상이었던 개인기업은 여객, 화물 양 사업 모두 절반 정도가 유한회사 또는 주식회사로 크게 집약되었다.

전시 국면의 추이에 따라 물자 수송은 급박한 상황이 되어 화물자동차에 대한 압력은 계속 증대되었다. 1941년 조선자동차교통사업령 개정에서는 여객보다 화물에 수송의 중점을 두어 화물자동차 대책이 주안점이 되었고, 화물자동차운송사업은 모두 하나의 업태로 다루어져 군이 요청한 운송명령에 의해 운송의 강제, 사업의 통합 등을 할 수 있는 체제 만들기에 들어갔다. 또한 사업조합제도를 설치하여 조합 활동으로 운임, 운송 및 기타 사업 통제에 대한 행정 보완적인 역할을 하면서 사업의 건전한 발전을 자주적으로 추진하는 기반을 만들었다. 또한 사업에 대한 보조금 제도를 설치하여 연료 부족, 대체연료화에 의한 능률저하와 높은 비용에 의한 경영 악화에 대한 보조를 하여 사업조장을 기하도록 하였다. 이러한 법 체제를 배경으로 강력한 행정지도를 함으로써 점차적인 효과가 나타났다. 사업자 상황에 대해 살펴보면 1942년 말에는 여객자동차운수사업(버스)은 106 업자, 전세여객자동차운송사업(택시)은 126 업자, 화물자동차운수사업(노선화물)은 84 업자, 임대화물자동차운송업자(구역 화물)는 102 업자가 되었다. 그리고 1943년 12월 여객자동차사업은 98 업자, 화물자동차사업은 94 업자로 집약되었다. 예전에 비해 영세업자는 현저하게 감소하였지만 1 업자 평균 보유차량수는 극히 적었다. 여객자동차사업에서 최대의 한 업자가 전체의 40.1%, 화물자동차사업에서는 50.9%를 점하고 있는데, 이것을 보더라도 다른 소업자의 보유차량수가 얼마나 근소한 것인가를 엿볼 수 있다. 이런 상황에서는 여전히 영세업자가 압도적으로 존재하며 통제적인 종합수송능력 발휘는 불가능하다. 얼마 되지 않는 남아 있는 수송실적을 살펴보면, 여객은 1939년에 전년도보다 900만 명, 1940년에 전년도보다 500만 명이 증가하였으며, 화물은 1939년에 전년보다 16만 톤 증가, 1940년에 전년보다 겨우 1만 톤이 안 되는 정도가 증가한 것에 머물렀다(제2절 사업개황에서 첨부한 수송실적표 참조). 단기간의 추세로 판단하기는 충분하지 않지만, 화물자동차의 수송력이 관민(官民)이 총력을 기울여 노력하는데도 효과가 나지 않는 모습을 여실히 보여주고 있다고 할 수 있다.

시국의 진전에 따라 자동차 교통사업의 각종 자재는 결핍되고, 대체연료를 사용하는 차에 대한 경비의 증가 등 일반경비의 급등으로 사업운영은 곤란한 정도를 넘는 사태가 되었다. 이때 모자라는 자재를 최고도로 활용함과 동시에 영세사업을 집중하여 수송력을 통괄하고, 바로바로 태세에 대응함에 있어 완벽을 기하기 위해 정부는 1943년 12월 '자동차 교통사업 정비요강'을 결정하고, 각 도지사 앞으로 자동차 교통사업 통제에 관한 통첩을 보냈다. 내용에는 1944년 4월을 목표로 하여 원칙적으로는 각 도마다 여객자동차사업을 단일 통합회사로 설립하도록 명령하였다. 각 도에서 절대적으로 사업통합을 진행한 결과 경기도와 전라남도, 경상남도, 경상북도, 함경북도에는 2 업자, 기타 도는 목적대로 1 사업자로 통합하여 조선 전체를 13도 18 사업자로 집약하였다. 화물자동차사업에서는 통합회사령에 근거하여 1943년 12월 29일 총독부 고시 제1504호로 전 조선 사업자에 대해 단일 회사 설립 명령을 발하여 1944년 2월 11일 조선화물자동차통제주식회사가 설립되었다. 이것은 결전(決戰) 하의 수송능력을 중점적 또는 효과적으로 발휘하는 궁극적인 방책이었다.

자동차 교통사업에 대한 물자 통제는 우선 가솔린부터 시작하였다. 원래 석유는 거의 수입으로 조달하고 있었으므로 자동차의 연료문제는 일찍부터 논해져 왔던 것인데, 대체연료를 사용하는 차에 관한 연구는 다이쇼시대(1912~1925)부터 계속되었다. 1930년에는 철도국에서 목탄차 주행시험에 성공하였다. 그 후 장작, 석탄, 콜라이트(coalite) 등의 대체연료 차가 고안되어 연구가 계속되었다. 연료문제에 대한 관심이 높아지는 중에 중ㆍ일전쟁 전에 이미 1937년 4월 '휘발유 및 중유 판매 단속규칙'이 제정되어 판매 및 구입에 증표제도가 실시되었다. 중일전쟁이 발발하여 가솔린 규제도 본격화되었다. 같은 해 12월에는 제1기 규제로 가솔린 소비절약 10%라는 자발적인 방법으로 실시되었다. 이것은 소비자의 자주적인 것이었지만 다음해인 1938년 5월부터는 배급제도로 대체되었다. 1939년 9월에는 세계대전이 일어나 국제정세도 변화하여 석유 수입도 점차 어려워 졌는데, 가솔린 소비규제도 이에 따라 심각해져 갔다. 그리고 1940년 9월 버스는 70%를 대체화하는 대책을 세우고, 일정 자가용 승용차에 대해서는 배급정지 조치를 하는 등 제2기 규제를 하였다. 화물자동차에는, 처음부터 규제는 비교적 완화되어 있었지만 시국의 급박한 상황으로 인해 강화되어 나갔다. 1938년 5월 가솔린 증표제도가 실시된 당초 1개월 150갤런 할당이 1940년 1월에는 65갤런으로, 같은 해 7월에는 50갤런이 되고, 10월에는 25갤런까지 감소하더니 1941년 11월에는 20갤런까지 줄어들게 되었다. 1941년 8월 미국은 석유의 대일 수출을 금지하여 이후의 연료 규제는 한층 심각해져 갔다. 1942년 이후에는 가솔린에 대한 구체적인 수치기록은 없지만 중점적인 수송명령에 의한 증거로 볼 때 배급량으로 제약되었으리라고 추정된다. 연료사정으로 버스사업은 거의 대체차량으로 유지되었는데, 트럭사업은 1939년 3월부터 대체연료화가 시작되어 대체연료화율은 당초 20% 정도를 목표로 하였다. 그러나 버스사업에서처럼 진척되지는 않았다.

생산재 및 생활필수물자의 통제는 전시시국 중에 점차로 강화되어 자동차 교통사업 운영상 큰 제약을 받게 되었고, 연료는 물론 차량을 보충하는 데도 심각하고 궁핍해져서 점차 사업경영에 압박을 받게 되었다. 수송요청은 한없이 증대하는데 이것을 감당할 수송을 위해 필요한 연료, 유지, 타이어, 부속품 및 차량 및 기타 자재는 반대로 감소 일변도라 궁지에 몰리게 되었다. 이러한 사정을 구체적으로 보여주는 수치적 자료는 존재하지 않아 유감스럽게도 여기에서 기술하기는 어렵다.

자동차 교통사업에서 운송에 대한 통제는 전시 시국에 따라 행정지도로 여러 가지가 이루어졌지만 본격화된 것은 1940년 1월 '육상운송통제령'이 공포된 후부터이다. 이 법령은 '국가총동원법'에 근거한 것으로 총독은 육상교통 사업 자에게 각종 명령, 지시를 발할 수 있는 강력한 권한을 가지게 되는 것이었다. 1941년 8월에는 이 법령에 근거한 최초의 발동이 있었다. 화물자동차운송사 업자에 대하여 다음 화물운송의 인수를 불가능하게 하였다.

1. 장거리에 걸치는 운송을 요하는 경우
2. 백화점 및 기타가 고객에게 배달하는 경우
3. 정원석, 대리석, 모조석
4. 식목, 분재, 화분, 화환
5. 사진기계, 가축류, 오락용품
6. 기타 도지사가 지정하는 것

또한 운송을 할 때에는 다음 순위에 따를 것을 지시하였다.

1. 군수품, 군 관련 자재
2. 천재지변으로 긴급을 요하는 것
3. 미곡(米穀)류, 생선 식료품, 목탄
4. 광석, 석탄
5. 철도, 궤도, 선박에 의해 역이나 항만에 도착한 화물
6. 국민생활에 빠질 수 없는 물자
7. 기타

이렇게 수송화물을 제한하고, 수송순위를 설정함으로써 전력 증강을 위해 필 요한 물자 수송을 확보하려는 것이었다. 태평양전쟁에 돌입하여 전시국면은 중대한 단계를 맞이하게 되어 1941년 12월에는 이 법령과 같이 개정을 하여

사업에 대한 통제는 전면적으로 강력한 것이 되었다. 그 내용은 다음과 같다.

1. 계획수송을 철저하게 하고, 불급불요(不急不要)한 운송을 거절하는 등 긴급수송의 확보를 기하도록 한다.
2. 사업시설을 정부가 관리하고 적절한 운영을 지도하며, 경우에 따라서는 정부가 사용하거나 이것을 국가가 수용하도록 한다.
3. 운송설비 및 수송용 물자 활용을 기하기 위해 양도 또는 대여를 명하거나 제한을 한다.
4. 자재의 수요상태에 따라 운송설비의 신설, 확장, 개량을 금지하거나 제한한다.
5. 사업능률 향상을 위해 사업의 위탁, 양도, 회사의 합병을 명하도록 한다.
6. 불급불요한 사업은 휴지 또는 폐지하여 자재를 다른 곳에서 활용할 수 있도록 한다.

이상과 같이 자동차운송사업에 대해서 전시운송을 위해 철저한 조치를 할 수 있도록 하였다.

제2절 결전(決戰) 비상조치 방책

이미 언급했듯이 전시수송력 증강 목적달성을 위해 법규를 제정·개정하여 행정기구를 개혁하고 사업에 대해 전면적으로 지도 조성하여 자동차 교통사업의 총체적인 기능을 충실하게 하고 수송력의 향상을 기하도록 하였다. 또한 1944년에는 여객자동차를 각 도에서 거의 하나의 사업자 단위로 통합하고, 화물자동차는 조선 단일사업으로 대합동하도록 하여 궁극적인 체제로 도달하는 위업을 이루게 되었다. 그러나 전시국면은 최종단계의 결전(決戰)상태 하에 있어, 체제를 갖추더라도 또한 수송능력을 중점적으로 발휘할 수 있도록 하는 방책을 긴급하게 강구할 필요가 있어 '자동차 교통사업 결전 비상조치방책'을 결정하고 1944년 5월 30일 다음과 같이 각 도지사 앞으로 통첩을 보냈다.

1. 여객자동차운수사업

전력 증강에 직접 관계가 있는 부문의 수송 확보를 위해 모든 수송을 철저하게 억지하도록 한다.

(1) 노선 정리

대체로 아래에 해당되는 노선 또는 유사한 것은 휴지 · 폐지, 축소 · 감소 또는 운행횟수를 축소하도록 하고, 각 도의 현행 총 주행 거리의 3할 정도를 압축하는 것을 목표로 하도록 한다.

(가) 철도, 궤도와 대체적으로 평균 간격 1km 이내에서 병행하는 노선

(나) 주로 관광 등에 이용하거나 또는 이것을 조장할 우려가 있다고 인정되는 노선

(다) 연장거리 5km 이내의 노선

(라) 교통량이 희박한 노선

(2) 운전계통의 재편성

시가지를 제외한 각 정류소 간의 거리는 최저 4km 정도를 원칙으로 하고 현행 운전계통으로 재검토하여 수송력을 가장 합리적으로 발휘하도록 재편성하도록 한다.

(3) 여객의 수송제한

1944년 2월 21일자 교감(交監) 제457호 통첩 '여객수송조달에 관한 건의' 취지에 따라 불급불요한 여객수송을 철저하게 억제하도록 한다.

(4) 화물자동차에 의한 인원수송

공장, 광산 및 중요물자의 집산지 등에서 특히 필요로 하는 경우에는 화물자동차에 사람을 실어 나를 수 있도록 한다.

2. 여객자동차운송사업

경제활동용의 긴급수송 및 비상시의 긴급활동용 또는 환자 등의 긴급용 등에서만 존치하도록 하고 일반용으로는 철저하게 억제 또는 금지하도록 한다.

3. 자가용 승용차

(1) 중요공장사업장 기타 전력 증강에 직접 필요한 부분에 한해서 허가하고, 그 외에는 허가하지 않도록 한다.

(2) 현재 사용 중인 것에 대해서는 재검토하여 (1)에 준한 불급불요한 것은 사용을 중지하도록 하고 또는 필요한 곳으로 양도하도록 한다.

4. 잉여능력의 조치 및 기타

전 조항의 조치에 따라 발생하는 유휴차체는 개조하여 화물수송에 전용하는 것 외 종전(從前)의 용도로 사용하기에 부적당한 경우에는 연료 외에 수송용 자재의 배급 정지를 단행하는 등 본 건 실시를 철저히 기하도록 한다.

5. 화물자동차운송사업

육상운송통제령에 근거하여 고시(告示)를 기본으로, 조선화물자동차통제주식회사를 지도하여 중요물자의 통제수송에 만전을 기하도록 하고 수송협력 모든 단체의 운용과 상호작용하여 화물자동차 수송력의 비약적인 증강을 기하도록 한다.

6. 자가용 화물자동차

자가용 화물자동차에 대해서는 1943년 12월 27일자 교감 제1628호 '자동차 교통사업의 통제에 관한 통첩'의 취지를 다음 사항에 따라 신속히 실시하도록 한다.

(1) 관청의 지도 또는 알선에 의한 경우를 제외하고 양도 · 대여 또는 폐지하는 것을 금지하도록 한다.

(2) 중요공장, 사업장을 제외하고 일반 자가용 화물자동차는 사용 또는 소유를 허가하지 않도록 하고 현재 사용 또는 소유하는 것으로 긴급하다고 인정하기 어려운 것은 조선화물자동차통제주식회사로 양도 또는 대여하도록 한다.

(3) 1944년 6월 25일까지 자가용 화물자동차에 대한 구체안을 작성하는 데 교통국장에게 보고하고 지시를 기다려 실시하도록 한다.

이러한 조치는 여객수송을 철저하게 압축하고 이에 따라 여분이 생긴 연료, 유지, 타이어, 부속품 등은 모두 화물수송에 충당하는데, 이것으로 군대의 대이동으로 인한 군용품, 군수품의 수송에 커다란 공헌을 하게 되었다.

제3절 전쟁 말기의 자동차사업

자동차사업에 대한 통제는 다른 것들에 비해 특별히 강력한 것이었음은 이미 언급한 것을 통해 충분히 알 수 있었다. 철도, 궤도 사업은 업태(業態)가 오랫동안 역사 속에서 조직, 규모, 운영 등으로 확고하게 보이지만, 자동차사업은 그렇지 않다. 극단적으로 말하자면 초기에는 자동차 한 대를 소유한 사람들의 오합지졸 같은 집단이었다고도 말할 수 있을 정도이다. 이것을 갑자기 철도, 궤도와 평등한 능력을 발휘하는 사업형태로 바꾸는 것은 쉬운 것이 아니라는 것은 누구라도 인정할 것이다. 자동차에 대한 통제는 실로 이것을 강행하는 것이 되어 버렸다. 하물며 전시 하의 모든 물자 궁핍의 악조건 하에서는 한층 곤란한 여러 방책들의 실시가 뜻대로 되지 않고 효과를 거둘 수 없었던 것은 어쩔 수 없는 것이었다.

정부는 통제를 진행함에 있어 기본은 법규 정비에 두었다. 자동차 교통사업의 감독법규도 평시(平時)에는 사업의 공익성을 주안점으로 하여 육성, 조장을 목적으로 하였지만, 전시국면으로 바뀌면서 전력 증강에 부합할 수 있도록 사업을 통제할 목적으로 법 개정을 하게 된 것이다. 그리고 육상운송통제령 및 기타 많은 전시입법에 따라 철저한 통제체제를 만들어 순식간에 이를 발동하여 통제를 강화하였으므로, 결국에는 전 자동차사업이 국가의 관리 하에 놓이는 상태가 되었다.

사업 주체의 통합은 앞에서도 언급한 대로 최종적으로 여객자동차는 도 단위로 1, 2개로, 화물자동차는 전면통합 사업으로 집약되었다. 이것은 평시에는 도저히 상상할 수 없는 것으로 국가 권력의 강행으로 달성한 것이었다. 덧붙여 이러한 사업 통합은 일본 본토에서는 저항이 커서 달성할 수 없는 일이기 때문에 차선책으로 자동차사업자조합을 설립하여 이곳을 보조하여 조합의 활동을 지도하고 수송통제를 한다는 철저하지 못한 조치로 끝나버렸다.

사업 운영에 있어서도 보유차량, 설비에서 노선, 운행계통, 운행횟수 등 사업의 모든 것이 허가, 인가, 승인, 명령, 지시에 따라서 결정되었다. 화물자동차사업에서는 한층 더 수송품목, 수송순서 등의 명령, 지시에 따라 이루어져 대부분은 계획수송이 이루어지고 모든 일반민의 수요 수송은 극도로 규제되었다.

사업운영에 필요한 물자도 연료, 유지, 타이어, 부속품, 와이어, 로프 및 기타 대부분이 통제되어 배급제가 되었으며, 필요량을 충당하는 것이 아니라 해마다 부족량이 확대되면서 말기에는 극단적으로 악화되기에 이르렀다. 연료는 극도로 부족하고 버스 차량은 대부분이 대체연료화되어 장작, 목탄, 석탄에서 시작하여 그 후 풍부한 카바이드의 자원으로 아세틸렌가스엔진을 사용하는 데까지 이르게 되었다. 대체연료는 모두 가솔린의 성능에는 미치지 못하고 효율이 낮을 뿐만 아니라, 사용이나 취급도 번잡하여 수고를 요하는 데다 엔진고장도 잦고, 내용 연수를 줄여서 경제적이지 못하게 만들었다. 이런 상황으로 자동차 운행을 계속하는 것은 최악의 상태로 빠지게 되었다. 사실 화물자동차사업은 활력을 잃고, 반신불수의 상태가 되었다. 이것은 종전 당시에 만족스럽게 가동이 가능한 자동차는 전체의 절반에도 미치지 못하게 되었다고 하는 것을 보아도 알 수 있다.

1945년으로 들어가 전시국면은 드디어 급속히 악화되고, 본토(일본)에서의 결전(決戰)양상이 강해졌다. 본토 방위상태의 일환으로 화물자동차사업을 의용군으로 편성하는 형태가 되었다. 같은 해 6월에 대공습 하에서 중요수송 확보를 위해 군의 동원계획과 지방의 수송사정 관련으로 민간 자동차 관련 요원을 대응이 빠르고 강한 부대로 편성하여 긴급사태에 즉각 대응하는 태세를 완결하도록 조선군 사령부에서 강한 요청이 나왔다. 교통국에서는 이에 따라 군 직할 하에 수송력의 유지, 증강 계획을 세우고, 각 도에서는 의무군 편성을 서둘렀지만 때는 늦어져 8월 15일 종전을 맞이하게 되었다.

생각해 보면 1937년 이후 전시통제의 족적은 착안, 수단, 방법에서 잘못은 없으며 시의적절하고 착실하게 실행하였으므로 사업형태는 대체적으로

능률 · 합리 · 경제적인 태세를 갖추게 되었다. 이에 관민이 온 힘을 다해 최대의 노력을 기울여 악전고투를 계속했지만 궤멸의 결과를 가져온 것은 전적으로 사업 활동의 원동력이 되는 모든 물자의 결핍에 있었다는 것을 통감하게 된다.

제3장
자동차 정비사업

제1절 개요

조선에서 자동차 수리공장의 설비측면은 일본에 비하면 현저하게 열악하였는데, 겨우 2, 3개의 공장만이 제대로 갖추고 있는 정도에 지나지 않았다. 그 결과 차량 및 부속품 제조의 자급체제는 이루어지지 못하고, 수요량은 전면적으로 일본에 의존하는 사정이었다. 이러한 정비사업을 육성 추진해야 할 행정부문은 중심을 잃고 아직 강력한 행정능력이 미치지 못하는 상황 하에 있었다.

그러나 시국의 진전으로 자동차운송사업의 운영도 전면적으로 급박하게 되고 차량, 부속품의 문제는 표면화되어 더 이상 방치할 수 없는 것이 되었다. 1943년 12월 행정기구 개혁으로 교통국은 교통행정의 모든 것을 장악하게 되면서 자동차 정비 관계도 관장하게 되었다. 비로소 자동차 정비사업의 육성, 조장에 행정이 발동하게 되어 기존의 기계공장 중 자동차 부속품을 제작할 수 있는 곳에 협력을 요청하고 자급자족체제 만들기를 기하였지만, 사태는 이미 이런 계획을 수행하기에는 역부족이었다. 또한 강력하게 행정지도를 추진하고자 하였으나 기반이 되는 기계 설비를 입수하는 것이 뜻대로 되지 않고 실효를 거두지 못하는 상태가 되었다.

오늘날의 시각으로 본다면 자동차 정비사업이 이렇게 뒤떨어져 있다는 사실은 기이한 일이라고 생각하지 않을 수 없다. 자동차 차량의 생산은 여하튼 간에 그 부속품 및 정비, 수리사업은 지방에서도 자동차의 발달과 함께 발전되어야 하는 것이라고 여겨지는데, 이런 기이한 상황이 당시 조선의 특수한 사정인 것이라고도 생각된다. 당시의 자동차산업은 일본에 의존하고 있었기 때문에 아무런 불편을 느끼지 않았던 것이 실태였던 것 같다. 전시에 들어가서는 제반 물자가 부족하게 되었다. 그것도 일본으로부터의 할당에 의해 어느 정도 견뎌왔지만, 감당할 수 없는 정도에 이르자 비로소 조선 내에서 자급자족체제를 갖춰야겠다는 계획을 하게 되었다. 하지만 이미 시기는 너무 늦어버린 것이었다.

제2절 자동차 및 자동차 부속품의 이입(移入)상황

조선의 연간 자동차 수요량은 중·일전쟁 중기 무렵까지는 영업용과 자가용을 포함하여 대체적으로 20%씩 증가하였으며, 보유차량의 노후로 인한 대체차량을 그 20% 정도로 하면 항상 다수의 차량이 들어오고 있었다고 추정된다. 이러한 차량의 대부분은 중일전쟁이 확대되는 속에 군부로 배분되어 태평양전쟁이 시작된 후에는 이입되는 차량도 근소한 정도에 그쳐 민간 수요로 배분되는 것은 극히 적은 규모였다. 1944년에는 민간 수요의 화물자동차 증차(增車)에 배당되는 것은 1대도 되지 않는 상태가 되었다. 사용 중인 9년 이상이나 지난 노후차량의 대체 및 조선 국책 중요산업으로서의 지하자원 개발사업으로 필요로 하는 화물자동차의 수요에 대해서도 중앙에서는 적은 양만을 받아들이는 상황이 되었다.

자동차 부속품은 연간 1천만 엔 정도를 필요로 하였지만, 부속품 제조의 전체적인 자재의 궁핍과 제조사업의 항공기 제조사업으로의 전환, 기타 노동력 부족 등 여러 원인으로 소요량의 3분의 1 정도인 350만 엔이 받아들여지는 상황이었다. 이것이 다음해에는 더욱 압박을 받으면서 앞을 내다볼 수 없는 상태가 되어 갔다.

제3절 조선산 부속품의 제조 개황

수입되는 자동차 차량의 부속품이 현저하게 부족한 상황에서 조선에서 제조 가능한 것은 비용이 어떠하든 제조하여 부족분을 보충하는 수밖에 없었다. 1944년에 조선 산업부속품의 연간 제조 계획은 연간 총 수요량의 약 50%를 목표로 하였는데, 제조에 필요한 모든 자재의 획득이 불충분하여 당장 전 수요량의 3분의 1은 일본으로부터 수입, 3분의 1은 조선 생산품으로 충당하고 남은 3분의 1은 조선 생산의 재생품으로 충당할 계획이었다. 이를 위해 조선에서 부속품 제조에 협력 가능한 기계공장을 지정하고 조선자동차부속품협력회를 결성하여 설계도 제작, 기타 제조에 필요한 각 부분의 기술을 지도하기로 하였다.

제4절 자동차 수리공장의 개황

자동차 수리공장은 규모가 영세한 경우가 많았다. 규모를 강화하기 위해 여러 가지 행정지도를 하였는데 1944년 5월에 교통, 경무 양 국장의 이름으로 다음과 같은 통첩을 발하였다.

1. 수리작업을 총체적으로 할 수 있는 공장은 원칙적으로 그대로 두고 내용의 충실을 기하도록 한다.
2. 수리작업을 총체적으로 할 수 없는 작은 공장은 큰 공장에 흡수시킨다.
3. 조선화물자동차통제주식회사에는 주요 지역에 자가 수리공장을 설치하도록 한다.
4. 자동차수리 등록제를 실시하여 차량과 보수부속품의 배급과 수리능력이 가급적 일치되도록 한다.
5. 가급적 하나의 공장에서는 동일 종류의 자동차 수리를 하여 작업능률의 향상을 꾀한다.

이상의 방침을 실시하여 노력해 나가면서 당시까지 통제가 없는 시대에 비교하여 전반적으로 수리능력의 향상이 이루어지게 되었다.

그러나 신차의 보급이 극도로 줄어들어 차량의 노후화는 계속되고 여기에 연료, 윤활유, 부속품 등을 비롯한 각 부분 용품의 질 저하가 나타나 대용품도 많아졌다. 또한 수리량은 증대하기만 하면서 이에 대응할 수 있는 수리능력의 확대를 요구하는 목소리가 커져갔다.

자동차 공장으로서 중요산업 지정을 받아 모든 자재, 용품 등을 특별히 배당받아 상당한 수리능력을 가진 것은 청진부에 있는 북선자동차공업(주)이 유일한 것으로 기타 모든 공장들은 미곡(米穀)의 배분은 물론 작업복, 장갑, 타월, 작업화 신발 등의 특별 배당도 받지 못하고 공장직원의 결근율도 높아져 수리능력이 저하되는 경향이 생겼다. 이로 인해 수리에 대한 수요와의 격차는 점점 커져갔다. 이런 사태를 보고 교통국은 광공국(鑛工局)과 절충하여 1차 조치로 공원(工具, 공장직원) 50명 이상인 다음의 10개 공장을 1944년 10월 1일부터 중요공장으로 지정하였다.

지정수리 공장 이름	비고
경성서비스	영업 공장
경성공업사	영업 공장
일만차고	영업 공장

☞ 앞 표에 이어서

지정수리 공장 이름	비고
조선자배(自配) 제1공장	영업 공장
조선화물자동차통제(주) 경기지사 공장	자가 공장
조선화물자동차통제(주) 신당정 공장	자가 공장
조선화물자동차통제(주) 경성모터스	자가 공장
조선화물자동차통제(주) 경남지사 공장	자가 공장
조선화물자동차통제(주) 평남지사 공장	자가 공장
조선화물자동차통제(주) 전북지사 공장	자가 공장

이로써 수리 능력은 상당한 수준으로 향상되었다.

제11편
육운행정

제3부 기타 · 철도 부문

제1장

궤도

제1절 연혁 및 감독법규

궤도는 철도와 구조나 기능이 완전히 똑같은 것이다. 하지만 철도는 전용 도 상(ballast, 道床)이 있지만 궤도는 없으며 일반교통용으로 공용도로 위에 부설한다. 요컨대 도로와 병용할 수 있는 교통기관으로, 도로교통의 보조적인 성격을 가지는 것이다.

도로 위를 주행하므로 철도와는 다른 여러 가지 제약을 받게 되는 것은 필연적이라 할 수 있다. 예컨대 도로 위에서 주행하기 때문에 도로교통의 안전을 고려해야 하므로 자연스레 궤도의 속도에 제약을 받게 된다. 대체적으로 시가지를 주행하므로 소음을 내지 못하고 매연을 배출할 수 없다. 즉, 증기기관차를 사용하는 것은 불가능하다. 또한 도로교통의 보조적인 성격을 가지므로 정류장 간격은 근거리여야 한다. 운전되는 차량은 1량짜리가 많고, 몇 량이라도 연결하는, 이른바 열차 형태가 될 수 없으며, 운전 빈도도 높아져 밀도가 높아지는 것이 통상적이다. 이것으로 볼 때 궤도란 시가지를 중심으로 하여 인근을 포함한 지역에서, 비교적 근거리의 교통수요에 대응할 수 있는 교통기관이라고 정의할 수 있다.

　궤도는 철도와 마찬가지로 공공성이 높은 사업으로, 허가제로 국가의 감독
하에 경영을 하게 되는데 조선경편철도령(朝鮮輕便鐵道令, 1912년 6월 제령
제25호)이 준용되었고, 이어 이 법령은 1920년 폐지됨과 동시에 새로이 조선
사설철도령(1920년 6월 제령 제8호)이 제정되었다. 그러나 궤도에 관해서는
"공중용도로 사용하기 위해 공공도로 위에 부설하는 궤도는 종전의 예에 따른
다."는 규정으로 인해 그 후에도 역시 조선경편철도령, 동 시행규칙 및 그 부
속명령인 '경편철도 및 궤도의 건설, 운수 및 기타 업무에 관한 건'(1912년 부
령 제119호)을 적용하게 되었다. 이렇게 궤도에 관한 법규를 잠정적으로 하는
것은 일본에서 궤도법 및 그 부속명령에 준거하여 적당한 규정을 제정하려고
연구 조사 중이었기 때문이다.

　궤도는 철도와 같이 국가의 보조정책을 필요로 하는 문제는 발생하지 않았
다. 아마도 궤도는 산업 · 경제개발상 중요한 국책상의 지위는 가지지 않았으
며, 부설에 있어서 철도처럼 거액의 자금을 필요로 하지 않기 때문이다. 즉,
궤도는 공공도로를 이용하여 부설하므로 전용 용지를 필요로 하지 않고, 비교
적 단거리 소규모 사업으로, 철도와는 다른 배경이 있었다.

　여하튼 조선에서 궤도는 1899년 4월 경성부(京城府)에서 개업한 한성전기회
사가 효시로, 경인철도가 1899년 9월, 경부철도가 1905년 5월 개업한 것보다
도 빨리 실현하게 된 것
은 역사적으로 보아 특기
할 만한 것이다. 덧붙여
일본을 포함하더라도 교
토시전(京都市電)에　버
금가는 제2의 오랜 역사
를 가지는 것이다. 한성
전기회사에 이어 1915년

선로 보수 작업

11월 부산부(釜山府)에 한국가스전기, 1923년 5월 평양부에서 평양부영(平壤府營)의 궤도가 개업하여 조선에서 3대 도시 교통기관으로 자리 잡았다. 이외에 인력(人力)에 의한 손수레(手押)궤도가 1907년 평양부에 출현한 것을 비롯하여 쇼와시대(1926~1988) 초기에도 조선 전국 각지에서 많이 출현하게 된 것은 조선 산업경제의 미숙한 시대를 반영하는 것이라고 할 수 있다. 외국 및 일본에서는 마차철도 시대가 있었는데, 조선에서는 그러한 시대 없이 다만 영무궤도의 사람과 소가 병행하는 예가 유일한 것이 있고, 그 외에는 전부 인력에 의한 것이었다. 이렇게 손수레궤도는 도로의 보수, 개량 등의 진보·보급과 함께 자동차의 발달 기타 도로 교통사정 등의 변천으로 점차적으로 폐지되고, 1933년에는 화물수송을 목적으로 하는 왜관궤도만이 남게 되었는데 이 최후의 손수레궤도도 1935년에 모습을 감추게 되었다. 각지의 손수레궤도 다음에는 대부분의 곳에서 자동차 수송으로 대체되었다.

제2절 궤도의 개황

조선의 궤도는 1898년 미국인과 한국 정부와의 합병으로 한성전기회사의 설립으로 시작되었다. 1898년 1월 18일 한국 정부로부터 경성부 내에 철도를 부설하는 권리를 얻어 1899

개방식 전차(한미철도시대 서대문~청량리 간 운전)

년 5월 17일(음력 4월 8일) 서대문에서 종로, 동대문을 거쳐 청량리까지의 길이 25.9km, 궤간 1.067m 전기동력의 궤도를 개업하였다. 이 회사는 사정으로 인해 1904년 일시 한 미전기회사로 개칭하여 미국인의 손에 넘어갔다가, 1907년 통감부로부터 경성부의 가스사업 인가를 얻어 여러 가지 우여곡절 끝에 일본인 경영의 일한 가스회사로 1909년 7월

동대문역

양도되었다. 일한가스회사는 궤도경영을 매수하는 것과 동시에 일한가스전기주식회사로 개칭하였다. 이 회사는 궤도 외에 전기 · 가스사업을 겸업하여 기초를 확립하면서 궤도사업에 힘을 쏟아 부(府)의 내부와 외부로 선로를 확장하였다. 그리고 주요 선로를 복선으로 개축하는 것과 동시에 차량을 개량하고 새로 제조하여 승객의 편의를 도모하고, 발전소와 변전소를 확충 · 신설하여 사업의 확대발전에 전력하였다. 1914년에는 궤도 연장이 26.1km가 되었다.

1910년 4월 23일 일한가스전기주식회사 설립, 발기인 27명으로 대표 요시모토 덴쇼(吉本天祥), 사토 준조(佐藤潤象) 등은 부산에서 전차, 가스 및 전등(電燈)사업을 출원하여 5월 18일 허가를 받았다. 하지만 회사설립 준비를 진행하면서 기존의 부산전등(주) 및 부산궤도(주)의 두 회사 매수에 관련되면서 회사설립은 같은 해 10월 18일, 매수 허가는 같은 해 12월 18일에 얻었다. 회사는 1913년 조선가스전기(주)로 개칭하였다. 매수한 부산진~동래 구간의 사설철도의 경영에 힘을 쏟으면서 부산시내의 궤도부설에는 일손이 모자라 수년 후인 1915년 11월 1일에 가까스로 부산시내선의 일부 부산우체국(便局前)~부산진 간 7.9km를 개업하였다.

궤도 초기 시대에 전기를 동력으로 한 것은 이상과 같이 두 회사뿐으로, 그 외에는 모두 인력에 의한 수레방식(手押)의 궤도였다.

1906년 6월 평양부에 주재하는 일본인 7명의 발기로 평양역 앞에서 시내 중

성교(中城橋) 구간 연장 2.1km, 궤간 0.610m 인력(人力)의 수레궤도를 출원, 같은 해 8월 11일 부설 허가를 얻었다. 이 궤도는 일부 복선으로 여객과 화물의 운수를 목적으로 하여 1907년 1월 17일 개업하였다.

1911년 10월 경부선 왜관역 앞에서 낙동강 강변까지 연장 1.1km, 궤간 0.610m 인력(人力)의 수레궤도를 왜관에 주재하는 마쓰바라 요네키치(松原米吉) 개인이 출원, 같은 해 12월 5일 부설 허가를 얻어 다음해 1912년 9월 20일 개업하였다. 이 궤도는 낙동강 배 운송에 의한 화물의 철도 연결수송을 주목적으로 하는, 화물운송만을 담당하는 궤도였다. 1914년 12월에는 왜관에 주재하는 모리 겐키치(森賢吉)에게 양도되었다.

1913년 12월 함경북도청은 소재지 경성(鏡城)에서 나진까지 연장 8.2km, 궤간 0.610m 인력 수레궤도 부설을 신청하여 다음해 1914년 4월 30일 허가를 얻어, 같은 해 10월 21일 개업하였다. 이 궤도는 도청소재지와 군대의 사단 소재지를 연결하는 여객과 화물의 수송을 목적으로 하는 것이었다.

경남궤도주식회사는 1913년 1월 경상남도 도청소재지인 진주에서 선진항까지 연장 21.6km, 궤간 0.610m 인력 수레궤도 부설을 출원, 같은 해 10월 15일 허가를 얻었다. 이 회사는 후쿠오카현 다자이후마차철도(주) 사장 외 10명의 발기에 의한 것으로, 자본금 15만 엔으로 바로 공사에 착수하려고 하였으나, 때마침 세계대전이 발발하여 모든 재료의 가격 상승으로 자금의 조달이 용이하지 못해 회사설립과 공사착수도 연기해야만 했다.

김제(金堤)궤도주식회사는 호남선 김제역 구내에서 동진강 나룻뱃터까지의 연장 13.2km, 궤간 0.610m 인력 수레궤도의 부설을 출원하여 1914년 10월 13일 허가를 얻었다. 이 궤도는 동진강의 배 운반에 의한 여객과 화물을 철도와 연결하여 수송하는 것을 주목적으로 하는 것이었다.

이상은 1899년 경성부에 처음으로 전기궤도가 개업한 이래 1914년 말까지의 궤도의 상황으로, 1914년 12월 1일 현재를 기준으로 한 상황은 〈표 11-59〉(1)과 같다. 허가선 연장은 80.2km로 이중에 개업선 연장은 37.5km, 미 개업선 연장은 42.7km였다.

일한가스전기(주)는 1920년 7월 13일 기존 부설선을 연장하는 동대문~광희문 간 0.6km의 부설 허가를 얻었다. 또한 1915년 9월 경성전기(주)로 개칭하였다.

조선가스전기(주)가 경영하는 부산부 궤도는 1910년 5월 18일 부설 허가를 얻었지만 수년 후인 1915년 11월 1일 가까스로 개업하였다. 이 궤도의 궤간에 대해서는 많은 우여곡절이 있었다. 당초 1.067m로 출원되었지만 부산에 주재하는 가메야마(龜山) 이사관(理事官)이 국철과 동일하게 1.435m로 개축하도록 특허명령서를 내렸다. 그 후 다시 부산부 내 도로는 협소하다고 하여 1.067m로 새로 출원하였다. 그러나 공사시행을 앞두고 도로가 협소하다는 이유로 0.762m로 변경되었다. 이로써 공사를 진행하여 개업을 하였지만 그 후 경상남도청이 부산으로 이전하여 시내 교통기관 확충에 대한 요구를 하여 순차적으로 궤간을 개축하여 1931년에는 전 노선의 궤간을 1.067m로 바꾸었다.

또한 부산부 궤도에 대해서는 1921년 무렵 부의 운영문제가 일어나 당시 부 당국과 조선가스전기(주)와의 사이에 협의 절충이 계속되고, 당시 도지사가 조정 노력을 하는 등의 우여곡절 끝에 전기궤도뿐만 아니라 전등사업을 매수하게 되었다. 그런데 금액에 대한 절충을 하지 못해 몇 번이나 결렬을 거듭하는 상태가 되었다. 그러는 동안 1928년 말 무렵부터 이것이 민중운동으로까지 발전되어 부민(府民)대회 등이 곳곳에서 개최되어 분규를 거듭하여 수습이 되지 않는 상태까지 이르렀다. 가까스로 도지사의 조정으로 교섭이 이루어져 1929년 7월 임시주주총회에서 매수계약이 결의되었다. 그러나 당시 극단적인 긴축정책을 방침으로 하는 하마구치(浜口) 내각에 의해 전기사업부영에 관한 부(府)의 채권이 허가를 받지 못해 전후 8년에 걸쳐 궤도부영문제는 결국 결실을 보지 못하고 끝나게 되었다.

모리 겐키치(森賢吉) 경영의 경상북도 왜관역~낙동강 간 궤도는 1920년 12월 7일 야마가타 사다에몽(山形定衛門)에게 양도되었다.

마쓰모토 가쓰타로(松本勝太郎) 출원의 함경북도 청진부(淸津府)의 연장 1.0km, 궤간 0.610m 인력 수레궤도는 1917년 7월 14일 부설 허가를 얻어 1918년 1월 26일 개업하였다. 시가 내의 여객과 화물의 수송을 목적으로 하였다.

함경북도는 도내의 경성~생기령 간 7.6km, 경성~독진 간 3.2km, 궤간 0.610m 인력 궤도부설을 출원, 1918년 5월 15일 허가를 얻어 1919년 4월 2일 개업하였다. 모두 근거리 여객과 화물운송 수요에 의한 것이었다.

오쿠무라 다케사부로(奧村竹三郎) 출원의 호남선 김제역~김제읍내 간 2.1km, 궤간 0.610m 인력 수레궤도는 1919년 9월 2일 부설 허가를 얻어 같은 해 9월 13일 개업하였다. 역과 시가지 사이의 여객과 화물운송을 목적으로 하였다.

가타무라 쇼지로(片村庄次郎) 출원의 호남선 강경역~강경읍내 간 2.1km, 궤간 0.610m 인력 수레궤도는 1919년 11월 11일 부설 허가를 얻었다. 역과 시가지와의 여객과 화물수송을 목적으로 하였다.

이상 1920년 12월 1일 현재를 기준으로 한 궤도상황은 〈표 11−59〉 (2)와 같으며, 개업선은 50.9km, 미 개업선은 2.7km였다.

이 기간에 사업을 폐지한 것은 1907년 개업한 평양부의 2.1km의 손수레궤도로 1915년 3월 평양시가철도(주)로 개칭하여 영업 중이었는데 1917년 8월 경영부진으로 운수영업을 폐지하였다. 1914년 함경북도청에 허가한 경성~나진 간 8.2km의 궤도는 이 기간에 폐지되었다. 폐지 연월에 대한 기록이 없어 명확하지 않다. 1913년 경남궤도(주)에 허가된 진주~선진항 간 21.6km의 궤도는 개업 연월 및 폐지 연월도 불명인 상태로 이 기간에 폐지되었다. 1914년 김제~동진강 간 13.2km의 궤도도 개업 연월 및 폐지 연월도 불명인 상태로 이 기간에 폐지되었다. 이 기간에 폐지된 궤도 거리는 45.1km에 이른다.

1920년 12월 1일 이후 1925년 12월 1일까지 다음과 같은 변동이 있었다. 경성전기(주)는 경성부 내 궤도를 2.2km 연장하여 개업하였고, 조선가스전

기(주)는 부산부 내 궤도
를 0.9km 연장하여 개업
하였다.

평양부는 1920년 부 내
전기궤도 부설에 대해 부
영으로 실현하자는 의견
이 나와 논의되어 1920년
이시쿠마 신노유(石隈信

경성전기 본사(경성, X표)

乃雄) 외 20여 명이 발기하여 궤도부설 신청이 이루어졌고, 이 권리 양도방법
을 교섭하여 부영 방침을 확립하게 되었다. 이때 부는 가장 단기간에 이것을
실현하기 위해 각종 계획을 권위자에게 위탁, 타 지방에 대한 조사위원회를
설치하는 등 신중하게 조사하였다. 그리고 1922년 2월 부 협의회의 찬성을 얻
어 궤도부설 신청, 같은 해 7월 3일 허가를 얻었다. 제1기로 평양역 앞을 기점
으로 하여 신창리까지 복선 3.2km를 완성하고, 1923년 5월 20일 개업하였다.
이어 같은 해 11월에 대동강 인도교가 가설되어 궤도를 선교리까지 1.3km 연
장, 1925년 7월에는 신창리에서 대신궁 앞까지 1.0km를, 같은 해 8월에 이것
을 연장하여 기림(箕林)까지 1.3km를, 같은 달 선교리에서 선교리역 앞까지
0.6km를 개업하였다. 이것으로 전 개업선은 7.4km가 되었다.

가타무라 쇼지로(片村庄次郎)가 1919년 부설 허가를 얻은 강경역~강경읍내
간 손수레궤도는 그 후 미곡신탁(주)이 양도받아 1921년 5월 11일 개업하였
다. 이 궤도의 부설 허가 거리는 2.1km였는데, 개업은 1.6km의 구간으로 나
머지는 실시(實施)되지 않은 것으로 보인다.

함경북도청이 1918년 부설 허가를 얻은 경성~생기령 간 및 경성~독진 간
손수레궤도는 1919년 개업하여 경영 중이었는데 이후 생기령점토석탄(주)이
1925년 사이에 양수하였다.

최순정(崔順貞) 외 1명 출원의 함경남도 국철 함경선 영무역~육대리(六坮

里) 간 3.2km, 궤간 0.610m의 인력 및 소(牛力)로 역과 취락(聚落)을 연결하는 교통을 목적으로 한 궤도는 1925년 7월 3일 부설 허가를 얻었다. 이상 1925년 12월 1일 현재를 기준으로 궤도상황은 〈표 11−59〉(3)과 같으며, 개업선 거리는 63.0km, 미 개업선 거리는 3.2km였다.

1925년 12월 1일 이후 1929년 12월 1일까지 다음과 같은 변동이 있었다.

경성전기(주)는 경성부 내 궤도를 1927년에 1.3km, 1928년에 1.1km, 1929년에 2.5km 등 총 4.9km 연장하여 개업하였다. 기존 부설선을 포함하여 총 35.1km가 되었다.

조선가스전기(주)는 1928년 부산부 내 궤도를 1km 연장하여 개업하였다. 기존 부설선을 포함하여 총 9.8km가 되었다.

평양부영 평양부내궤도는 1927년 12월 선교리~사동(寺洞) 간 4.7km의 선로를 연장, 기존 부설선을 포함하여 총 12.1km가 되었다.

함평궤도(주)는 전라남도 국철 호남선 학교(鶴橋)역에서 함평읍까지 6.1km, 궤간 1.067m 가솔린 동력의 궤도 부설을 신청하여 1926년 5월 21일 허가를 얻었고, 다음해인 1927년 1월 21일 개업하였다. 조선에서 처음으로 지방의 작은 취락지에서 기계동력에 의한 여객과 화물운송 궤도가 출현한 것이었다.

독도궤도(주)는 경성부 교외 왕십리에서 독도(纛島, 뚝섬)까지 연장 2.4km, 궤간 1.067m 가솔린동력의 궤도 부설을 신청, 1927년 3월 31일 허가를 얻었다. 독도는 경성의 동쪽 한강의 중간에 있는 농업을 주로 하는 취락으로, 섬이 아닌 육지와 연결되어 있다. 경성부 내와의 교통이 왕성하여 궤도는 이에 부응하기 위한 것이었다.

생기령점토석탄(주)은 1927년 4월 14일 경성~독진 간 3.2km를 폐지하고, 경성~생기령 간 7.6km는 영업을 계속하기로 하였다.

최순정 외 1명이 1925년 부설 허가를 얻은 영무역~육대리 간 3.2km 궤도는 1928년 12월 1일 개업하여 개인사업을 회사조직으로 변경, 영무궤도(주)가 되었다.

전라남도의 남쪽 대양 위에 있는 제주도는 조선 제일의 큰 섬이지만 연안에는 특별한 항만이 없어 도 내의 교통은 몹시 불편하였다. 지세는 타원형으로 섬 중앙에 해발고도 1,950m의 한라산이 있으며, 산자락의 평야가 사방으로 퍼져 해안에 이르는 원추모양을 하고 있어 해안에서 내륙으로의 지형은 어디를 보아도 거의 같은 모양이다. 섬 내의 교통은 일주하는 교통기관이 있다면 가장 효과적일 것으로 보인다. 이 선을 따라 제주순환궤도(주)는 섬을 일주하는 궤도부설 출원을 냈다. 섬의 현관문이 되는 제주를 중심으로 일주하는 연장 193.1km, 궤간 0.610m 인력 수레궤도의 부설 허가를 1927년 8월 31일에 얻었다. 건설공사는 제1기선으로 제주에서 동쪽으로 김녕까지 23.8km, 서쪽으로는 협제까지 31.7km를 시공, 총 55.5km를 1929년 9월 6일 개업하였다. 남은 미 개업 구간은 137.6km가 되었다.

오쿠무라 다케사부로(奧村竹三郎) 경영의 김제역~김제읍 간 2.1km의 궤도는 1928년 중에 영업을 폐지하였다.

마쓰모토 가쓰타로(松本勝太郎) 경영의 청진부 내의 1.0km의 수레궤도는 1928년 중에 영업을 폐지하였다.

이상 1929년 12월 1일 현재를 기준으로 한 궤도상황은 〈표 11-59〉(4)와 같으며 개업선 132.1km, 미 개업선 140.0km였다.

1929년 12월 이후부터 1934년 12월 1일까지 다음과 같은 변동이 있었다.

경성전기(주)는 경성부 내 궤도의 복선공사와 기타 개량공사 시행으로 1930년 0.2km, 1933년 0.2km, 1934년 0.2km 등 총 0.6km를 단축하였는데, 복선구간 26.3km, 단선구간 8.2km 등 총 34.5km가 되었다.

조선가스전기(주)는 부산부 내 궤도의 일부 0.6km를 연장 개업하여 복선구간 6.5km, 단선구간 3.9km 등 총 10.4km가 되었다.

평양부영 평양부내궤도는 1932년 일부 0.8km를 연장 개업하였는데 복선구간 6.0km, 단선구간 6.9km 등 총 12.9km가 되었다.

독도궤도(주)는 1930년 경성교외궤도(주)로 개칭하였다. 1927년 부설 허가를 얻어 미 개업이었던 왕십리~동독도(東纛島) 간 4.3km를 1930년 11월 1일 개업하였다. 1931년 9월 16일에는 왕십리에서 부 내 동대문까지 2.9km 연장선의 부설 허가를 얻어 1932년 10월 11일에 개업하였다. 이것으로 기점을 경성시가지 안으로 들어가게 하여 한층 교통의 편의를 증진할 수 있게 되었다. 1932년 4월에는 새로이 설립된 경성궤도(주)에 궤도사업 전부를 양도하였다. 이 새로운 회사는 1933년 2월 27일에 상후원~화양 간 2.0km의 지선(支線)의 부설 허가를 얻어 같은 해 7월 15일에 개업하였다. 이로써 이 궤도의 총 연장은 9.2km가 되었다. 덧붙여 1927년에 왕십리~독도 구간의 허가에서는 2.4km였는데 그 후 공사 시행에 따라 종점을 동독도로 옮겼다. 1930년 개업은 총 4.3km가 되었다.

구라카즈 히코사부로(倉員彦三郞)가 경영했던 왜관역~낙동강 간 1.1km의 수레궤도는 1932년에 도쿠야마 덴바치(德山伝八)에게 양도되었다.

강경미곡신탁(주)이 1921년 이후 경영해온 강경역~강경읍내 간 1.6km의 수레궤도는 1929년에 영업 폐지되었다.

생기령점토석탄(주)이 1927년 이후 경영해온 경성~생기령 간 7.6km 수레궤도는 1931년 9월에 영업 폐지되었다.

제주도순환궤도(주)는 1929년 9월 제주~김녕 간 및 제주~협재 간 55.5km를 개업하고, 잔여 미 개업 구간은 137.6km였는데 1931년 9월 영업을 폐지하였다.

영무궤도(주)는 1928년 이후 경영하던 영무역~육대리 간 3.2km의 수레궤도를 1933년 4월에 영업 폐지하였다.

이상으로 1934년 12월 1일 현재를 기준으로 하는 궤도상황은 〈표 11-59〉(5)와 같이 개업선 연장 74.2km가 되었다. 또한 4개 회사 경영의 수레궤도가 줄어 영업 폐지를 하게 되었는데, 도쿠야마 덴바치(德山伝八) 경영의 왜관~낙동강 기슭 간 1.1km의 수레궤도가 마지막으로 남겨진 유일한 수레궤도가 되었다.

1934년 12월 1일 이후 1939년 12월 1일까지 다음과 같은 변동이 있었다.

경성전기(주)는 경성부 내 궤도의 일부를 1935년 1.2km, 1937년 0.2km 등 총 1.4km를 연장하여 개업하였다. 이외 복선 개량공사를 시행하여 복선구간 35.1km, 단선구간 0.8km 등 총 35.9km가 되었다.

조선가스전기(주)는 부산부 내 궤도의 일부를 1935년 1.7km 연장하여 개업하였다. 이것으로 개업선 전체 거리는 복선구간 8.2km, 단선구간 3.9km 등 총 12.1km가 되었다. 이 회사는 1935년 12

부산의 전차(남선합동전기 경영)

월 이후 1937년 12월에 이르는 동안 남선합동전기(주)로 개칭하였다.

평양부영궤도는 이 기간에 선로의 연장 등의 기타 변동은 없었지만, 1937년 3월 부의회에서 부영궤도사업과 전기사업 및 승합자동차사업을 서선합동전기(주)로 양도하는 의제가 제출되었는데, 같은 해 4월 전기통제조사위원회를 설치하여 이 문제를 검토하였다. 그 결과 적당한 조건(이익확보)으로 양도하는 것으로 결정, 1938년 1월 1일 회사경영으로 옮겼다. 이로써 궤도 개업 이후 14년 8개월에 이르렀던 부영궤도는 민영화가 되었다.

경성궤도(주)는 1935년 왕십리~독도 간 궤도의 종점에서 독도유원지까지 0.6km 연장하여 개업하고, 1937년에는 다시

독도(뚝섬) 유원지

이것을 한강기슭까지 1.4km 연장하여 개업하였다. 또한 지선 상후원~화양 간을 광장(廣莊)까지 3.5km 연장하여 1935년 개업하였다. 이것으로 전 개업선의 연장은 14.7km가 되었다. 또한 이 궤도는 1935년 6월 20일 동력을 전기로 바꾸어 경유와 전기를 병용하게 되었다.

손수레궤도로 최후까지 남았던 유일한 존재인 도쿠야마 덴바치(德山伝八)가 경영한 왜관역~낙동강안 간 1.1km의 손수레궤도는 1912년 이후 26년이라는 오랜 기간 동안 여러 명의 경영자로 교체되면서 경영을 계속해 왔지만, 1937년 7월에 영업을 폐지하였다. 시대의 변천에 순응하지 못하고 소멸한 손수레궤도는 조선의 교통 역사상 한 시대를 그린 특이한 존재였다.

주) 이 궤도는 사실상 1936년에 영업을 휴지(休止)한 것으로 보인다.

이상으로 1939년 12월 1일 현재를 기준으로 하는 궤도상황은 〈표 11-59〉 (6)과 같이 개업선 연장이 81.7km가 되었다.

1939년 12월 1일 이후 1944년 11월 1일까지 다음과 같은 변동이 있었다.

경성전기(주)는 경성부 내 궤도의 일부를 1941년 돈암정(敦岩町)까지의 2.5km를 복선으로 연장하여 1941년 개업하였다. 이것으로 복선구간 37.6km, 단선구간 0.8km 등 총 38.4km가 되었다.

남선합동전기(주)의 부산부 내 궤도에 대해서 이 기간 동안 변동은 없지만, 같은 회사 경영의 부산진~동래 간 9.5km의 사설철도는 1942년 8월 궤도로 변경, 이 회사가 경영하는 궤도는 모두 21.6km가 되었다.

서선합동전기(주)의 평양부 내 궤도는 변동 없이 궤도연장 12.9km였다.

함평궤도(주)는 1941년 7월 1일 경성궤도(주)로 흡수·합병되어 함평선으로 경영이 계속되었다.

경성궤도(주)의 궤도는 전기(前期)와 변동이 없었는데, 앞의 함평선 6.1km와 함께 전 영업선은 20.8km가 되었다.

이상과 같이 1944년 11월 1일 현재를 기준으로 하는 궤도상황은 〈표 11-

59〉(7)과 같이 개업선 총 연장 93.7km로 미 개업선은 없었다.

<표 11-59> 궤도상황 일람표

(1) 1914년 12월 1일 현재

경영자 (주요 사무소 소재지)	허가 개업선				
	도명	지명	거리(km)	궤간(m)	동력
일한가스전기주식회사 (경성부)	경기도	경성부 내 및 교외	26.1	1,067	전기
조선가스전기주식회사 (부산부)	경상남도	부산부 내	(7.9)	0.762	전기
평양시가철도주식회사 (평양부)	평안남도	평양부 내	2.1	0.61	인력
모리 겐키치(森賢吉) (왜관(倭館))	경상북도	왜관역~낙동강안	1.1	0.61	인력
함경북도청 (경성(鏡城))	함경북도	경성~나남	8.2	0.61	인력
경남궤도주식회사 (진주)	경상남도	진주~선진(船津)	(21.6)	0.61	인력
김제궤도주식회사 (김제(金堤))	전라북도	김제역~동진강안	(13.2)	0.61	인력
합계			37.5		

경영자 (주요 사무소 소재지)	허가 개업선			미 개업선		비고
	허가 연월일	개업 연월일	건설비	구간	거리(km)	
일한가스전기 주식회사 (경성부)	1898. 1. 18.	1899. 5. 17.	기록 없음.			1909년 7월 설립하여 한미 전기 회사를 매수함.
조선가스전기 주식회사 (부산부)	1910. 5. 18.		기록 없음.	부산부 내	7.9	1913년 한국가스(주)에서 개칭하였다.
평양시가철도 주식회사 (평양부)	1906. 8. 11.	1907. 1. 17.	기록 없음.			

☞ 앞 표에 이어서

경영자 (주요 사무소 소재지)	허가 개업선			미 개업선		비고
	허가 연월일	개업 연월일	건설비	구간	거리(km)	
모리 겐키치 (森賢吉) (왜관(倭館))	1911. 12. 5.	1912. 9. 20.	기록 없음.			화물운수만, 1914년 12월 마쓰하라(松原 米吉)에게서 양수받음.
함경북도청 (경성(鏡城))	1914. 4. 30.	1914. 10. 21.	기록 없음.			
경남궤도주식 회사(진주)	1913. 10. 15.			진주~선진	21.6	
김제궤도 주식회사 (김제(金堤))	1914. 10. 13.			김제~동진강 안	13.2	
합계					42.7	

주) 괄호 안은 미 개업 거리이므로 합계에 포함되지 않는다. 이하 각 표에서 동일하다.

(2) 1914년 12월 현재

경영자 (주요 사무소 소재지)	허가 개업선				
	도명	지명	거리(km)	궤간(m)	동력
경성전기주식회사 (경성부)	경기도	경성부 내 및 교외	28	1.067	전기
조선가스전기주식회사 (부산부)	경상남도	부산부 내	7.9	0.762	전기
야마가타 사다에몽 (山形定衛門) (왜관(倭館))	경상북도	왜관역~낙동강안	1.1	0.610	인력
마쓰모토 가쓰타로 (松本勝太郎)(청진부)	함경북도	청진부 내	1.0	0.610	인력
함경북도청 (청진부)	함경북도	경성~생기령	7.6	0.610	인력
		경성~독진	3.2	0.610	인력
소계			10.8		
오쿠무라 다케사부로 (奧村竹三郎)(김제)	전라북도	김제역~김제읍내	2.1	0.610	인력
가타무라 쇼지로 (片村庄次郎)(강경)	충청남도	강경역~강경읍내	(2.1)	0.610	인력
합계			50.9		

☞ 앞 표에 이어서

경영자 (주요 사무소 소재지)	허가 개업선			미 개업선		비고
	허가 연월일	개업 연월일	건설비(엔)	구간	거리(km)	
경성전기 주식회사 (경성부)	1898. 1. 18.	1899. 5. 17.	2,314,103	동대문~광희문	0.6	1915년 9월 일 한가스전기(주) 를 개선(改線) 함.
	1920. 7. 13.					
조선가스전 기주식회사 (부산부)	1910. 5. 18.	1915. 11. 16.	618,803			건설비에는 사 설철도 분을 포함함.
야마가타 사다에몽 (山形定衛門) (왜관(倭館))	1911. 12. 5.	1912. 9. 20.	3,500			화물운수만 1920년 12월 7 일 모리 켄키 치로부터 양수 함.
마쓰모토 가쓰타로 (松本勝太郎) (청진부)	1917. 7. 14.	1918. 1. 26.	4,449			
함경북도청 (청진부)	1918. 5. 15.	1919. 4. 2.	9,000			
소계						
오쿠무라 다케사부로 (奧村竹三郎) (김제)	1919. 9. 2.	1919. 9. 13.	6,000			
가타무라 쇼지로 (片村庄次郎) (강경)	1919. 8. 11.		–	강경역~강경읍내	2.1	
합계			2,955,855		2.7	

(3) 1925년 12월 1일 현재

경영자 (주요 사무소 소재지)	허가 개업선				
	도명	지명	거리(km)	궤간(m)	동력
경성전기주식회사 (경성부)	경기도	경성부 내 및 교외	30.2	1,067	전기
조선가스전기주식 회사(부산부)	경상남도	부산부 내	8.8	0.762	전기

☞ 앞 표에 이어서

경영자 (주요 사무소 소재지)	허가 개업선				
	도명	지명	거리(km)	궤간(m)	동력
평양부 (평양부)	평안남도	평양역 앞 기림(箕林)~신창리 및 대동강 지선	7.4	1,067	전기
야마가타 사다에몽 (山形定衛門) (왜관(倭館))	경상북도	왜관역~낙동강안	1.1	0.61	인력
마쓰모토 가쓰타로 (松本勝太郎) (청진부)	함경북도	청진부 내	1.0	0.61	인력
오쿠무라 다케사부 로(奧村竹三郞) (김제)	전라북도	김제역~김제읍내	2.1	0.61	인력
강경미곡신탁주식 회사(강경)	충청남도	강경역~강경읍내	1.6	0.61	인력
생기령점토석탄 주식회사(생기령)	함경북도	경성(鏡城)~생기령	7.6	0.61	인력
		경성~독진	3.2	0.61	인력
소계			10.8		
최순정 외 1명	함경남도	영무역~육대리	(3.2)	0.61	인력, 우력(牛力)
합계			63		

경영자 (주요 사무소 소재지)	허가 개업선			미 개업선		비고
	허가 연월일	개업 연월일	건설비(엔)	구간	거리(km)	
경성전기 주식회사 (경성부)	1898. 1. 18.	1899. 5. 17.	3,090,897			
조선가스 전기주식회사 (부산부)	1910. 5. 18.	1915. 11. 1.	836,000			건설비에는 사 설철도 분을 포함함.
평양부 (평양부)	1922. 7. 3.	1923. 5. 20.	480,000			
야마가타 사다에몽 (山形定衛門) (왜관(倭館))	1911. 12. 5.	1912. 9. 20.	3,500			화물수송에 한 함.

☞ 앞 표에 이어서

경영자 (주요 사무소 소재지)	허가 개업선			미 개업선		비고
	허가 연월일	개업 연월일	건설비(엔)	구간	거리(km)	
마쓰모토 가쓰타로 (松本勝太郎) (청진부)	1917. 7. 14.	1918. 1. 26.	4,449			
오쿠무라 다케사부로 (奧村竹三郎) (김제)	1919. 9. 2.	1919. 9. 13.	6,000			
강경미곡신탁 주식회사 (강경)	1919. 11. 11.	1921. 5. 11.	21,432			가타무라 쇼지로에게서 양수하여 부설 허가는 2.1km였지만, 개업은 1.6km로 0.5km는 후에 실시되지 못한 것으로 추정된다.
생기령점토 석탄주식회사 (생기령)	1918. 5. 15.	1919. 4. 2.	9,000			
소계						
최순정 외 1명	1925. 7. 3.		–	영무역~육대리	3.2	
합계			4,451,278		3.2	

(4) 1929년 12월 1일 현재

경영자 (주요 사무소 소재지)	허가 개업선				
	도명	지명	거리(km)	궤간(m)	동력
경성전기주식회사 (경성부)	경기도	경성부 내 및 교외	35.1	1.067	전기
조선가스전기주식회사 (부산부)	경상남도	부산부 내	9.8	0.762	전기
평양부 (평양부)	평안남도	평양역전	12.1	1.067	전기
		기림, 대동강 지선			
		선교리~사동			

☞ 앞 표에 이어서

경영자 (주요 사무소 소재지)	허가 개업선				
	도명	지명	거리(km)	궤간(m)	동력
함평궤도주식회사(함평)	전라남도	학교역~함평읍내	6.1	1,067	경유
독도궤도주식회사	경기도	왕십리~독도(뚝섬)	(2.4)	1,067	경유
구라카즈 히코사부로 (倉員彦三郎)(왜관)	경상북도	왜관역~낙동강안	1.1	0.61	인력
강경미곡신탁주식회사 (강경)	충청남도	강경역~강경읍내	1.6	0.61	인력
생기령점토석탄주식회사 (생기령)	함경북도	경성(鏡城)~생기령	7.6	0.61	인력
영무궤도주식회사	함경남도	영무역~육대리	3.2	0.61	인력, 우력(牛力)
제주도순환궤도주식회사	전라남도	제주도 내 일주	(137.6)	0.61	인력
			55.5		
합계			132.1		

경영자 (주요 사무소 소재지)	허가 개업선			미 개업선		비고
	허가 연월일	개업 연월일	건설비(엔)	구간	거리(km)	
경성전기 주식회사 (경성부)	1898. 1. 18.	1899. 5. 17.	3,571,675			
조선가스전기 주식회사 (부산부)	1910. 5. 18.	1915. 11. 1.	1,087,000			건설비에는 사 설철도분을 포 함함.
평양부 (평양부)	1922. 7. 3.	1923. 5. 20.	870,000			
함평궤도 주식회사 (함평)	1926. 5. 21.	1927. 1. 21.	79,013			
독도궤도주식 회사	1927. 3. 31.		-	왕십리~독도	2.4	
구라카즈 히 코사부로 (倉員彦三郎) (왜관)	1911. 12. 5.	1912. 9. 20.	3,500			1928년 야마가 타 사다에몽에 게서 양수함. 화물수송에 한 함.
강경미곡신탁 주식회사 (강경)	1919. 11. 11.	1921. 5. 11.	6,250			

☞ 앞 표에 이어서

경영자 (주요 사무소 소재지)	허가 개업선			미 개업선		비고
	허가 연월일	개업 연월일	건설비(엔)	구간	거리(km)	
생기령점토 석탄주식회사 (생기령)	1927. 4. 14.	1927. 4. 14.	7,691			경성~독진 간 3.2km는 1927. 1. 14. 폐지하였다.
영무궤도 주식회사	1925. 7. 3.	1928. 12. 1.	10,700			개인기업을 회사조직으로 변경함.
제주도순환 궤도주식회사	1927. 8. 31.	1929. 9. 6.	240,975	김녕~협재	137.6	허가거리는 193.1km인 개업구간 김녕~협재 구간
합계			5,876,804		140	

(5) 1934년 12월 1일 현재

경영자 (주요 사무소 소재지)	허가 개업선				
	도명	지명	거리(km)	궤간(m)	동력
경성전기주식회사 (경성)	경기도	경성부 내	34.5	1.067	전기
		청량리			
		마포			
		왕십리			
조선가스전기주식회사 (부산)	경상남도	부산부 내	10.4	1.067	전기
평양부(평양)	평안남도	평양역~기림리	12.9	1.067	전기
		대동강지선			
		선교리~사동			
함평궤도주식회사 (함평)	전라남도	학교역~함평읍내	6.1	1.067	경유
경성궤도주식회사 (경성)	경기도	왕십리~동독도	4.3	1.067	경유
		왕십리~동대문	2.9		
		상후원~화양	2		
소계			9.2		
도쿠야마 덴바치 (德山伝入)(왜관)	경상북도	왜관역~낙동강안	1.1	0.61	인력
합계			74.2		

☞ 앞 표에 이어서

경영자 (주요 사무소 소재지)	허가 개업선			미 개업선		비고
	허가 연월일	개업 연월일	건설비(엔)	구간	거리	
경성전기 주식회사 (경성)	1898. 1. 18.	1899. 5. 17.	4,237,562			
조선가스 전기주식회사 (부산)	1910. 5. 18.	1915. 11. 1.	1,207,000			건설비에는 사설철도 분을 포함함.
평양부(평양)	1922. 7. 3.	1923. 5. 20.	932,835			
함평궤도 주식회사 (함평)	1926. 5. 21.	1927. 1. 21.	86,423			
경성궤도 주식회사 (경성)	1927. 3. 31.	1930. 11. 1.	351,177			1932년 4월 경성 교외 궤도(주)(독도궤도가 1930년 개칭함)로부터 양수함.
	1931. 9. 16.	1932. 10. 11.				
	1933. 2. 27.	1933. 7. 15.				
소계						
도쿠야마 덴바치 (德山伝入) (왜관)	1911. 12. 5.	1912. 9. 20.	3,500			1932년 구라카즈 히코사부로에게서 양수함. 화물수송에 한함.
합계			6,818,497			

(6) 1939년 12월 1일 현재

경영자 (주요 사무소 소재지)	허가 개업선				
	도명	지명	거리(km)	궤간(m)	동력
경성전기주식회사 (경성)	경기도	경성부 내	35.9	1.067	전기
		청량리			
		마포			
		왕십리			
남선합동전기주식회사 (부산)	경상남도	부산부 내	12.1	1.067	전기

☞ 앞 표에 이어서

경영자 (주요 사무소 소재지)	허가 개업선				
	도명	지명	거리(km)	궤간(m)	동력
서선합동전기주식회사 (평양)	평안남도	평양역~기림리	12.9	1,067	전기
		대동강지선			
		선교리~사동			
함평궤도주식회사 (함평)	전라남도	학교역~함평읍내	6.1	1,067	경유
경성궤도주식회사 (경성)	경기도	왕십리~독도 ~한강강안	6.3	1,067	경유 전기
		왕십리~동대문	2.9		
		상후원~광장	5.5		
소계			14.7		
합계			81.7		

경영자 (주요 사무소 소재지)	허가 개업선			미 개업선		비고
	허가 연월일	개업 연월일	건설비(엔)	구간	거리	
경성전기 주식회사 (경성)	1898. 1. 18.	1899. 5. 17.	5,635,000			
남선합동 전기주식회사 (부산)	1910. 5. 18.	1915. 11. 1.	1,944,000			조선가스전기 (주)를 개칭함.
서선합동 전기주식회사 (평양)	1922. 7. 3.	1923. 5. 20.	2,163,000			1938년 1월 1 일 평양부에서 양수받음.
함평궤도 주식회사 (함평)	1926. 5. 21.	1927. 1. 21.	99,000			
경성궤도 주식회사 (경성)	1927. 3. 31.	1930. 11. 1.				1935년 6월 20 일 전기 동력 추가
	1931. 9. 16.	1932. 10. 11.	863,000			
	1933. 2. 27.	1933. 7. 15.				
소계						
합계			10,704,000			

경영자 (주요 사무소 소재지)	허가 개업선				
	도명	지명	거리(km)	궤간(m)	동력
경성전기주식회사 (경성부)	경기도	경성부 내	38.4	1,067	전기
		청량리			
		마포			
		왕십리			
		돈암정			
남선합동전기주식회사 (부산)	경상남도	부산부 내	12.1	1,067	전기
		부산진~동래	9.5		
소계			21.6		
서선합동전기주식회사 (평양)	평양남도	평양역~기림리	12.9	1,067	전기
		대동강지선~선교리~사동			
경성궤도주식회사 (경성)	전라남도	학교역~함평읍내	6.1	1,067	경유
	경기도	왕십리~독도~한강강변	6.3	1,067	경유 · 전기
		왕십리~동대문	2.9		
		상후원~광장	5.5		
소계			20.8		
합계			93.7		

경영자 (주요 사무소 소재지)	허가 개업선			미 개업선		비고
	허가 연월일	개업 연월일	건설비(엔)	구간	거리(km)	
경성전기 주식회사 (경성부)	1898. 1. 18	1899. 5. 17.	10,050,000			
남선합동 전기주식회사 (부산)	1910. 5. 18	1915. 11. 1.	2,241,000			1942년 8월 21일 사설철 도를 궤도로 변경함.
소계						
서선합동 전기주식회사 (평양)	1922. 7. 3.	1923. 5. 20.	2,949,000			

☞ 앞 표에 이어서

경영자 (주요 사무소 소재지)	허가 개업선			미 개업선		비고
	허가 연월일	개업 연월일	건설비(엔)	구간	거리(km)	
경성궤도 주식회사 (경성)	1926. 5. 21.	1927. 1. 21.	112,000			1941년 7월 1 일 함평궤도 (주)는 경성궤 도(주)로 흡수 합병되었다.
	1927. 3. 31.	1930. 11. 1.				
	1931. 9. 16.	1932. 10. 11.	1,229,000			
	1933. 2. 27.	1933. 7. 15.				
소계						
합계			16,581,000			

제3절 궤도 각 회사의 사업개황

궤도사업은 필요로 하는 자료가 극히 적다. 따라서 의도는 아니더라도 사업
개황도 매우 간소하다. 제2절의 각 시기에 맞추어 그 시기 말의 각 회사의 현
상에 대해서 기술한다. 단, 1925년 이전에는 기록이 부족하므로 생략한다. 또
한 손수레궤도의 각 회사에 대해서도 자료가 거의 없으므로 생략한다.

경성전기주식회사 궤도
궤도부설구역 – 경성부 내 및 교외
창업 – 1899년 5월 17일 개업
궤간 – 1.067m
동력 – 전기, 단선가공식(單線架空式), 자사발전(自社發電)
겸업 – 승합자동차사업(1933년 4월 1일 경성부영 승합자동차사업을 양수하
여 영업 개시함)

선로	차량	운행상황	운임
복선 : 15.9km 단선 : 14.3km 계 : 30.2km 궤조 : 대부분 30kg, 　　　 일부 20kg, 22kg	전차 : 50인승 93량 전차 : 75인승 25량 계 : 118량	1일 평균 사용차량 : 100량 간선 : 72량 지선(支線) 및 교외선 : 28량	부 내(府內)의 노선은 5전 (錢)으로 균일. 마포, 청량 리, 왕십리의 교외(郊外)의 노선 각 5전 균일 주) 이 제도는 1919년 대 개정 (大改正)을 하여 실시하였다.

선로	차량	운행상황	운임
복선 : 21.9km 단선 : 13.2km 계 : 35.1km 궤조 : 대부분 30kg, 　　　 일부 37kg	전차 : 143량 화차 : 11량 살수차(撒水車) : 4량	1일 평균 사용차량 : 138량 간선 : 95량 지선(支線) 및 교외선 : 43량	1925년과 동일함.

선로	차량	운행상황	운임
복선 : 26.3km 단선 : 8.2km 계 : 34.5km 궤조 : 대부분 30kg, 　　　 일부 37kg	전차 : 143량 화차 : 11량 살수차(撒水車) : 4량	1929년과 동일함.	부내선 5전 균일, 교외선 각 5전 균일, 부내선과 교외선 상호환승 시 8전. 교외선에 서 부내선을 경유하여 다시 교외선으로 환승 시 11전. 겸업하는 승합자동차 여덟 개 노선에 대해서는 전차선 (電車線)의 연장으로 간주하 여 상호환승은 무료로 하여 5전 균일함. 주) 이 운임제도는 1933년부 터 실시하였다.

선로	차량	운행상황	운임
복선 : 35.1km 단선 : 0.8km 계 : 35.9km 궤조 : 1934년과 동일함.	전차 : 179량 화차 : 4량 살수차 : 4량	1일 평균 사용차량 : 173량 간선 : 119량 지선(支線) 및 교외선 : 54량	1934년과 동일함.

선로	차량	운행상황	운임
복선 : 37,6km 단선 : 0,8km 계 : 38,4km 궤조 : 1939년과 동일함.	전차 : 231량 화차 : 2량	명확하지 않음.	부내선 10전 균일 교외선 및 승합자동차와의 관련 운임은 명확하지 않 음.

남선합동전기주식회사 궤도

궤도부설구역 – 부산부 내(府內) 및 교외(郊外)

창업 – 1909년 12월 19일 개업

궤간 – 1.067m(처음에는 0.762m로 개업, 1931년 전 노선 1.067m가 되었다)

동력 – 전기, 단선가공식, 자사발전

겸업 – 승합자동차사업(1934년 12월 13일 부산−동래 간, 1935년 8월 14일 부산부 내 승합자동차 영업면허)

선로	차량	운행상황	운임
복선(1924년부터 일부 복 선이 됨. 구간은 명확하지 않음) 단선 : 8,8km 궤조 : 대부분 30kg, 　　　 일부 22kg 사용	전차 36인승 : 8량 　　　 48인승 : 7량 계 : 15량	1일 평균 운전 횟수 부내선 : 108회 동래선 : 55회 (1942년부터 궤도)	부내선 3구역, 동래선 3구 역, 1구역 5전

선로	차량	운행상황	운임
복선 : 3,4km 단선 : 6,4km 계 : 9,8km 궤조 : 30kg	전차 : 26량 화차 : 1량 살수차 : 1량	1일 평균 운전 횟수 부내선 : 263회 동래선 : 53회	1925년과 동일함.

선로	차량	운행상황	운임
복선 : 6.5km 단선 : 3.9km 계 : 10.4km 궤조 : 30kg	전차 : 32량 화차 : 1량 살수차 : 1량	1929년과 동일함.	1929년과 동일함.

선로	차량	운행상황	운임
복선 : 8.2km 단선 : 3.9km 계 : 12.1km 궤조 : 30kg	전차 : 45량 화차 : 1량 살수차 : 1량	명확하지 않음.	1934년과 동일함. 겸업 승합자동차와의 환승 시 무료

선로	차량	운행상황	운임
복선 : 17.7km 단선 : 3.9km 계 : 21.6km 궤조 : 30kg	전차 : 60량 화물차 : 1량	명확하지 않음.	1939년과 동일함.

서선합동전기주식회사 궤도

궤도부설구역 – 평양부내 및 교외

창업 – 1923년 5월 20일 개업

궤간 – 1,067m

동력 – 전기, 단선가공식, 조선전기흥업회사로부터 수급(受給)

겸업 – 승합자동차사업(1934년 3월 7일 면허, 부 내 승합자동차)

선로	차량	운행상황	운임
복선 : 3.2km 단선 : 4.2km 계 : 7.4km 궤조 : 30kg	전차 : 40인승 13량	1일 평균 운전횟수 : 400회	전 노선 4구간, 1구간 5전

선로	차량	운행상황	운임
복선 : 5.2km 단선 : 6.9km 계 : 12.1km 궤조 : 30kg	전차 : 40인승 24량	1일 평균 운전횟수 부내 : 400회 교외 : 200회	부내 5전 균일 선교리 및 사동 노선을 2구 역으로 하여 1구역 5전

선로	차량	운행상황	운임
복선 : 6.0km 단선 : 6.9km 계 : 12.9km 궤조 : 30kg	전차 : 40인승 30량 화차 : 3량 살수차 : 1량	1일 평균 운전횟수 부내 : 400회 교외 : 200회	1929년과 동일함.

선로	차량	운행상황	운임
복선 : 6.0km 단선 : 6.9km 계 : 12.9km 궤조 : 30kg	전차 : 40인승 36량 화차 : 2량 살수차 : 1량	명확하지 않음.	부내 5전 균일 선교리 및 사동 노선을 2구 역으로 하고, 1구역 5전. 겸 업승합자동차로 환승 시 1 회에 한해 무료로 함.

선로	차량	운행상황	운임
복선 : 6.0km 단선 : 6.9km 계 : 12.9km 궤조 : 30kg	전차 : 45량 화차 : 2량	명확하지 않음.	1939년과 동일함.

경성궤도주식회사

궤도부설구역 – 경성부 내 및 교외

창업 – 1930년 11월 1일

구 경성교외궤도(주)(처음엔 독도궤도(주)로 칭하였음)에서 1932년
4월 양수받음.

궤간 – 1.067m

동력 – 경유, 전기(1935년 6월 20일 전기를 추가함)

1941년 7월 1일 함평궤도(주)를 흡수 합병하였다.

(1934년)

선로	차량	운행상황	운임
단선 : 9.2km 궤조 : 22kg 　(소수 21kg 사용)	경유객차 : 6량 경유동차(動車) : 6량 화차(5톤 적재) : 77량	기종점 역에서 첫차 5시, 막차 오후 12시, 30분 간격 으로 운전	전 노선 3구역, 4전~9전으 로 함.

(1939년)

선로	차량	운행상황	운임
단선 : 14.7km 궤조 : 22kg 　(소수 21kg 사용)	가솔린기관차 : 9량 전차 : 4량 객차 : 2량 경유동차 : 12량 화차 : 107량	명확하지 않음.	전 노선 3구역, 5전~15전 으로 함.

(1944년)

선로	차량	운행상황	운임
단선 : 14.7km 단선 : 6.1km(함평선) 계 : 20.8km 궤조 : 22kg 　(소수 21kg 사용) 10kg(소수 12kg 및 15kg 사용 함평선)	가솔린기관차 : 7량 전차 : 6량 객차 : 12량 경유동차 : 12량 화차 : 109량	명확하지 않음.	1939년과 동일함. 함평선 여객 - 전 노선 20전 균일 화물 - 10급품 소구급 100kg 10전, 톤 및 차급 1톤 1엔

☞ 앞 표에 이어서

선로	차량	운행상황	운임
	이하 함평선 소속 가솔린기관차 : 1량 경유동차 : 6량(이중 1량은 1톤 적재 경유화차) 객차 : 24인승 3량(2톤 적재 수하물차 2량) 화차(7톤 적재) : 2량		

함평궤도주식회사

궤도부설구역 – 호남선 학교(鶴橋)역~함평읍 간

창업 – 1927년 1월 21일

궤간 – 1.067m

동력 – 경유

겸업 – 1935년부터 궤도로 연결하는 오지와 함평읍 간의 승합자동차 및 화
물자동차 영업의 면허를 얻었다.

(1929년)

선로	차량	운행상황	운임
단선 : 6.1km 궤조 : 10kg(소수의 12kg 및 15kg 사용)	가솔린동력차 : 3량 객차 24인승 : 3량 화차(5톤 적재) : 4량	1일 6왕복	여객 : 전 노선 3구역, 전 노 선을 통틀어 25전 화물 : 소구급 100근(斤)에 8전, 톤급 1톤에 1엔

(1934년)

선로	차량	운행상황	운임
단선 : 6.1km 궤조 : 1929년과 동일함.	경유동차 : 4량 객차 24인승 : 3량 화차(5톤 적재) : 4량	1일 9왕복	여객 : 1929년과 동일함. 화물 : 10급품 소구급 100kg 에 10전, 톤 및 차급 1톤에 1엔

선로	차량	운행상황	운임
단선 : 6.1km 궤조 : 1934년과 동일함.	가솔린기관차 : 2량 경유동차 : 2량 객차 : 24인승 3량 화차(7톤 적재) : 4량	명확하지 않음.	여객 : 전 노선을 통틀어 20 전 화물 : 1934년과 동일함.

1944년

1941년 7월 1일 경성궤도(주)에 흡수 합병되어 같은 회사의 함평선이 되었다.

이상 조선의 궤도에 대해 기술하였는데, 이외에 기록이 불완전한 이유로 기재하지 않은 손수레궤도는 다음과 같은 것이 있다.

1. 조선주차군 군사령부 소관과 관련한 경영자, 함북통운공사의 함경북도 청진~나남~우성~회령 구간에 부설된 거리 128.9km, 궤간 0.610m의 손수레궤도는 8구역으로 나누어 1905년부터 1913년 사이에 영업을 개시하였다. 영업하고 있던 기간은 명확하지 않지만, 1920년에는 폐지되어 존재하지 않았다.

2. 함흥탄광(주) 경영의 함흥~서호진 간 13.4km, 궤간 0.610m의 손수레궤도는 1913년 12월 영업을 개시하였다. 영업기간은 명확하지 않지만, 1920년에는 폐지되어 존재하지 않았다.

조선 3대 도시에서 근대적인 구조를 갖춘 궤도는 대체적으로 순조롭게 발전을 거듭하였지만, 지방에 산재하는 손수레궤도에서는 부설 허가를 얻더라도 여러 해가 지나도 개업하지 못하고 소멸하게 된 것이 한둘이 아니다. 개업을 하게 되었더라도 짧은 경우는 2년, 길어도 10년 전후에 영업부진으로 폐지하고 있다. 유일하게 왜관철도처럼 26년 동안 장기간에 걸쳐 영업을 계속한 경우도 있다.

손수레궤도는 메이지시대(1868~1911) 말기에 처음 출현하여, 이후 1935년 무렵 모습을 감추기까지 약 30년 동안 사회 한구석에 있는 민중의 일상생활을 지탱해주는 자그마한 교통수단으로서 시대의 역할을 다한 조선교통사상 특이한 존재였다고 할 수 있다.

전시통제시대의 궤도

전시통제시대에 궤도의 경영 상태에 대해서는 특별히 자료가 없어 구체적으로 기술할 수 없다. 제5장에서 사설철도의 전시통제 실정은 궤도에 있어서도 기본적으로는 그대로 적용되므로, 전력 증강이 되는 수송시설 이외에는 모두 억제되었다. 궤도는 한 지방의 작은 범위의 교통 수송시설이므로 사설철도보다도 한층 억압되었다. 1937년 이후 궤도의 선로 연장을 표로 살펴보자면, 1941년에 경성부내궤도에서 돈암정까지 2.5km 연장한 것이 유일한 선로 연장으로 되어 있다. 이것은 엄격한 통제 하에서 예외적인 경우였다.

주) 1942년에도 궤도연장 9.5km가 있었는데, 이것은 남선합동전기(주)의 부산진~동래 간의 사설철도를 궤도로 변경한 것에 따른 것이다.

1939년 이후에는 궤도경영상 필요로 하는 연료, 철강재, 목재, 기계부품, 섬유품 등 모든 물자는 배급제가 되었고, 지방자금조달법 시행으로 물자와 자금 양쪽으로 엄격한 통제를 받게 되어 새로운 노선의 건설이나 차량 보충, 건축, 설비개량, 교체, 증설 등도 쉬운 일이 아니었다. 경성전기(주)의 궤도에서 1940년 4월에는 수송효율 향상과 전력 절약을 위해 전 노선 119곳의 정류소 중에 비교적 이용도가 낮은 곳 및 간격이 짧은 정류소 43곳을 줄이고, 아침저녁 러시아워(Rush Hour)의 혼잡 완화를 기하기 위해 급행전차를 운전하는 등 고육지책들로 힘든 상황을 견뎌나갔다. 이것은 통제로 인한 여파의 일례이다. 요컨대 이 시대의 궤도경영은 설비의 확충이나 개선, 보충 등은 기대할 수도 없고, 단지 어떻게 해서든 현상을 참고 유지해 나갈 수 있느냐 하는 것이 최대의 목표였다.

궤도의 선로 연장 추이

조선의 궤도가 1910년 이래 선로 연장에서 어떤 성쇠(盛衰)를 거쳐 왔는지는 〈표 11-60〉과 같다.

또한 각 도시의 각 회사별 노선 거리는 〈표 11-61〉과 같다.

〈표 11-60〉 궤도 누계년도 거리표

(단위 km)

연도	개업선	미 개업선	계	연도	개업선	미 개업선	계
1910	23.3	24.8	48.1	1928	77.2	195.5	272.7
1911	23.7	24	47.7	1929	132.1	140	272.1
1912	26.6	37	63.6	1930	134.6	137.6	272.2
1913	28.8	32.8	61.6	1931	71.5	2.9	74.4
1914	37.5	42.7	80.2	1932	75.2	–	75.2
1915	47.3	34.8	82.1	1933	72.8	–	73.8
1916	47.3	13.2	60.5	1934	74.2	–	74.2
1917	37	14.2	51.2	1935	81.2	–	81.2
1918	38	10.8	48.8	1936	81.2	–	81.2
1919	50.9	2.1	53	1937	81.7	–	81.7
1920	50.9	2.7	53.6	1938	81.7	–	81.7
1921	54.7	–	54.7	1939	81.7	–	81.7
1922	55.6	7.4	63	1940	81.7	–	81.7
1923	63	–	63	1941	84.2	–	84.2
1924	63	–	63	1942	93.7	–	93.7
1925	63	3.2	66.2	1943	93.7	–	93.7
1926	63	9.3	72.3	1944	93.7	–	93.7
1927	67.2	198.7	265.9				

주) 각 연도는 12월 1일 현재를 기준으로 한다.

〈표 11-61〉 각 회사별 궤도 선로 거리표

(단위 km)

연도	경성전기 (경성부)	남선합동전기 (부산부)	서선합동전기 (평양부)	경성궤도 (경성부)	함평궤도	계
1914	26.1					26.1
1920	28	7.9				35.9
1925	30.2	8.8	7.4			46.4
1929	35.1	9.8	12.1		6.1	63.1
1934	34.5	10.4	12.9	9.2	6.1	73.1
1939	35.9	12.1	12.9	14.7	6.1	81.7
1944	38.4	21.6	12.9	20.8	-	93.7

주) 1. 연도는 해당 연도 12월 1일 현재, 1944년은 11월 1일 현재를 기준으로 한다.
　　2. 1941년 7월 1일 함평궤도(주)는 경성궤도(주)로 흡수 합병되어 경성궤도(주)의 함평선이 되었다.

궤도선로의 궤간 · 동력별 거리

궤도의 개업선로를 궤간별 및 동력별로 구분하여 거리를 살펴보면 다음과 같다.

〈표 11-62〉 궤도 궤간별 동력별 거리표

(단위 km)

연도	종류	궤간				동력			
		1,067m	0.762m	0.610m	계	전기	경유	인력(人力)	계
1914	거리	26.1		11.4	37.5	26.1		11.4	37.5
	경영자수	1		3	4	1		3	4
1920	거리	28	7.9	15	50.9	35.9		15	50.9
	경영자수	1	1	4	6	2		4	6
1925	거리	37.6	8.8	16.6	63	46.4		16.6	63
	경영자수	2	1	5	8	3		5	8
1929	거리	53.3	9.8	69	132.1	57	6.1	69	132.1
	경영자수	3	1	5	9	3	1	5	9
1934	거리	73.1		1.1	74.2	57.8	15.3	1.1	74.2
	경영자수	5		1	6	3	2	1	6

☞ 앞 표에 이어서

연도	종류	궤간				동력			
		1,067m	0,762m	0,610m	계	전기	경유	인력(人力)	계
1939								경유 · 전기	
	거리	81.7			81.7	60.9	6.1	14.7	81.7
	경영자수	5			5	3	1	1	5
1944								경유 · 전기	
	거리	93.7			93.7	72.9	6.1	14.7	93.7
	경영자수	4			4	3	1	1	4

주) 1. 1944년 경영자수 합계와 내역은 한 회사가 두 종류를 함께 보유하므로 일치하지 않는다.
　　2. 각 해당 연도는 12월 1일 현재를 기준으로 한다.

제2장
전용철도

제1절 개설

전용철도는 일반 공공 교통수요에 응할 목적의 철도 및 궤도와는 달리, 특정 주체에 속하여 그 전용 수송을 목적으로 하는 철도이다. 대체적으로 일반 공공 철도 및 궤도와 직통하거나 직접 연락하는 것이 통례이다.

사설철도 및 궤도와 마찬가지로 전용철도를 부설할 때에도 감독법규가 정하는 바에 따라 나라의 감독 지도를 받게 되어 있다. 대한제국시대에는 전용철도에 관한 준거법령은 없고, 단지 관계관청의 허가를 받아서 부설할 뿐이었다. 하지만 총독부시대가 된 후 1912년 5월 '전용경편(輕便)철도 및 궤도에 관한 건'(부령(府令))이 공포되어, 그 이후로는 이에 근거하여 전용철도에 대한 행정이 적용되었다. 이어서 1920년 11월 일본의 전용철도규정을 바탕으로 새로이 조선전용철도규정이 제정되었다. 이 규정의 적용을 받는 전용철도에서 다음 각 호는 제외되었다.

1. 사람 또는 우마차를 사용하는 것

2. 공장 내, 광구(鑛區) 내, 기타 유사한 지역 내에 한해 부설하는 것으로 공중용으로 제공하는 철도 및 궤도와 직통하지 않는 것

이리하여 종전의 전용철도 중 인력이나 우마의 힘을 동력으로 하는 것은 각처에 있었지만, 그 이후로는 법의 적용을 받지 않는 것이 되었다. 또한 종전에는 공장 내, 광산 내에 부설된 것으로 일반철도 및 궤도에 직통하지 않는 전용철도, 예를 들면 광산의 광석 운반용 전용철도가 각처에 존재했지만, 이후로는 전용철도에서 제외되어 법 규제를 받지 않는 전용철도도 존재하게 되었다.

1938년 1월에 전용철도규정이 일부 개정되었다. 이는 개정과 동시에 조선광업경찰규칙(부령)이 제정되었기 때문이었다. 이 규칙에 의해 규제되는 철도가 전용철도규정과 경합하는 일이 있기 때문에, 그것을 규칙에 양보하고 전용철도규정에서 제외하는 것이 되었다. 따라서 개정 전용철도규정에는 다음에 해당하는 것은 적용을 받지 않게 되었다.

1. 사람 또는 우마차를 사용하는 것
2. 공장, 사업장, 기타 유사한 지역 내에 한해 부설하는 것으로 공중용으로 제공하는 철도 및 궤도와 직통 혹은 직접 연락하지 않는 것
3. 조선광업령에 의한 광업용으로 제공하기 위해 광구 내 혹은 인접지역 내에 부설하여 공중용으로 제공하는 철도 및 궤도와 직통 혹은 직접 연락하지 않는 것(광구 외 연장 10킬로미터를 넘는 것은 제외)

이 개정의 요점은, 종전의 적용 제외가 되어 있던 철도 및 궤도에 직접 연락하는 것은 적용을 받는 것으로 하고, 광업용은 광구 외로 연결되는 경우라도 연장 10km 이내의 것은 적용에서 제외하였다.

원래 전용철도는 개인(私人)에게 제공하는 철도로 일반 공공교통과 관계없는 것이지만, 전용철도에서도 공공 철도나 궤도(이하 모두 철도라 함)에 직통

하는 것, 혹은 직접 연락하는 것은 철도 수송에 영향을 미치는 것이므로, 이 점에서 철도와 같은 법 규제를 하게 되어 있다. 이러한 전용철도는 철도의 말 단적인 기능을 지닌 것이다. 그 수송화물(주로 화물, 여객은 극히 희소함)은 철도를 통하여 출입하는 것이므로 철도의 수송계획, 운행계획 및 시설 등에 관련된 것이 된다. 전형적인 전용철도의 말단은 회사공장, 창고 혹은 작업장 및 탄광 기타 광산 사업장에서 화차(貨車)에 직접 원료, 제품, 자재 광석 등을 싣고 내리고 하는 것으로, 철도역과 같은 기능을 하고 있는 것이다. 이러한 체 제로부터 전용철도의 운전, 보안을 철도에 위탁하는 예는 상당히 많다. 이는 당사자 쌍방에게 편익을 가져다주게 되어 있다. 역과 이들 공장, 전용철도를 연결하는 이른바 소(小)운송을 따로 자동차나 기타 수송기관을 이용한다고 생 각할 경우, 전용철도가 훨씬 경제적이라는 것은 두말할 나위도 없다. 전용철 도의 다수는 연장 1km 미만에서 수 km인 단거리 철도인데, 수송에서 맡은 역 할은 참으로 크다고 할 수 있다.

전쟁이 진전됨에 따라서 전력 증강을 위해 지하자원 개발의 수력발전, 제철 과 기타 제조업의 발전은 해를 거듭할수록 증대해 갔다. 하지만 이들 산업에 수반되는 물자 수송이 주로 철도에 의존하는 당시 전용철도가 그 역할에서 당 연히 증가해 갔다는 점은 전용철도 누계년도표에 여실히 드러나 있다. 전용철 도도 전력 증강에 큰 공헌을 했음은 간과하기 어려운 점이다.

전용철도의 경영자수, 노선수, 노선 연장의 추이

조선에서 전용철도의 연차 변화는 〈표 11−63〉과 같다.

〈표 11−63〉 전용철도 누계년도표

연도	회사수	노선수	선로 연장(km)	비고
1914	6	6	75.6	
1925	12	30	87.7	

☞ 앞 표에 이어서

연도	회사수	노선수	선로 연장(km)	비고
1926	-	-	-	기록 없음.
1927	13	29	104.4	
1928	18	37	127.1	
1929	18	37	128.4	
1930	19	42	143.9	
1931	18	35	103.4	
1932	18	35	103.8	
1933	23	41	192.1	
1934	23	41	159.5	
1935	25	49	224.5	
1936	-	-	-	기록 없음.
1937	36	62	301.8	
1938	34	67	311.6	
1939	39	72	308.4	
1940	42	79	313.8	
1941	46	83	355.9	
1942	49	80	378.5	
1943	-	-	-	기록 없음.
1944	54	98	536.1	

주) 1914년 이전 및 1915~25년 기록 불명

전용철도의 궤간 · 동력별 선로 연장

전용철도 노선에 대해 궤간별 및 동력별로 분석해서 그 선로 연장을 보면 〈표 11-64〉와 같다.

〈표 11-64〉 전용철도 궤간 · 동력별 선로 연장표

연도	종별	궤간별			
		1,435(m)	0.762(m)	0.61(m)	계
1914	선로 연장	19.6	38	18	75.6
	노선수	1	3	2	6
	경영자수	1	3	2	6

☞ 앞 표에 이어서

연도	종별	궤간별			
		1,435(m)	0,762(m)	0,61(m)	계
1925	선로 연장	10,3	31,5	45,9	87,7
1925	노선수	10	10	10	30
	경영자수	8	3	2	12
1930	선로	15,5	66	45,9	143,9
	연장노선수	17	14	11	42
	경영자수	15	4	3	19
1935	선로 연장	24,7	122,3	77,5	224,5
	노선수	18	18	13	49
	경영자수	17	8	5	25
1940	선로 연장	54,4	191,4	68	313,8
	노선수	31	30	18	79
	경영자수	25	12	11	42
1944	선로 연장	147,6	297,4	91,1	536,1
	노선수	48	29	21	98
	경영자수	36	17	12	54
1944 (미 개업선)	선로 연장	29,5	61,3	1,1	91,9
	노선수	6	6	1	13
	경영자수	6	6	1	13

연도	동력별							비고
	증기	가솔린	전기	증기 가솔린	증기 전기	가솔린 축전지	계	
1914	30,9						75,6	이 시대에 궤간 0,640m(2척1촌) 수압동력이 있었다.
	2						6	
	2						6	
1925	87,7						87,7	
	30						30	
	12						12	
1930	127,1	7,2	8,7				143,9	
	39	1	2				42	
	19	1	1				19	
1935	104,4	63,6		16,1		40,4	224,5	
	35	8		5		1	49	
	20	8		1		1	25	

연도	동력별							비고
	증기	가솔린	전기	증기 가솔린	증기 전기	가솔린 축전지	계	
1940	99.2	151.1	1.1	18.3	3.7	40.4	313.8	
	43	26	1	7	1	1	79	
	25	18	1	3	1	1	42	
1944	213.5	179.7	9.8	21.3	7.14	40.4	536.1	
	54	31	4	6	2	1	98	
	36	20	4	2	2	1	54	
1944 (미 개업선)	83.7		1.1			가솔린 카바이트 7.1	91.9	
	11		1			1	13	
	11		1			1	13	

주) 한 경영자가 궤간이나 동력이 상이한 노선을 소유하고 있기 때문에 경영자 합계와 내역은 일치하지 않음.

제2절 전용철도의 개황

1860년대 이후 1920년대 중반까지 전용철도의 동력은 인력이 많이 나타났지만, 그 후 시대의 진전에 따라 점차적으로 그 모습을 감추고, 증기와 가솔린이 대신하기에 이르렀다. 이들 전용철도는 주로 자사공장, 사업장 또는 광구로부터 국철, 사철의 역 구내로 전속되어 궤간을 같이하는 것은 직통운전을 하고, 사업용 원료, 제품, 석탄, 광석, 목재, 공사 재료 등의 수송을 목적으로 하는 것이었다. 전용철도의 개황에 대해 매년 상황은 지면관계상 시대를 구별하여 기술하기로 하고, 절 끝에 전용철도 상황 일람표를 첨부하였다.

1914년 : 이 시기의 특징으로 궤간 1.435m의 표준궤는 하나도 없고, 규격이 맞지 않는 0.640m는 하나 있었다. 또한 동력도 인력이 대부분을 차지하였고, 가솔린 동력은 아직 세상에 나오지도 않아 1선도 없었다. 경영자수 6, 노선수 6, 선로 연장 75.6km였다.

1925년대 : 1920년 조선전용철도규정이 제정되었으므로, 종래의 동력을 인력으로 하는 것은 적용 제외가 되었다. 따라서 상황표에서 모습을 감추었다. 전기(1914년)에 없던 궤간 1.435m의 표준궤 노선도 많이 나타났으며, 이들은 대부분 국철선 역을 통하여 화차(貨車)의 직통운전을 하던 것이다. 소속 사업도 다양화하여 각종 산업의 발전이 엿보인다. 경영자수 12, 노선수 30, 선로 연장 87.7km였다.

1930년대 : 전기(1925년)에 비해 총체적으로 수적으로는 약 50% 이상 확대되었다. 연장 20km 이상의 것이 2개 노선이나 존재한다. 경영자수 19, 노선수 42, 선로 연장 143.9km였다.

1935년대 : 경제계가 호황기에 들어가면서 일반적으로 각종 산업의 발전이 현저해졌다. 전용철도도 이를 반영하여 신장되었다. 전기(1930년)에 비해 노선수, 경영자수의 신장보다도 선로 연장의 신장률이 높음을 볼 수 있다. 연장 40km에 달하는 노선 하나가 나타난 것도 이 영향으로 보인다. 경영자수 25, 노선수 49, 노선 연장 224.5km였다.

1940년대 : 전쟁이 진전됨에 따라 전력 증강이라는 국책에 맞추어 각종 산업은 급격한 확대와 강화를 도모하게 되었다. 이에 따라 전용철도도 증가하고 있다. 경영자수 42, 노선수 79, 선로 연장 313.8km가 되었다(아래 표 참조).

1944년대 : 전세가 급박해지자 모든 활동은 전시의 색채를 띠게 되었다. 모든 물자가 부족한 가운데 경제활동은 최대한에 달해 있었다. 철과 석탄, 마그네사이트, 기타 금속의 지하자원 개발, 수력발전, 제철, 경금속 공업 및 각종 제조업은 비약적으로 증대되고, 이에 따른 전용철도도 각처의 사업에 부속되어 급속하게 부설되었다. 이 가운데 수력발전 공사 전용 자재 운반을 위해 선로 연장 약 70km에 달하는 것도 나타났다. 1944년 11월 1일 현재 상황은 경영자수 54, 노선수 98, 선로 연장 536.1km에 이르고 있다(아래 표 참조).

산업별	1940년대			1944년대		
	회사수	노선수	선로 연장 km	회사수	노선수	선로 연장 km
제조업	20	22	31.2	17	27	49.9
광업(석탄 포함)	19	51	228.6	27	53	295.9
임업	2	4	52.0	2	4	61.9
석유업	2	2	2.0	2	2	2.0
제철업	–	–	–	8	9	18.6
수력발전	–	–	–	2	3	107.8
합계	43	79	313.8	58	98	536.1

주) 경영자수와 회사수가 차이 나는 것은 1개 회사가 2업종을 겸영(兼營)하는 일이 있기 때문임.

또한 부설면허를 획득하여 공사 중이던 미 개업선은 상황표에 나오는 대로
경영자수 13, 노선수 13, 선로 연장 91.9km나 되었다. 이 가운데 기존업자 4
개 사가 있으므로, 신규는 9개 사이다. 이것과 개업선을 합하면 경영자수는
63, 선로수는 111, 선로 연장은 628km에 이르게 된다.

〈표 11-65〉 전용철도 상황 일람표(개업선)

(1914년 말 현재)

경영자	주요 사무소	구간 또는 소재지		선로 연장 (km)	궤간 (m)
		도명	지명		
고토미 만지로	부산	충청북도	황간역 구내~모서면 득수리	19.6	0.64
오쿠라 기하치로	도쿄	평안북도	맹중리역 구내~덕안면 동서리	7.1	0.762
아소광업(합자)	진남포	황해도	용문면 동창포 회사~이악광산	8.7	0.61
조선기업(주)	부산	경상남도	부산면 좌천동~부산부 부산진	1.1	0.762
신의주영림창	신의주	함경북도	웅기군 토리~서수라	9.3	0.61
미쓰이광산(주)	도쿄	평안남도	신안주역 구내~회사개천철산	29.8	0.762
합계				75.6	
미쓰비시(합자)	도쿄	황해도	겸이포~이기정리	11.3	0.762

☞ 앞 표에 이어서

경영자	동력	사용목적	허가 연월일	개업 연월일	비고
고토미 만지로	인력	흑연 수송	1909. 4. 10.	1913. 11. -	개업일 기록 없음.
오쿠라 기하치로	인력	석탄 수송	1913. 6. 10.	1913. 12. -	개업일 기록 없음.
아소광업(합자)	인력	광석 수송	1914. 6. 12.	1914. 9. -	개업일 기록 없음.
조선기업(주)	증기	부산진 해안 매축 토사 운반	1914. 6. 13.	1914. 6. 24.	조선가스전기회사에 경영위탁
신의주영림창	인력	목재 수송	1914. 9. 15.	1915. 5. -	개업일 기록 없음.
미쓰이광산(주)	증기	철광석 수송	1914. 12. 9.	1915. 6. -	개업일 기록 없음.
합계					
미쓰비시(합자)	전기	철광석 및 사업 용품 수송	1914. 6. 1. 1914. 9. 10.	–	미 개업선

(1925년 12월 1일 현재)

경영자	주요 사무소	구간 또는 소재지		선로 연장 (km)	궤간 (m)
		도명	지명		
호코쿠제분(주)	용산	경기도	용산역 구내~제분공장	0.5	1,435
조선요업(주)	영등포	경기도	영등포역 토관공장 인입선~회사공장	0.5	1,435
조선방직(주)	부산	경상남도	부산진역~회사공장	1.5	1,435
미쓰비시제철 (주)	겸이포	황해도	겸이포 소재 이기정리선	7.6	0.762
			청석리선	2.1	
			죽대리선	0.9	
			환산선	0.5	
		재령군 하성선		1.0	
		평안남도	대보면 소재 용인동~금천동	6.3	0.762
		평안남도	대보면 소재 금천동~순화강안	1.9	0.762
			연장선	0.3	
메이지광업(주)	안주군 입석면	평안남도	입석리~대성리	5.5	0.762
			용정리~토산리	5.5	
			토산리~청산포	3.1	
조선무연탄광 (주)	강서	평안남도	청산포~기양	2.4	0.610
			반석면 용정리~반이리	4.8	
			탄진리 저탄장 지선	0.3	
대일본제당(주)	선교리	평안남도	대동군 대동강면 내	1.8	1,435

☞ 앞 표에 이어서

경영자	주요 사무소	구간 또는 소재지		선로 연장 (km)	궤간 (m)
		도명	지명		
조선전기흥업 (주)	선교리	평안남도	대동군 대동강면 내	1	1.435
			동 (정백리)	0.6	
오노다시멘트 제조(주)	승호리	평안남도	승호리역~회사공장	1.3	1.435
동양합동광업 (주)	북진	평안북도	초산군 송면 내	23.2	0.610
				2.7	
				1.1	
				1.4	
				1.4	
오지제지(주) 조선분사	신의주	평안북도	신의주 소재	1.8	1.435
동척광업(주)	경성	평안남도	입석리~대성리	5.4	0.762
			대동군 대동강면 내	0.7	1.435
			동(정백리)	0.6	
합계				87.7	

경영자	동력	사용목적	허가 연월일	개업 연월일	비고
호코쿠제분(주)	증기	원료 및 제품 수송	1921. 10. 4.	1921. 12. 26.	
조선요업(주)	증기	연탄 토관 기타 회사 제품 및 소유기구류 운반	1923. 5. 28.	1923. 11. 15.	
조선방직(주)	증기	회사제품 및 원료품 수송	1920. 9. 18.	1921. 6. 3.	
미쓰비시제철 (주)	증기	광석 운송	1914. 6. 1.	1917. 11. 10.	
			1914. 6. 1.	1917. 11. 10.	
			1917. 2. 3.	1917. 12. 30.	
			1914. 9. 12.	1920. 3. 24.	
			1924. 7. 17.	1925. 9. 1.	
		석탄 운송	1915. 6. 3.	1917. 11. 10.	
			1918. 8. 20.	1919. 8. 27.	
			1920. 3. 4.	1920. 6. 12.	
메이지광업(주)	증기	석탄 및 채탄 재료 수송	1920. 4. 30.	1921. 10. 28.	
		석탄 수송	1917. 10. 27.	1917. 11. 30.	
			1918. 9. 7.	1919. 6. 12.	

☞ 앞 표에 이어서

경영자	동력	사용목적	허가 연월일	개업 연월일	비고
조선무연탄광 (주)	증기	석탄 수송	1919. 5. 28. 1918. 10. 26. 1922. 4. 20.	1921. 6. 20. 1921. 12. 15. 1923. 12. 11.	
대일본제당(주)	증기	회사 제품 공장용품 수송	1920. 10. 23.	1920. 10. 27.	
조선전기흥업 (주)	증기	회사 제품 원료품 기구 기계 수송	1921. 3. 3.	1922. 9. 21.	
		정백리 탄광의 채굴 무연탄 및 동 탄광 침목 잡품 수송	1924. 2. 23.	1924. 8. 14.	
오노다시멘트 제조(주)	증기	회사 연료 제품 잡품 수송	1922. 5. 23.	1923. 5. 22.	
동양합동광업 (주)	증기	목재 수송	1918. 9. 18. 1918. 9. 23. 1917. 8. 17. 1918. 5. 2. 1919. 5. 5. 1920. 3. 10.	 1919. 9. 23. 1919. 9. 23. 1922. 7. 10. 1922. 7. 10.	대한제국시대 신청 수리
오지제지(주) 조선분사	증기	종이 및 그 원료 수송	1919. 1. 24.	1919. 6. 7.	
동척광업(주)	증기	석탄 및 채탄 재료 수송	1920. 4. 30.	1921. 10. 28.	
		회사제품 원료품 기구 기계 수송	1921. 3. 3. 1924. 2. 23.	1922. 9. 21. 1924. 8. 14.	
합계					

(1930년 12월 1일 현재)

경영자	주요 사무소	구간 또는 소재지		선로 연장 (km)	궤간 (m)
		도명	지명		
호코쿠제분(주)	용산	경기도	용산역 구내~제분공장	0.5	1,435
조선방직(주)	부산	경상남도	부산진역~회사 공장	1.4	1,435
미쓰비시제철(주)	겸이포	황해도	겸이포 소재 이기정리선	7.6	0.762
			청석리선	2.1	
			죽대리선	0.9	
			환산선	0.5	
			재령군 하성선	1.0	

☞ 앞 표에 이어서

경영자	주요 사무소	구간 또는 소재지			선로 연장 (km)	궤간 (m)
		도명	지명			
미쓰비시 제철(주)	겸이포	평안남도	대보면 소재	용인동~ 금천동	6.3	0.762
				금천동~ 순화강안	1.9	
				연장선	0.3	0.762
				고평면~ 금제면	9.3	
메이지광업(주)	안주군 입석면	평안남도	입석리~대성리		5.5	0.762
조선무연탄광(주)	강서	평안남도	용정리~토산리		5.5	0.610
			토산리~청산리		3.1	
			청산리~기양		2.4	
			용정리~반이면		4.8	
			탄진리 저탄장 지선		0.3	
대일본제당(주)	선교리	평안남도	대동군 대동강면 내		1.8	1.435
조선전기흥업(주)	선교리	평안남도	대동군 대동강면 내		1	1.435
			동(정백리)		0.6	
오노다시멘트 제조(주)	승호리	평안남도	승호리역~회사공장		1.3	1.435
동양합동광업(주)	북진	평안북도	초산군 송면 내		23.2	0.610
					2.7	
					1.1	
					1.4	
					1.4	
오지제지(주) 조선분사	신의주	평안북도	신의주 소재		1.8	1.435
다이헤이양조(주)	평양	평안남도	평양부 이문리		0.2	1.435
사이토(합명)	인천	경기도	인천역 구내~정미공장		0.5	1.435
라이징선석유(주)		함경남도	문평역~유조소 소재지		0.8	1.435
조선질소비료(주)		함경남도	동상면(부전령)~동상면(도안리)		21.9	0.762
			영고면(송흥리)~동상면(부전령)		6.8	
			영흥면(하송흥)~ 영흥면(제일발전소)		1.9	
			흥남역~회사공장		2.7	1.435
조선무연탄(주)		함경남도	내천리역~문천광업소 적재장		0.2	1.435

☞ 앞 표에 이어서

경영자	주요 사무소	구간 또는 소재지		선로 연장 (km)	궤간 (m)
		도명	지명		
헤이안목재(주)		평안북도	오지제지 전용선 회사공장	0.5	1.435
일본콘프로닥트(주)		평안남도	대동강역 회사공장	2.2	1.435
동척광업(주)	경성	평안남도	입석리~대성리	5.4	1.435
			대동군 대동면 내	0.7	0.762
			동(정백리)	0.6	
			대동면~남관면	7.2	1.435
일본곡산공업(주)	대동강	평안남도	대동강역~회사공장	2.6	0.61
합계				143.9	

경영자	동력	사용목적	허가 연월일	개업 연월일	비고
호코쿠제분(주)	증기	원료 및 제품 수송	1921. 10. 4.	1921. 12. 26.	
조선방직(주)	증기	회사 제품 및 원료 수송	1920. 9. 18.	1921. 6. 3.	
미쓰비시제철(주)	증기	광석 수송	1914. 6. 1.	1917. 11. 10.	
			1914. 6. 1.	1917. 11. 10.	
			1917. 2. 3.	1917. 12. 30.	
			1914. 9. 12.	1920. 3. 24.	
			1924. 7. 17.	1925. 9. 1.	
		석탄 수송	1915. 6. 3.	1917. 11. 10.	
			1918. 8. 20.	1919. 8. 27.	
			1920. 3. 4.	1920. 6. 12.	
			1926. 3. 24.	1927. 9. 17.	
메이지광업(주)	증기	석탄 및 채탄재료 수송	1920. 4. 30.	1921. 10. 28.	
조선무연탄광(주)	증기	석탄 수송	1917. 10. 27.	1917. 11. 30.	
			1918. 9. 7.	1919. 6. 12.	
			1919. 5. 28.	1921. 6. 20.	
			1918. 10. 26.	1921. 12. 15.	
			1922. 4. 20.	1923. 12. 11.	
대일본제당(주)	증기	회사제품 공장용품 수송	1920. 10. 23.	1920. 10. 27.	
조선전기흥업(주)	증기	회사제품 원료품 기구 기계 수송	1921. 3. 3.	1922. 9. 21.	
		정백리 탄광의 채굴 무연탄 및 동광 사용 침목 잡품 수송	1924. 2. 23.	1924. 8. 14.	

☞ 앞 표에 이어서

경영자	동력	사용목적	허가 연월일	개업 연월일	비고
오노다시멘트 제조(주)	증기	회사 연료품 제품 수송	1922. 5. 23.	1923. 5. 22.	
동양합동광업(주)	증기	목재 수송	1918. 9. 18.		대한제국시대 신청 수리
			1918. 9. 23.		
			1917. 8. 17.	1919. 9. 23.	
			1918. 5. 2.	1919. 9. 23.	
			1919. 5. 5.	1922. 7. 10.	
			1920. 3. 10.	1922. 7. 10.	
오지제지(주) 조선분사	증기	종이 및 그 원료 수송	1919. 1. 24.	1919. 6. 7.	
다이헤이양조(주)	증기	정미공장 원료품 및 제품 운반	1925. 9. 7.	1925. 12. 25.	
사이토(합명)	증기	정미공장 원료품 및 제품 운반	1925. 12. 21.	1926. 6. 2.	
라이징선석유(주)	증기	유조소 사용재료 및 제품 운반	1927. 8. 13.	1928. 3. 8.	
조선질소비료(주)	증기	공사 재료 및 건설품 운반	1926. 6. 5.	1928. 6. 27.	
	증기		1926. 9. 10.	1928. 6. 27.	
			1928. 8. 14.	1928. 12. 27.	
	증기	회사 제품 수송	1927. 7. 20.	1928. 7. 28.	
조선무연탄(주)	증기	문천광업소 산출 무연탄 제 기계 및 침목 운반	1928. 3. 30.	1928. 7. 10.	
헤이안목재(주)	증기	목재 및 목제품 운반	1928. 7. 18.	1927. 9. 12.	
일본콘프로닥트 (주)	증기	원료제품 기타 수송	1930. 4. 10.	1930. 7. 1.	
동척광업(주)	증기	석탄 및 채탄 재료 수송	1920. 4. 30.	1921. 10. 28.	
		회사제품 원료품 기구 기계 수송	1921. 3. 3.	1922. 9. 21.	
			1924. 2. 23.	1924. 8. 14.	
	가솔린	정백리 탄광의 채굴 무연 탄 및 동 광산 사용 침목 잡품 운반	1930. 7. 10.	1930. 12. 26.	
일본곡산공업(주)	증기	원료 제품 기타 수송	1930. 4. 10.	1930. 7. 1.	
합계					

경영자	주요 사무소	구간 또는 소재지		선로 연장 (km)	궤간 (m)
		도명	지명		
호코쿠제분(주)	용산	경기도	용산역 구내~제분공장	0.5	1,435
조선방직(주)	부산	경상남도	부산진역~회사공장	1.0	1,435
시미즈정미소 시미즈사타로	부산	경상남도	동상 연장선	0.3	1,435
미쓰이제분(주)	겸이포	황해도	겸이포 소재 이기정리선	7.6	0.762
			겸이포 소재 청석리선	2.1	
			겸이포 소재 죽대리선	0.9	
			겸이포 소재 환산선	0.5	
			재령군 하성선	1	
		평안남도	대보면 소재 용인동~금천동	6.3	0.762
			대보면 소재 금천동~화순강안	1.9	
			대보면 소재 연장선	0.3	
			대보면 소재 고평면~금제면	9.3	
동척광업(주)	경성	평안남도	입석리~대성리	5.4	0.762
			고비리~대성리	11.4	
			대동군 대동면 내	0.7	1,435
			동(정백리)	0.6	
			대동면~남곶면	7.2	0.610
대일본제당(주)	선교리	평안남도	대동군 대동면 내	1.8	1,435
오노다시멘트 제조(주)	승호리	평안남도	승호리역 회사공장	1.3	1,435
조선무연탄광(주)	강서	평안남도	용정리~토산리	5.5	0.610
			토산리~청산리	3.1	
조선무연탄광(주)	강서	평안남도	청산리~기양	2.4	0.610
			용정리~반이면	4.8	
			탄진리 저탄장 지선	0.3	
			자작역 구내~용담철산	6.1	0.762
동양합동광업(주)	북진	평안북도	초산군 송면 내	23.2	0.610
				2.7	
				1.1	
				1.4	
				1.4	

☞ 앞 표에 이어서

| 경영자 | 주요 사무소 | 구간 또는 소재지 | | 선로 연장 (km) | 궤간 (m) |
		도명	지명		
오지제지(주) 조선분사	신의주	평안북도	신의주역 구내~회사공장	1.8	1,435
다이헤이양조(주)	평양	평안남도	평양부 이문리	0.2	1,435
사이토(합명)	인천	경기도	인천역 구내~정미공장	0.5	1,435
라이징선석유(주)		함경남도	문평역~유조소 소재지	0.8	1,435
조선질소비료(주)		함경남도	흥남역~회사공장	2.9	1,435
조선무연탄(주)	경성	함경남도	응봉~상오리	5.2	0.762
			내천리역 구내~ 문천광업소 적재장	0.2	1,435
헤이안목재(주)	신의주	평안북도	오지제지 전용선~회사공장	0.5	1,435
일본곡산공업(주)	대동강	평안남도	대동강역~회사공장	2.6	1,435
동양척식(주)	경성	함경북도	봉파동~차향동	40.4	0.762
			연향동~온천동		
			봉파동~마양동	11.1	
일본제철(주)	겸이포	황해도	회사 공장 구내	0.2	0.762
봉천무연탄(주)	개천군 북면	평안남도	개천군 북면 내 봉천탄갱	3.5	0.610
메이지광업(주)	어수리	황해도	신봉산역~사리원 탄갱	2.6	1,435
장진강수전(주)	흥남	함경남도	고토역 구내~재원리	3	0.762
오쿠라토목(주)	도쿄	함경남도	고원역 구내 축전리	20.9	0.610
가네가붙이방적 (주)	고베	전라남도	전남 광주역 구내~회사공장	2.2	1,435
조선석탄공업(주)	명천군 서면	함경북도	호동역 구내~회사탄갱	4.2	1,435
			아오지 역 구내~오봉동	9.6	0.762
합계				224.5	

경영자	동력	사용목적	허가 연월일	개업 연월일	비고
호코쿠제분(주)	증기	원료 및 제품 수송	1921. 10. 4.	1921. 12. 26.	
조선방직(주)	증기	회사제품 및 원료품 수송	1920. 9. 18.	1921. 6. 3.	
시미즈정미소 시미즈사타로	증기	회사제품 및 원료품 수송	1933. 3. 28.	1933. 5. 24.	
미쓰이제분(주)	증기	광석 수송	1914. 6. 1.	1917. 11. 10.	
			1914. 6. 1.	1917. 11. 10.	
			1917. 2. 3.	1917. 12. 30.	

☞ 앞 표에 이어서

경영자	동력	사용목적	허가 연월일	개업 연월일	비고
미쓰이제분(주)	증기	광석 수송	1914. 9. 12.	1920. 3. 24.	
			1924. 7. 17.	1925. 9. 1.	
		석탄 수송	1915. 6. 3.	1917. 11. 10.	
			1918. 8. 20.	1919. 8. 27.	
			1920. 3. 4.	1920. 6. 12.	
			1926. 3. 24.	1927. 9. 17.	
동척광업(주)	증기	석탄 및 채탄재료 수송	1920. 4. 30.	1921. 10. 28.	
			1934. 1. 9.	1934. 12. 12.	
		회사제품 원료품 기구 기계 수송	1921. 3. 3.	1922. 9. 21.	
			1924. 2. 23.	1924. 8. 14.	
	가솔린	정백리 탄광의 채굴 무연탄 및 광산 사용 침목 잡품 운반	1930. 7. 10.	1930. 12. 26.	
대일본제당(주)	증기	회사제품 및 공장용품 수송	1920. 10. 22.	1920. 10. 27.	
오노다시멘트 제조(주)	증기	회사 연료 제품 잡품 수송	1922. 5. 23.	1923. 5. 22.	
조선무연탄광(주)	증기 가솔린	석탄 수송	1917. 10. 27.	1917. 11. 30.	
			1918. 9. 7.	1919. 6. 12.	
			1919. 5. 28.	1921. 6. 20.	
	증기 가솔린	석탄 수송	1918. 10. 26.	1921. 12. 15.	
			1922. 4. 20.	1923. 12. 11.	
	가솔린	무연탄 및 회사용품 수송	1933. 6. 5.	1933. 11. 4.	
동양합동광업(주)	증기	목재 수송	1918. 9. 18.		대한제국시대 신청 수리
			1918. 9. 23.		
			1917. 8. 17.	1919. 9. 23.	
			1918. 5. 2.	1919. 9. 23.	
			1919. 5. 5.	1922. 7. 10.	
			1920. 3. 10.	1922. 7. 10.	
오지제지(주) 조선분사	증기	종이 및 원료 수송	1919. 1. 24.	1919. 6. 7.	
다이헤이양조(주)	증기	정미공장 원료품 및 제품 운반	1925. 9. 7.	1925. 12. 25.	
사이토(합명)	증기	정미공장 원료품 및 제품 운반	1925. 12. 21.	1926. 6. 2.	
라이징선석유(주)	증기	유조소 사용재료 및 제품 운반	1927. 8. 13.	1928. 3. 8.	
조선질소비료(주)	증기	회사제품 수송	1927. 7. 20.	1928. 7. 25.	
조선무연탄(주)	가솔린	재료 및 제품 수송	1932. 8. 23.	1933. 4. 2.	
	증기	무연탄 제 기계 갱목 운반	1928. 3. 30.	1928. 7. 10.	

☞ 앞 표에 이어서

경영자	동력	사용목적	허가 연월일	개업 연월일	비고
헤이안목재(주)	가솔린	목재 및 목제품 운반	1928. 7. 18.	1928. 9. 12.	
일본곡산공업(주)	증기	원료제품 기타 수송	1930. 4. 10.	1930. 7. 1.	
동양척식(주)	가솔린	목재 및 사업용품 수송	1933. 3. 7.	1933. 4. 20.	
	축전지				
	가솔린		1935. 9. 11.	1935. 10. 1.	
일본제철(주)	증기	광석 및 제품 운반	1934. 3. 30.	1934. 3. 30.	
봉천무연탄(주)	증기	무연탄 및 제 재료 운반	1933. 5. 20.	1933. 9. 1.	
메이지광업(주)	증기	석탄 및 사업용품 운반	1934. 6. 18.	1934. 12. 1.	
장진강수전(주)	가솔린	수전공사용 재료 운반	1934. 8. 23.	1934. 12. 10.	
오쿠라토목(주)	가솔린	철도건설 공사 재료 운반	1934. 8. 11.	1934. 12. 28.	
가네가붙이방적(주)	증기	건축재료, 방적원료 제품 연료 수송	1934. 9. 20.	1935. 5. 15	
조선석탄공업(주)	증기	석탄 및 사업용품 운반	1934. 5. 6.	1935. 5. 17.	
	가솔린		1934. 1. 21.	1935. 7. 23.	
합계					

(1940년 12월 1일 현재)

경영자	주요 사무소	구간 또는 소재지		선로 연장 (km)	궤간 (m)
		도명	지명		
조선방직(주)	부산	경상남도	부산진역 구내~회사공장	1.0	1,435
(주)시미즈정미소					
(주)다이니상회			동 연장선	0.3	
호코쿠제분(주)	경성	경기도	용산역 구내~회사공장	0.5	1,435
호코쿠제분(주)	인천	경기도	인천역~회사공장	0.5	1,435
조선정미(주)					
일본곡산공장(주)	평양	평안남도	대동강역~회사공장	2.6	1,435
다이헤이양조(주)	평양	평안남도	평양역~이문리 공장	0.2	1,435
대일본제당(주)	평양	평안남도	선교리역~회사공장	1.8	1,435
조선무연탄(주)	평양	평안남도	선교리역~회사공장	0.7	1,435
		함경남도	내천리역 구내~문천 적입장	0.2	
		평안남도	대동강역~정백탄갱	0.6	
조선오노다시멘트제조(주)	승호리	평안남도	승호리역~회사공장	1.3	1,435
			연장선	0.8	

☞ 앞 표에 이어서

경영자	주요 사무소	구간 또는 소재지		선로 연장 (km)	궤간 (m)
		도명	지명		
오지제지(주)	신의주	평안북도	신의주역 구내~회사공장	1.8	1,435
신의주제재합동(주)	신의주	평안북도	오지제지선 종점~회사공장	0.5	1,435
라이징선석유(주)	문평	함경남도	문평역~유조소	0.8	1,435
조선질소비료(주)	흥남	함경북도	주을역 구내~용교리	1.9	1,435
		함경남도	흥남역~회사공장	2.9	
		함경북도	호동역 구내~회사탄갱	4.2	
메이지광업(주)	어수리	황해도	신봉산역~사리원탄갱	2.6	1,435
가네가붙이방적(주)	광주	전라남도	광주역~회사공장	2.2	1,435
북선제지화학공업 (주)	경성	함경북도	길주역~회사공장	0.9	1,435
조선석유(주)	원산	함경남도	갈마역~포하동	1.2	1,435
(주)스미토모본사	문평	함경남도	문평역 구내~수달리	1.8	1,435
조선아사노시멘트 (주)	마동	황해도	마동역~용담리	1.2	1,435
삼성광업(주)		평안북도	용암포역~매장동	1.5	1,435
대일본방적(주)	청진	함경북도	청진역 구내~수남동	1.2	1,435
미쓰비시광업(주)	청진	함경북도	대일본방적 전용선 청진공장	1.2	1,435
무산철강개발(주)	청진	함경북도	진화역~무산면 창렬동	2.7	1,435
삼척개발(주)	경성	강원도	도계역 구내~나한정	2.7	1,435
			철암리~통리	8.9	
일본질소비료(주)	경성	함경남도	본궁역~흥덕리	2.5	1,435
미쓰비시광업(주)	겸이포	황해도	이기정리선	7.4	0.762
			청석리선	2.1	
			죽대리선	0.9	
			환산지선	0.5	
			재령군 하성선	1	
조선무연탄광(주)	경성	평안남도	용인동~금천동	6.3	0.762
			금천동~순화강강안	1.9	
			동 연장선	0.3	
			고평면~금제면	9.5	
			응봉탄갱 상오리	5.2	
	서강		용담탄갱 자작역	6.1	
			용담갱남갱역~용담리 지내	0.7	

☞ 앞 표에 이어서

경영자	주요 사무소	구간 또는 소재지		선로 연장 (km)	궤간 (m)
		도명	지명		
일본제철(주)	겸이포	황해도	제철소 구내~동사 공장	0.2	0.762
동양척식(주)	경성	함경북도	봉파동~차항동	39.9	0.762
			연향동~온천동	0.5	
			봉파동~마양동	11.1	
조선무연탄(주)	경성	평안남도	고비리~대성리	11.4	0.762
			입석리~대성리	5.4	
			남경리~표대리	1.5	
조선질소화약(주)	흥남	함경남도	신구룡역~동사 공장	1.1	0.762
조선석탄공업(주)	영흥	함경북도	회탄동~오봉동	4.6	0.762
			농경지선	1	
일본광업(주)	경성	평안북도	북신현역~북진	48.7	0.762
일본마그네사이트(주)	경성	함경북도	남빈역~상남계	3.8	0.762
			상남계~채광장	0.5	
			제3채광장 지선	0.8	
조선시멘트(주)	경성	황해도	정도역 구내~회사공장	0.7	0.762
			신덕역~대청리	0.5	
일본질소비료(주)	경성	함경남도	송흥리~중수리	3.7	0.762
			신구룡역~운성리	0.9	
조양광업(주)	천동	평안남도	천동역 구내~조양면 신립리	13.2	0.762
조선무연탄(주)	경성	평안남도	대동강면~남곶면	7.2	0.61
			냉정동~대문산	1.8	
			석사리~동도	1.1	
미쓰비시광업(주)	겸이포	황해도	하성리 구내~아양리	1.2	0.610
봉천무연탄광(주)	봉천리	평안남도	봉천탄갱~봉천역	3.5	0.610
			북면 산봉리~봉천역	4.8	
조선무연탄광(주)	서강	평안남도	용정리~토산리	5.5	0.610
			토산리~청산포	3.1	
			청산포~기양역	2.4	
			용정리~반이리	4.8	
			탄진리~강안 저탄장 지선	0.3	
친화광업(주)	풍인	함경북도	풍인역 구내~풍인탄광	3.1	0.610
후지광업(주)	훈융	함경북도	훈융역~회사탄광	3.5	0.610
조선유연탄(주)	신건	함경북도	신건역~임대동	11.3	0.610

☞ 앞 표에 이어서

경영자	주요 사무소	구간 또는 소재지		선로 연장 (km)	궤간 (m)
		도명	지명		
나카가와광업(주)		강원도	창도역~제방면	6.2	0.610
조선석탄공업(주)	웅기	함경북도	승량역~승량동	1.8	0.610
야마시타흑연공업(주)	궁심동	함경북도	금생역 구내~궁심동	4.9	0.610
생기령광업(주)	생기령	함경북도	주을면 직포~생기령역	1.5	0.610
합계				313.8	

경영자	동력	사용목적	허가 연월일	개업 연월일	비고
조선방직(주)	증기	공장제품 및 원료품 운반	1920. 9. 18.	1921. 6. 3.	공동명의
(주)시미즈정미소			1933. 5. 24.	1933. 5. 24.	
(주)다이니상회					
호코쿠제분(주)	증기	공장제품 및 원료품 운반	1921. 10. 4.	1921. 12. 26.	
호코쿠제분(주)	증기	공장제품 및 원료품 운반	1925. 12. 3.	1926. 6. 2.	
조선정미(주)					
일본곡산공장(주)	증기	공장제품 및 원료품 운반	1930. 4. 10.	1930. 7. 1.	
다이헤이양조(주)	증기	공장제품 및 원료품 운반	1925. 9. 7.	1925. 12. 25.	
대일본제당(주)	증기	공장제품 및 원료품 운반	1920. 10. 23.	1920. 10. 26.	
조선무연탄(주)	증기	제품원료 기구 기계 운반	1921. 3. 8.	1922. 9. 21.	
		무연탄 제 기계 갱목 운반	1928. 3. 30.	1928. 7. 10.	
		무연탄 및 갱목 운반	1924. 2. 22.	1924. 8. 14.	
조선오노다시멘트 제조(주)	증기	공장제품 및 연료 운반	1922. 5. 23.	1923. 5. 22.	
			1939. 6. 27.	1939. 7. 27.	
오지제지(주)	증기	종이 및 원료 운반	1919. 1. 24.	1919. 6. 7.	
신의주제재합동(주)	증기	제 기계 및 목제 운반	1928. 7. 18.	1928. 9. 12.	
라이징선석유(주)	증기	유조소 재료 및 제품 운반	1927. 8. 13.	1928. 3. 8.	
조선질소비료(주)	증기	석탄 및 사업용품 운반	1938. 2. 12.	1938. 4. 23.	
		제품 및 재료 운반	1928. 7. 20.	1928. 7. 25.	
			1929. 4. 26.	1929. 6. 22.	
			1929. 6. 17.	1929. 11. 10.	
		석탄 및 사업용품 운반	1934. 5. 7.	1935. 5. 17.	
메이지광업(주)	증기	석탄 및 사업용품 운반	1934. 6. 18.	1934. 12. 1.	
가네가붙이방적(주)	증기	건설재료 방적원료 제품 및 연료운반	1934. 9. 20.	1935. 5. 15.	

☞ 앞 표에 이어서

경영자	동력	사용목적	허가 연월일	개업 연월일	비고
북선제지화학공업(주)	증기	제품 원료 사업용품 운반	1935. 11. 5.	1936. 4. 23.	
조선석유(주)	가솔린	제품 재료 운반	1935. 11. 28.	1936. 7. 1.	
(주)스미토모본사	가솔린	광석 및 재료 운반	1936. 11. 20.	1937. 12. 2.	
조선아사노시멘트(주)	증기	제품 및 원료 운반	1937. 4. 2.	1937. 4. 28.	
				1937. 11. 9.	
삼성광업(주)	증기	금광 기타 재료 수송	1939. 5. 13.	1940. 3. 20.	공란은 기록이 없음.
대일본방적(주)	증기 가솔린	원료 기계 및 제품 수송	1938. 5. 5.	1939. 5. 29.	
미쓰비시광업(주)	증기	원료 제품 및 철광석제 재료 수송	1938. 9. 28.	1939. 5. 29.	
무산철강개발(주)	증기	철광석 및 제 재료 수송	1939. 4. 12.	1940. 5. 1.	
삼척개발(주)	증기	채굴 석탄 수송	1938. 11. 25.	1939. 7. 15.	
			1939. 4. 17.	1939. 7. 15.	
일본질소비료(주)	증기	원료 및 재료 제품 수송	1940. 4. 24.	1940. 5. 10.	
미쓰비시광업(주)	증기	철광석 운반	1914. 6. 1.	1917. 11. 10.	
			1914. 9. 10.	1917. 11. 10.	
			1917. 2. 3.	1917. 12. 30.	
			1914. 9. 10.	1920. 3. 24.	
			1924. 7. 17.	1925. 9. 1.	
조선무연탄광(주)	증기	석탄 및 갱목 운반	1915. 6. 3.	1917. 11. 10.	
			1918. 8. 20.	1919. 8. 27.	
			1920. 3. 4.	1920. 6. 11.	
			1926. 3. 24.	1927. 9. 17.	
	가솔린	무연탄 및 재료 운반	1932. 8. 23.	1933. 4. 2.	
			1933. 6. 5.	1933. 11. 4.	
			1939. 7. 14.	1939. 10. 14.	
일본제철(주)	증기	광석제품 운반	1914. 6. 1.	1917. 11. 10.	
동양척식(주)	가솔린 축전지	벌목 및 사업용품 운반	1933. 3. 7.	1933. 4. 20.	
			1933. 3. 7.	1933. 6. 29.	
	가솔린		1935. 9. 11.	1935. 10. 1.	
조선무연탄(주)	증기	무연탄 및 사업용품 운반	1934. 1. 9.	1934. 12. 12.	
			1920. 4. 30.	1921. 10. 28.	
	가솔린		1937. 12. 23.	1938. 9. 10.	

☞ 앞 표에 이어서

경영자	동력	사용목적	허가 연월일	개업 연월일	비고
조선질소화약(주)	전기	제품 및 재료 운반	1935. 11. 9.	1936. 8. 29.	
조선석탄공업(주)	가솔린	석탄 및 사업용품 운반	1935. 1. 21.	1935. 7. 23.	
	증기 가솔린		1939. 10. 27.	1940. 3. 5.	
일본광업(주)	가솔린	금광석 운반	1935. 6. 12.	1936. 9. 4.	
일본마그네사이트 (주)	가솔린	마그네사이트 광석 운반	1936. 9. 10.	1936. 11. 21.	
			1937. 8. 24.	1937. 9. 16.	
			1938. 10. 28.	1939. 5. 29.	
조선시멘트(주)	증기	제품 및 원료 수송	1936. 9. 30.	1937. 6. 10.	
		석회석 수송	1936. 12. 27.	1937. 6. 10.	
일본질소비료(주)	증기 전기	공장건축재료 원료 및 제품 수송	1939. 5. 10.	1939. 8. 29.	
	증기		1940. 2. 20.	1940. 4. 24.	
조양광업(주)	가솔린	채굴 무연탄 수송	1939. 6. 6.	1939. 10. 26.	
조선무연탄(주)	가솔린	무연탄 갱목 운반	1930. 7. 10.	1930. 12. 26.	
			1937. 6. 10.	1938. 1. 6.	
			1938. 3. 30.	1938. 9. 10.	
미쓰비시광업(주)	가솔린	철광석 및 배토 운반	1939. 11. 17.	1940. 9. 4.	
봉천무연탄광(주)	가솔린	무연탄 갱목 운반	1933. 5. 20.	1933. 9. 1.	
			1939. 6. 6.	1939. 12. 17.	
조선무연탄광(주)	증기 가솔린	석탄 갱목 운반	1917. 10. 27.	1917. 11. 30.	
			1918. 9. 7.	1919. 6. 12.	
			1919. 5. 28.	1921. 6. 20.	
			1918. 10. 28.	1921. 12. 15.	
			1922. 4. 20.	1923. 12. 11.	
친화광업(주)	가솔린	채굴 석탄 기타 재료 운반	1939. 1. 21.	1939. 6. 15.	
후지광업(주)	가솔린	석탄 및 재료 운반	1936. 1. 11.	1936. 5. 2.	
조선유연탄(주)	가솔린	석탄 및 사업용품 운반	1936. 1. 21.	1936. 8. 29.	
나카가와광업(주)	가솔린	채광 중창석 유화 철광 사업용품 운반	1940. 3. 18.	1940. 7. 22.	공란은 기록이 없음.
조선석탄공업(주)	가솔린	석탄 재료 기타 운반	1936. 9. 29.	1937. 3. 17.	
야마시타흑연공업 (주)	가솔린	석탄 및 사업용품 운반	1937. 9. 1.	1938. 4. 15.	
생기령광업(주)	가솔린	석탄 및 사업용품 운반	1939. 6. 6.	1939. 12. 26.	
합계					

경영자	주요 사무소	구간 또는 소재지		선로 연장 (km)	궤간 (m)
		도명	지명		
호코쿠제분(주)	경성	경기도	용산역 구내~동사 공장	0.5	1,435
			인천역 구내~동사 공장	0.5	1,435
조선방직(주)	부산	경상남도	부산진역 구내~동사 공장	1.4	1,435
(주)시미즈정미소	부산	경상남도	동상 연장선	0.3	1,435
일본제철(주)	겸이포	황해도	제철소 구내~동사 공장	0.2	0,762
			송평역 구내~동사 공장	4.9	1,435
			재령군 하성	1	0,762
미쓰비시광업(주)	겸이포	황해도	하성역 구내~아양리	1.2	0,610
	청진	함경북도	대일본방적 전용철도~ 회사 청진공장	1.2	1,435
조선특수화학(주)		평안남도	선교리역 구내~회사공장	1.8	1,435
조선오노다시멘트(주)	승호리	평안남도	승호리역 구내~회사공장	1.3	1,435
			기점 0.2km 분기 신설공장	0.8	
			운계리~회사공장	5.6	0,610
오지제지(주)	신의주	평안북도	신의주역 구내~회사공장	1.8	1,435
조선시멘트(주)	경성	황해도	정도역 구내~회사공장	0.7	0,762
			신덕역 구내~하성면 대청리	0.5	
(주)스미토모본사	문평	함경남도	문평역 구내~수달리	1.8	1,435
조선무연탄(주)	평양	함경남도	천내리역 구내~문천광업소 적 입장	0.2	1,435
		평안남도	선교리역 구내~회사공장	0.6	
	평양	평안남도	대동강역 구내~정백리	0.6	1,435
			입석리~대성리	5.4	0,762
			대성리~고비리	11.7	
			서평양역 구내~감흥리	3.2	0,610
조선아사노시멘트(주)	마동	황해도	마동역 구내~용담리	2.4	1,435
대일본방적(주)	청진	함경북도	금생역 구내~궁심동	4.9	0,610
			동 연장선	5.9	
			청진역 구내~수남동	5.2	1,435
삼척개발(주)	경성	강원도	도계역 구내~흥전리	2.7	1,435
			흥전리~심포리	6	
			심포리~통리	1	
			통리~철암리	8.9	

☞ 앞 표에 이어서

경영자	주요 사무소	구간 또는 소재지		선로 연장 (km)	궤간 (m)
		도명	지명		
친화광업(주)	풍인	함경북도	풍인역 구내~풍인탄갱	3.1	0.610
			은성역 구내~은성탄갱	2.6	
조선전업(주)	경성	평안북도	강계역 구내~고암리	67.7	0.762
삼성광업(주)	경성	평안북도	용암포역 구내~매장동	1.4	1.435
조양광업(주)	천동	평안남도	천동역 구내~조양면 신립리	13.2	0.762
생기령광업(주)	생기령	함경북도	생기령역 구내~주을온면 직동	1.5	0.610
무산철광개발(주)	청진	함경북도	진화역 구내~무산면 신렬동	2.7	1.435
나카가와광업(주)	경성	강원도	창도역 구내~창도면 제방동	6.2	0.610
중외광업(주)	해주	황해도	해주부 왕신리~동애리	5.5	0.762
조선무연탄광(주)	경성	평안남도	용정리~토산리	5.5	0.610
			토산리~청산포	3.1	
			청산포~기양	2.4	
			용정리~반이리	4.8	
			탄진리 저탄장 지선	0.3	
	서강		자작역 구내~용담광산	6.1	0.762
			용표갱남갱역~용달리 지내	0.7	
			자작기점 2km 5분 북면 남전리	5.8	
다이헤이양조(주)	평양	평안남도	평양역 구내~이문리	0.2	1.435
라이징선석유(주)	문평	함경남도	문평역 구내~유조소재지	0.8	1.435
일본질소비료(주)	경성	함경남도	흥남역 구내~회사공장	1.2	1.435
			흥남역 구내~흥남항 부두	2.7	
	경성	함경북도	호동역 구내~회사탄갱	4.5	0.762
			주을역 구내~용교동	1.9	
		함경남도	본궁역 구내~흥덕리	2.5	
			신구룡역 구내~흥남읍 운성리	0.9	
			송호리~중수리	3.7	
일질연료공업(주)		평안북도	청수역 구내~회사공장	0.8	1.435
신의주제재합동(주)	신의주	평안북도	王子제지 전용철도 회사공장	0.5	1.435
일본곡산공업(주)	평양	평안남도	대동강역 구내~회사공장	2.2	1.435
동양척식(주)	경성	함경북도	봉파동~차항동	40.4	0.762
			연향동~온천동		
			봉파동~마양동	11.1	
			마양동~천중동	9.9	

☞ 앞 표에 이어서

경영자	주요 사무소	구간 또는 소재지		선로 연장 (km)	궤간 (m)
		도명	지명		
봉천무연탄광(주)	봉천리	평안남도	봉천역 구내~봉천탄갱	3.5	0.610
			봉천역 구내~북면 산봉리	4.8	
		평안북도	만포선~남전탄갱	3.3	
메이지광업(주)	어수리	황해도	신봉산역 구내~사리원탄갱	2.6	1.435
		평안남도	만성역 구내~입석면 신리	12.3	0.610
가네가부치방적(주)	광주	전라남도	전남 광주역 구내~회사공장	2.2	1.435
조선인조석유(주)	아오지	함경북도	승량역 구내~승량동	1.8	0.610
			아오지역 구내~용연동	2	1.435
일본광업(주)	경성	평안북도	북신현역 구내~북진	47.2	0.762
		경상북도	점촌역 구내~가은리	21.9	0.762
북선제지화학공업(주)	경성	함경북도	길주역 구내~회사공장	0.9	1.435
조선질소화약(주)	흥남	함경남도	신구룡역 구내~회사공장	1.4	0.762
조선석유(주)	원산	함경남도	갈마역 구내~회사공장	1.2	1.435
조선유연탄(주)	신건	함경북도	훈융역 구내~훈융탄갱	3.8	0.610
			신건역 구내~임대동	11.3	
일본마그네사이트 화학공업(주)	경성	함경북도	남계역 구내~상남계	3.8	0.762
			상남계~채광장	0.5	
			제3채광장 지선	0.8	
조선압록강수력발전 (주)	경성	평안북도	만포역 구내~만포읍 별오	3	1.435
			만포역 구내~옥동	37.1	
고바야시광업(주)	경성	경기도	오류동역 구내~고척리	1.8	0.762
(합자)하세가와 석탄공장		함경북도	풍산역 구내~고풍산	1.8	0.762
			풍산역 구내~간동	1.4	
동양경금속(주)			북중역 구내~회사공장	1.9	1.435
동양금속(주)			낙원역 구내~회사공장	1.0	1.435
가네가부치공업(주)		강원도	양양역 구내~장승리	6.9	1.435
일질광업개발(주)			고성역 구내~만덕리	7.1	1.435
일본강관(주)		함경남도	대동광업 전용철도 기점 540m 부근~덕원면 관상리	1.7	1.435
일본원철(주)			대일본방적 전용철도 분기~동자작정	4.2	1.435
조선전공(주)			진남포역 구내~신면 도학리	7.8	1.435
수중공업(주)	평양	평안남도	기양역 구내~유명리 및 관리리	21.7	0.762
			기양역 구내~보산	6.6	

제11편 육운행정 _ 제3부 기타·철도 부문 317

☞ 앞 표에 이어서

경영자	주요 사무소	구간 또는 소재지		선로 연장 (km)	궤간 (m)
		도명	지명		
조선전기야금(주)	부령	함경북도	부령역 구내~부령동	1.7	1.435
이원철산(주)	이원	함경남도	이원철산역 구내~ 거산면 포항리	4.0	0.762
대동광업(주)	문평	함경남도	문평역 기점 217m 48~ 북성면 문평리	1.0	1.435
합계				536.1	

경영자	동력	사용목적	허가 연월일	개업 연월일	비고
호코쿠제분(주)	증기	원료 및 제품 운반	1921. 10. 4.	1921. 12. 26.	
	증기	원료 및 제품 운반	1925. 12. 3.	1926. 6. 2.	
조선방직(주)	증기	원료 및 제품 운반	1920. 9. 18.	1921. 6. 3.	
(주)시미즈정미소	증기	원료 및 제품 운반	1933. 3. 28.	1933. 5. 24.	
일본제철(주)	증기	광석 및 제품 운반	1914. 6. 1.	1917. 11. 10.	
	증기	제철용 원료 및 제품 운반	1939. 10. 11.	1941. 2. 24.	
미쓰비시광업(주)	증기	광석 운반	1924. 7. 17.	1925. 9. 1.	
	가솔린	철광석 및 배토 운반	1939. 11. 17.	1940. 9. 4.	
	증기	원료 및 제품 기타 운반	1938. 9. 28.	1939. 9. 28.	
조선특수화학(주)	증기	제품 및 공장용품 운반	1920. 10. 23.	1920. 10. 26.	이전 대일본 제당(주) 소유
조선오노다시멘트(주)	증기	제품 및 연료 운반	1922. 5. 23.	1923. 5. 22.	
			1939. 6. 2.	1939. 7. 27.	
	증기	연규석 및 동 채굴자재 운반	1942. 2. 20.	1943. 4. 22.	
오지제지(주)	증기	종이 및 원료 운반	1919. 1. 24.	1919. 6. 7.	
조선시멘트(주)	증기	제품 및 원료 수송	1936. 9. 30.	1937. 6. 10.	
		석회석 수송	1936. 12. 17.	1937. 6. 10.	
(주)스미토모본사	가솔린	광석 및 재료 운반	1936. 11. 20.	1937. 12. 2.	
조선무연탄(주)	증기	무연탄 제 기계 갱목 운반	1928. 30. 30.	1928. 7. 10.	
	증기	제품 원료 기구 기계 운반	1921. 3. 8.	1922. 9. 21.	
		무연탄 및 갱목 운반	1924. 2. 22.	1924. 8. 14.	
	증기	석탄 및 채탄재료 운반	1920. 4. 30.	1921. 10. 28.	
			1934. 1. 9.	1935. 2. 26.	
	가솔린	채탄 무연탄 및 고령토 수송	1941. 10. 8.	1941. 12. 20.	
조선아사노시멘트(주)	증기	제품 및 원료품 운반	1937. 4. 20.	1937. 4. 28.	
				1937. 11. 9	

☞ 앞 표에 이어서

경영자	동력	사용목적	허가 연월일	개업 연월일	비고
대일본방적(주)	가솔린	채굴 석탄 및 기타 재료 운반	1937. 9. 1.	1938. 4. 15.	
			1941. 6. 11.	1941. 7. 30.	
	증기 가솔린	원료 기계 및 제품 수송	1938. 5. 26.	1939. 5. 29.	
				1941. 2. 17.	
삼척개발(주)	증기	채굴 석탄 수송	1938. 11. 25.	1939. 7. 15.	
			1940. 4. 19.	1942. 7. 29.	
	증기		1940. 4. 23.	1942. 7. 29.	
	증기		1939. 4. 17.	1939. 7. 15.	
친화광업(주)	가솔린	채굴 석탄 기타 재료 운반	1939. 1. 21.	1939. 6. 15.	
			1940. 12. 26.	1941. 4. 22.	
조선전업(주)	증기 전기	수력발전 공사용 재료 수송	1939. 5. 10.	1942. 12. 28.	
삼성광업(주)	증기	금광석 기타 제 재료 수송	1939. 5. 19.	1940. 3. 20.	
조양광업(주)	가솔린	채굴 무연탄 수송	1936. 6. 6.	1939. 10. 26.	
생기령광업(주)	가솔린	채굴 석탄 제 재료 수송	1939. 6. 6.	1939. 12. 26.	
무산철광개발(주)	증기	철광석 및 제 재료 수송	1936. 4. 13.	1940. 5. 1.	
나카가와광업(주)	가솔린	채굴 중창석 및 유화철광 및 사업용 제 재료 수송	1940. 3. 18.	1940. 7. 22.	
중외광업(주)	증기	광석, 석탄 및 연료 등 수송	1940. 3. 26.	1941. 3. 15.	
조선무연탄광(주)	증기 가솔린	석탄 운반	1917. 10. 20.	1917. 11. 30.	
			1918. 9. 7.	1919. 6. 12.	
			1919. 5. 28.	1921. 6. 20.	
			1918. 10. 26.	1921. 12. 15.	
			1922. 4. 20.	1923. 12. 11.	
	가솔린	채굴 무연탄 및 채굴에 필요한 기구 기계 기타 재료 운반	1933. 6. 5.	1933. 11. 4.	
			1939. 7. 14.	1939. 10. 14.	
			1939. 12. 11.	1942. 2. 23.	
다이헤이양조(주)	증기	원료 및 제품 운반	1925. 9. 7.	1925. 12. 25.	
라이징선석유(주)	증기	유조소 사용 재료 및 제품 운반	1927. 8. 13.	1928. 3. 8.	
일본질소비료(주)	증기	제품 재료 운반	1928. 7. 20.	1928. 7. 25.	
			1929. 6. 17.	1929. 6. 22.	
			1929. 2. 26.	1929. 11. 10.	
				1933. 2. 5.	
				1933. 3. 25.	

☞ 앞 표에 이어서

경영자	동력	사용목적	허가 연월일	개업 연월일	비고
일본질소비료(주)	증기	석탄 및 사업용품 운반	1934. 5. 7.	1935. 5. 17.	
			1938. 2. 12.	1938. 4. 23.	
		원료 및 재료 제품 수송	1940. 4. 24.	1940. 5. 10.	
	증기	공장 건설, 제 재료 원료 및 제품 및 조선광업개발 기계 수리 공장용 재료 및 수리용 품의 수송	1940. 2. 20.	1940. 4. 24.	
	증기 전기	재료 제품 및 종업원 및 조선질소화약(주) 제품 화약류의 수송	1939. 5. 10.	1939. 8. 29.	
일질연료공업(주)	증기	공장건축용재 원료 제품 수송	1941. 5. 19.	1941. 11. 1.	공란은 기록 이 없음.
신의주제재합동(주)	증기	목재 운반	1928. 7. 18.	1928. 9. 12.	
일본곡산공업(주)	증기	원료제품 기타 운반	1930. 4. 10.	1930. 7. 1.	
				1931. 4. 25.	
				1931. 8. 12.	
동양척식(주)	가솔린 축전지	국유림 벌목 및 사업용품 운반	1933. 3. 7.	1933. 4. 20.	
	가솔린		1935. 9. 11.	1935. 10. 1.	
			1942. 4. 6.	1942. 5. 30.	
봉천무연탄광(주)	가솔린	채굴 무연탄 및 채굴에 필요한 재료 운반	1933. 5. 22.	1933. 9. 1.	
			1939. 6. 6.	1939. 12. 27.	
			1939. 12. 11.	1941. 3. 10.	
메이지광업(주)	증기 가솔린	석탄 및 사업용품 운반	1934. 6. 18.	1934. 12. 1.	
			1943. 3. 15.	1943. 7. 28.	
가네가부치방적(주)	증기	건축재료 방적원료 제품 연료 운반	1934. 9. 20.	1935. 5. 15.	
조선인조석유(주)	가솔린	채굴 석탄 기타 재료 운반	1936. 9. 29.	1937. 3. 17.	
	증기	석탄 및 탄갱용 제 자료 수송			면허 · 개업 연월일은 기 록 없음.
일본광업(주)	가솔린	금광석 운반	1935. 6. 12.	1936. 9. 4.	
	증기	무연탄용 탄갱용 제 자재 운반	1940. 5. 21.	1941. 3. 17.	
북선제지화학공업(주)	증기	제품원료 및 기타 사업용품 운반	1935. 11. 5.	1936. 4. 23.	
조선질소화약(주)	전기	제품 및 재료 수송	1935. 11. 9.	1936. 8. 29.	

☞ 앞 표에 이어서

경영자	동력	사용목적	허가 연월일	개업 연월일	비고
조선석유(주)	가솔린	제품 및 재료 수송	1935. 12. 28.	1936. 7. 1.	
조선유연탄(주)	가솔린	채굴 석탄 및 재료 수송	1936. 1. 11.	1936. 5. 2.	
		석탄 및 사업용품 수송	1936. 1. 21.	1936. 8. 29.	
일본마그네사이트 화학공업(주)	가솔린	마그네사이트 광석 운반	1936. 9. 10.	1936. 11. 21.	
			1937. 8. 24.	1937. 9. 16.	
			1938. 10. 28.	1939. 5. 29.	
조선압록강수력발전 (주)	증기	목재 운반	1944. 6. 14.	1944. 6. 14.	
		언제 공사 자재 수송	1942. 8. 24.	1944. 7. 31.	
고바야시광업(주)	전기	원료 및 제품 수송	1942. 10. 19.	1944. 9. 23.	
(합자)하세가와 석탄공장	가솔린	석회석 기타 재료 수송	1942. 12. 30	1943. 9. 25.	공란은 기록 이 없음. 이하 같음.
동양경금속(주)	증기	공장용 원료, 제품 및 제 물자 수송	1943. 1. 18.	1943. 10. 2.	
동양금속(주)	증기	원료 및 제품 기타 수송	1943. 3. 30.	1944. 1. 25.	
가네가부치공업(주)	증기	채굴 철광석 및 광산용 제 자료 수송	1943. 5. 24.	1944. 4. 13.	
일질광업개발(주)	증기	유화 철광석 기타 광산용품 수송	1943. 10. 30.	1944. 2. 12.	
일본강관(주)	증기	제철 원료 및 제품 및 공장용 제 재료 수송	1944. 1. 25.	1944. 5. 20.	
일본원철(주)	증기	원료 제품 기타 공장용품 수송	1944. 4. 7.	1944. 6. 10.	
조선전공(주)	증기	원료 제품 기타 공장용품 수송	1944. 5. 17.	1944. 7. 13.	
수중공업(주)	증기	철광석 및 광산용품 수송	1940. 4. 5.	1941. 12. 15.	
			1940. 4. 5.	1942. 6. 29.	
조선전기야금(주)	증기	원료품 수송	1940. 12. 28.	1942. 12. 28.	
이원철산(주)	가솔린	철광석 및 채광용 기구 재료 수송	1941. 12. 24.	1942. 7. 15.	
대동광업(주)	가솔린	채굴 무연탄 및 광산용 재료 수송	1942. 1. 7.	1942. 8. 18.	
합계					

〈표 11-66〉 전용철도 상황 일람표(미개업선)

(1944년 11월 1일 현재)

경영자	주요 사무소	구간 또는 소재지		선로 연장 (km)	궤간 (m)
		도명	지명		
조선무연탄(주)	평양	함경남도	내천리역 구내~신풍리	13.1	0.762
일본광업(주)			용양역 구내~신덕리	4.4	1.435
삼척개발(주)		강원도	속초역 구내~속초항 잔교	1.1	0.610
일질연료공업(주)		평안북도	청수역 구내~회사공장	1.2	1.435
조선제철(주)		평안남도	기양역 구내~회사공장	13.3	1.435
스미토모알루 미늄제련(주)			住友 본사 소속 전용철도 1.6km 부근~북성면 야태리	3.7	1.435
경주광업(주)		경상북도	경주역 구내~천북면 화산리	12.6	0.762
고레가와제철(주)		강원도	북평역 구내~북삼면 쇄운리	1.8	1.435
조선전업(주)		함경북도	연사역 구내~연사면 서안동	13.3	0.762
단양석탄공업(주)		충청북도	도담역 구내~대강면 고수리	8.1	0.762
사이토 미쓰구		경기도	장연역 앞~중면 대룡리	7.1	0.762
조선이연금속(주)			유사역 구내~회사공장	5.1	1.435
호시노 준이치로			학포역 구내~세천동	7.1	0.762
합계				91.9	

경영자	동력	사용목적	허가 연월일	개업 연월일	비고
조선무연탄(주)	전기	무연탄 및 탄광 소요재료 수송	1943. 11. 9.		공란은 기록이 없음. 이하 같음.
일본광업(주)	증기	납, 아연, 정철 운반	1944. 5. 20.		
삼척개발(주)	전기	석탄 운반	1944. 6. 17.		
일질연료공업(주)	증기	공장건설용재, 원료 제품 운반	1941. 5. 19.		
조선제철(주)	증기	제철용 원광석 및 제품 기타 공장용품 수송	1943. 10. 21.		
스미토모알루 미늄제련(주)	증기	원료 및 제품, 공장용제 재료 수송	1943. 12. 14.		
경주광업(주)	증기	채굴 유연탄 및 광산용품 수송	1943. 12. 13.		
고레가와제철(주)	증기	원료제품 기타 공장용품 수송	1944. 4. 4.		

☞ 앞 표에 이어서

경영자	동력	사용목적	허가 연월일	개업 연월일	비고
조선전업(주)	증기	수력발전 공사용 재료 및 천상수유역 목재 수송	1944. 4. 7.		
단양석탄공업(주)	증기	무연탄 기타 제 재료 수송	1943. 12. 30.		
사이토 미쓰구	가솔린 카바이트	형석 운반	1944. 5. 31.		
조선이연금속(주)	증기	알루미늄, 마그네슘 원료 제품 기타 공장용품 수송	1944. 8. 22.		
호시노 준이치로	증기	채굴 석탄 기타 재료 수송	1943. 7. 20.		
합계					

제11편 관련 사진

웅라선의 첫 출발 열차 ▶

남양역 ▶

〈조선철도〉

▲ 황해선 협궤 급행열차용 기관차

백천온천호텔 ▶

▲ 토해선 급행여객열차

▲ 662형 협궤기관차

〈경남 · 경동철도〉

▲ 경남철도 본사(천안)

▲ 경남철도 가솔린차

▲ 경동철도 본사(수원)

▼ 인천항역사

〈금강산전기 · 평안철도〉

▲ 내금강정거장

▲ 금강산전철(철원역 구내)

▲ 평안철도 본사(진남포)

◀ 경유동차 내부

〈신흥철도〉

▶ 강삭철도 특수전철기

▲ 부전호

▲ 강삭차와 객차

▲ 성동역

▲ 송흥선 강삭철도

경춘철도

◀ 가교공사

〈단풍철도〉

연선풍경 ▶

◀ 포치리역 구내

▲ 선로보수작업

〈평북 · 서선중앙 · 북선척식철도〉

◀ 평북철도 대형기관차

서선중앙철도 연선 풍경 ▶

◀ 서선중앙철도 송가역

▲ 북선척식철도 대형기관차

〈다사도철도〉

▲ 다사도철도 본사(신의주)

◀ 경유동차 4호

◀ 다사도역

〈경성 · 전기궤도〉

▲ 경성전기 본사(경성, X표)

▲ 레지스터(임금계산기)

▲ 개방식 전차(한미철도시대 서대문~청량리 간 운전)

▲ 보기차(반 강제 대형)

▲ 보기차(반 강제 중형)

〈경성 · 궤도〉

동대문역 ▶

◀ 독도유원지

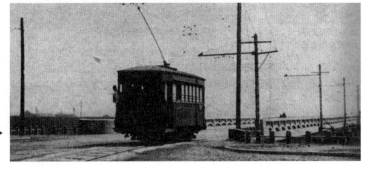

성동교 ▶

〈부산과 평양의 궤도〉

▲ 사설철도 최초의 기관차(1912년 5월 영국제 · 기압 150파운드 · 20마력 · 중량 5톤 · 부산진~동래 간에 사용된 것)

◀ 부산의 전차
(남선합동전기 경영)

▲ 평양의 전차 및 버스(서선합동전기 경영)